부의 재편

일러두기

1. 코로나바이러스감염증-19COVID-19의 한글 명칭은 '코로나19'이지만, 편의상 '코로나'로
   지칭했다.
2. 단행본은 《 》로 표기했고 논문, 언론매체, 프로그램, 보고서 등은 〈 〉으로 표기했다.
3. 참고문헌이나 데이터의 출처 등은 미주로 정리했다.

부의 재편

새로운 부와 마켓, 그리고 전혀 다른 기회

선 대 인

선대인경제연구소 소장

TORNADO

내가 초등학교 5학년(1983년) 무렵의 일이다. 내가 사는 시골 마을에는 아직 다이얼식 전화기조차 모두 보급되지 않은 때였다. 어느 날 아버지가 몇 십 년 후에는 사람들이 각자 손에 든 전화기로 화상통화를 할 거라는 말씀을 하셨다. 학력도 높지 않았던 시골 농부인 아버지가 어디선가 듣고 내게 전해준 얘기는 허황된 공상처럼 들렸다. 그 공상 같던 얘기가 스마트폰의 등장으로 우리의 일상이 된 지 10년이 넘었다. 멀리 갈 것도 없이 5~6년 전만 해도 전기차가 빠르게 확산될 거라고 말하면 '설마' 하는 분들이 많았지만, 이제는 부정하는 사람들이 거의 없다.

반면에 과거에 당연했던 현실이 이제는 공상처럼 느껴지기도 한다. 몇 년 전 인기리에 방영됐던 드라마 〈응답하라 1988〉에서는 택이(박보검 분)의 바둑대회 우승상금을 어디에 투자할지를 두고 갑론을

박이 벌어지는 장면이 나온다. 그 가운데 이런 대사가 나온다.

"물론 뭐 금리가 쪼~까 떨어져가꼬 한 15%밖엔 안 되지만, 그래도 따박따박 이자 나오고 은행만큼 안전한 곳이 없재."

2%를 넘는 적금 금리를 찾기 어려운 시대에 금리 15% 시대는 꿈만 같다. 이뿐인가. 국내 자연인구(사망자 수에서 출생자 수를 뺀 인구)는 30년 전까지 한 해 40만 명 이상, 10년 전까지만 해도 20만 명가량 늘었다. 그런데 올해는 늘어나기는커녕 사상 처음으로 줄어들게 생겼다.

이처럼 과거의 공상은 현실이 되고, 과거의 현실은 공상이 되고 있다. 마음으로는 변화하는 현실을 따라잡고 싶지만 실제로는 여전히 과거의 관성에 사로잡혀 사는 사람들이 많다. 사이드미러에 비친 후방의 모습을 보며 엉뚱한 방향으로 운전하는 꼴이다. 팍팍한 일상 속에 파묻혀 살다 보니 눈을 들어 주변을 살피고 앞을 내다볼 기회가 드물어 생기는 문제다.

그래서 종종 고개를 들어 세상이 어떤 방향으로 움직이는지 확인하고 그에 맞게 움직여야 한다. 이 책은 그런 분들에게 도움을 드리고자 준비한 책이다. 한국경제와 산업이 어떻게 바뀌고 있는지 이해한 바탕 위에서 가계의 인식과 행동이 어떻게 달라져야 하는지를 설명했다. 또한 이런 변화에 맞춰 어떻게 현명하게 투자할 수 있는지도 소개했다.

한편 이 책은 5년 전 출간해 과분한 사랑을 받았던 《선대인의 빅픽처》의 최신판이자 심화편이라고 할 수도 있다. 《선대인의 빅픽처》에서 경제와 산업의 빅픽처, 즉 큰 그림을 보고 투자와 연결하는 법을 소개했다. 빅픽처BIG PICTURE는 세계경제와 산업을 좌우할 10가지 주요 요소들의 영문 머리글자를 딴 것이기도 했는데, 그 요소들은 지금도 유효하거나 더욱 중요해지고 있다.

예를 들어, 바이오-헬스케어Bio-Health Care 산업이나, 녹색 산업Green Industry에서 강조한 전기차와 2차전지는 산업적 비중과 중요도가 더욱 커졌고, 투자시장에서도 각광받고 있다. 또한 미국과 중국이라는 G2 국가의 충돌은 세계경제 질서에서 여전히 엄청난 영향력을 발휘하고, 미국의 FAANG(페이스북, 애플, 아마존, 넷플릭스, 구글) 기업들을 필두로 국내외에서 기술기업들의 중요성도 더 한층 커졌다.

더구나 변화의 속도는 점점 더 빨라지고 있다. 미중 간의 격돌과 4차 산업혁명의 본격화에 더해 올해 발생한 코로나 사태는 변화를 더욱 촉진하고 있다. 그 가운데는 일시적인 변화에 그칠 것도 많지만, 향후 지속되는 영향을 줄 변화들도 많다. 이런 변화의 흐름들을 잘 읽고 대처하는 사람들과 그렇지 않은 사람들의 명운은 크게 달라질 것이다.

이 책은 이런 문제의식에 따라 모두 5장으로 구성됐다.

1장에서는 한국경제에 가장 큰 영향을 미치는 6가지 구조적인 흐름을 소개한다.

2장에서는 코로나 사태가 초래한 중요한 변화들 가운데 향후에도 지속될 경제 트렌드 10가지를 소개한다.

3장에서는 이런 변화들에 맞춰 사람들의 인식과 재무관리, 커리어, 삶의 방식 등이 어떻게 달라져야 하는지를 설명한다.

4장과 5장에서는 이런 시대 변화에 발맞춰 어떻게 주식에 투자해 높은 수익을 올릴 수 있는지를 구체적이고 실전적인 방식으로 설명한다.

지난 몇 년간 나는 훨씬 많은 투자 경험과 노하우를 축적했다. 선대인경제연구소를 통해 발간한 주식 관련 보고서에서 소개한 종목들의 뛰어난 성과가 입증하듯이, 일반인들이 달라진 환경에서 수익을 올릴 방법론을 나름대로 정립했다고 생각한다. 이른바 '실적 중심 투자법'이다. 달라진 시대에 이제는 잘 통하지 않는 전통적인 가치투자와 여전히 많은 이들을 현혹하는 단기매매 사이에서 헷갈리는 초심자들에게 좋은 가이드가 될 수 있기를 기대한다.

〈접속〉이나 〈엽기적인 그녀〉와 같은 20년 전 영화들을 보면 당시의 옷차림이나 화장법이 낯설다. 우리는 당시의 옷차림을 하고, 화장을 하지는 않을 것이다. 마찬가지로 이제 우리의 의식과 생활방식, 투자방식도 시대에 맞게 바뀌어야 한다. 미래에 살 것인가, 과거에 살 것인가.

선 대 인

차
례

1부
변곡점에 선 시대, 미래를 선점하라

1장   부를 재편하는 경제구조

2장   코로나 이후의 경제 트렌드 10가지

2부
부의 미래와 현명한 투자자

1부

변곡점에 선 시대,
미래를 선점하라

부를 재편하는 경제구조

WEALTH RESTRUCTURING

대충격:
2020년판 블랙스완, 코로나 사태

"곤경에 빠지는 건 뭔가를 몰라서가 아니다. 뭔가를 확실히 안다는 착각 때문이다."

2008년 세계 금융위기의 진원지였던 미국 서브프라임론 사태를 다룬 영화 〈빅쇼트〉는 미국의 위대한 작가 마크 트웨인의 이 말로 시작한다.

2008년 금융위기와 '2020년판 블랙스완'인 코로나 대충격은 출발점과 원인이 판이하게 다르다. 전자가 금융시스템 내부의 문제에서 시작됐다면, 후자는 경제 외적인 변수가 세계경제에 심대한 타격을 입혔다. 그러나 두 사건 사이의 공통점은 있다. 마크 트웨인의 표현처럼 실제로는 잘 모르는 데도 안다고 착각하고 대비를 소홀히 한 사건이라는 점이다. 2008년 금융위기를 초래한 서브프라임론(상환 능력이 충분치 않은 저소득층을 대상으로 한 미국의 비우량 주택담보대출) 부실 문제를 대다수는 관리할 수 있는 문제라고 봤다. 하지만 실제로는 서브프라임론을 기초로 한 각종 금융파생상품의 부실로 확산하면서 사태는 걷잡을 수 없이 커졌다. 발생 가능성이 거의 없다고 생각한 문제가 실제로 현실화되면서 엄청난 파장을 낳는 사건을 비유적으로 '블랙스완'이라고 한다. 스완, 즉 백조는 말 그대로 흰 새다. 그런데 매우 희귀하지만 우리 말로는 형용 모순 같은 '까만 백조' 즉, 블랙스완이 태어나기도 한다. 절대 다수의 전문가와 금융기관들이 별 문제가 없을 것이라고 예상한 문제가 2008년 금융위기로 이어지자 '블랙스완'이라는 표현이 등장했다.

코로나 사태는 2020년판 블랙스완이었다. 코로나 사태가 처음 발생했을 때 대다수의 경제학자나 금융업계의 이코노미스트들은 코로나가 사스나 메르스, 신종플루 정도의 충격을 주고 지나갈 것이라고 생각했다. 사태 초기에 중국이 코로나 감염병에 휩싸였을 때 중국경제 규모가 과거보다 몇 배 이상 커졌기 때문에 충격도 그만큼 커질 수 있다는 전망은 많았다.

하지만 세계 대다수 국가들의 경제활동이 상당 부분 마비되는 사태로까지 치달을 것이라고 전망한 사람은 거의 없었다. 대다수의 경제전문가들도, 정부정치권의 의사결정자들이나 기업 경영자들도, 또는 투자자들도 코로나 사태가 가져올 충격의 크기를 초기에는 가늠하지 못했다. 역시 '뭔가를 확실히 안다는 착각' 때문이었다. '우리는 과거에 전염병이 어느 정도의 충격을 줬는지 알아. 이번 전염병도 일시적일 테니 조금만 버티면 될 거야'라는 식의 착각 때문에 코로나 사태에 대한 초동대응이 매우 늦거나 미진해 사태가 커졌다. 결국 상당수 국가에서 경제활동 전반이 마비되는 충격을 겪었다. 이는 한국을 비롯해 홍콩, 대만, 싱가폴 등 오히려 중국과 인접한 국가들이 초기에 적극적으로 대응해 경제적 충격이 적었던 반면 그러지 못했던 미국과 유럽이 훨씬 큰 충격을 받았다는 점에서 극명하게 드러난다.

이처럼 코로나 사태는 대다수 국가들이 초기에 제대로 대응하지 못함에 따라 세계경제에도 막대한 충격을 동반했다. 기존의 전형적인 경제위기와는 매우 다른 경로로 오다 보니 전 세계 정부와 시민들이 큰 혼란에 빠지고 충격을 받았다. 각국 국민들의 생명과 건강을 위협하는 보건상의 위기와, 여기에 수반된 엄청난 경제적 충격이 동시에 닥친 '이중 충격'이었다. 특히 경제 외적인 변수인 감염병으로 인해서 전 세계적인 이동과 유통, 물류, 소비가 급감하고 공급망이 교란되면서 심각한 급성 경제위기로 치달았다. 실물경제의 충격이 초기 예상과는 달리 매우 급격하게, 대규모로 발생하면서 사태가 언제까지 지속될지 모른다는 불안감과 불확실성이 고조됐다. 이 같은 불안감과 불확실성이 각국 주식시장에 일시에 선반영되다 보니 2008년 세계 금융위기에 준하는 증시 폭락세가 나타났다.

1970년대의 세계 1, 2차 석유파동이나 1998년 동아시아 외환위기, 2008년 금융위기 등은 각각 진원지는 달랐으나 1) 경제 내부의 변수에 따른 위기였고 2) 자산시장 부문의 충격이 실물경제의 충격으로 확산하는 과정을 밟았다는 공통점이 있다. 하지만 이번 코로나 대충격은 경제 외적 변수에 의한 충격 → 실물경제 충격 → 금융시장 충격이라는 위기의 파급 과정을 거쳤다는 점에서 이전의 경제위기와 달랐다. 이런 점에서 이번 사태는 일반적인 '경제위기'라기보다는 '경제충격'이라고 부르는 것이 더 적절하게 느껴진다. 따라서 2008년 금융위기를 '대침체Great Recession'라고 부르는 데 비해 이번 사태를 개인적으로 '대충격Great Impact'이라고 부르고자 한다.

실제로 경제 충격의 크기가 어마어마하다. 코로나 사태에 따라 중국이 우한시를 강제 봉쇄하면서 막대한 공급망 차질이 빚어진 것을 시작으로 미국과 유럽 주요국들이 셧다운 또는 록다운 사태를 겪으면서 경기가 수직추락했다. 이에 따라 2020년 3월부터 급격한 경제충격이 생산, 소비, 고용 등에 반영되면서 1930년대 대공황 이래 가장 극심한 경제적 충격이 휘몰아쳤다. 심지어 2020년 2분기 미국의 경제성장률은 연률 기준 적게는 -20%대(전미실물경제협회NABE -26.5%로 추정)에서 많게는 -30% 이상(골드만삭스 -39%, 미국 애틀랜타 연방은행 5월 29일 기준 전망치 -51.2%)으로 전망하고 있다.

세계적으로도 마찬가지다. 국제통화기금IMF은 2020년 6월에 발표한 〈세계경제전망 수정〉 보고서에서 2020년 세계경제성장률 전망치를 -4.9%로 전망했다. 4월 전망치(-3.0%)보다 -1.9%포인트, 코로나 사태 이전인 1월 전망치(3.3%)보다 -8.2%포인트 내린 수치이다. IMF는 코로나가 재유행할 경우 2021년에도 성장률이 0.5%에 그칠 것이라고 내다봤다. 글로벌 금융위기 다음 해인 2009년 성장률이 -0.1%였다. 그때에 비해서도 실물경제에 가해지는 충격이 훨씬 더 클 것이라는 전망이다. 세계대공황 이후 최악의 세계경제성장률이기도 하다.[1]

대충격이라는 말은 단순히 충격의 크기나 심각성만을 두고 하는 말이 아니다. 이 충격이 코로나 이전과 이후로 세계를 구분하게 될 만큼 세상을 바꾸는 계기가 될 것이라는 점에서도 그렇다. 코로나 사태로 인한 대충격은 일시적인 충격에 머물지 않는다. 근대 이래 코로나 사태와 비교할 만한 유일한 세계적 감염병 대유행은 제1차 세계대전 막바지에 발발한 스페인독감이다. 하지만 당시 세계경제의 규모는 현재에 비해 매우 작았고, 세계가 지금처럼 긴밀히 연결돼 있지는 않았다. 세계대전의 종전 가능성이라는 희소식에 묻힌 때문인지는 모르지만 스페인독감이 대유행하던 1918년 9월부터 1919년 7월까지 오히려 미국 주식시장은 상승세를 탔다.

또한 스페인독감이 이후 세계사의 방향과 인류의 삶을 근본적으로 바꾸지는 못했다. 스페인독감 이후 인류는 홍콩독감, 사스, 신종플루, 메르스 등 여러 다양한 감염병 사태를 겪었지만, 이번과 같은 정도의 대유행으로 이어지지는 않았다. 또한 이번처럼 세계의 정치, 사회, 경제 질서를 재편하고 산업과 우리의 삶을 근본적으로 바꾸지는 못했다.

단적으로 전쟁이 아닌 이유로 아이들이 학교를 집단적으로 가지 못한 적이 있었던가? 인류 대부분이 집단면역을 형성해서든 백신 개발을 통해서든 코로나 사태가 진정되면 우리 아이들은 다시 학교에 가게 될 것이다. 하지만 이번 대충격으로 인해 생긴 변화들 중에는 코로나 사태가 끝나도 오랫동안 지속될 것들이 많다. 대표적으로 이

전부터 있던 흐름이기는 했으나 앞으로 훨씬 더 많은 기업들이 더 적극적으로 자동화에 투자하고 스마트팩토리 시스템을 구축할 것이다. 그에 따라 인간의 일자리는 더 빠른 속도로 기계에 밀려날 것이다. 또한 리쇼어링reshoring(소비시장 접근과 생산비 절감을 위해 해외에 진출offshoring 했던 기업들이나 제조공장이 본국으로 회귀하는 현상)이 가속화할 것이다. 비교우위론에 따라 무한 확장해온 국제분업과 세계화의 흐름에 급격한 제동이 걸릴 것이다. 특히 각종 물자의 교환은 어느 정도 회복되겠지만, 인적 교류가 회복되는 데는 훨씬 더 많은 시간이 걸릴 것이다.

이 같은 흐름은 매우 아이러니하게도 세계대공황이 인류에게 가져온 교훈과는 극적으로 상반된다. 세계대공황을 거치면서 각국이 관세장벽을 쌓으면서 교역을 축소한 것이 각국의 경제적 충격을 더욱 악화시켰다는 반성이 세계적으로 일었다. 이에 따라 세계는 2차 세계대전이 끝난 뒤 관세 및 무역에 관한 일반 협정GATT 체제를 수립하고, IMF와 IBRD(세계은행) 등 국제교역과 금융거래, 국제원조 및 개발을 촉진하는 국제기구들을 탄생시켰다. 이후 전 세계는 세계화의 도도한 흐름을 이어왔다. 2008년 세계 금융위기는 질주하는 세계화에 균열을 일으켰고, 미국 트럼프 행정부의 출범은 보호무역주의 흐름을 만들기는 했다. 하지만 이번 대충격은 세계화의 흐름을 근본적으로 되돌릴 만한 충격파를 가져왔다.

비교우위의 원리에 따라 자국 내에 생산시설이나 농축산 기반을 갖추지 않아도 된다고 생각했으나, 이런 상황이 매우 위험할 수 있다는 것을 각국이 이번에 모두 경험한 것이다. 세계 초강대국 미국이 마스크와 면봉을 생산하지 못해 쩔쩔매고, 자국 내 자동차업체들에 인공호흡기 제조 명령을 내린 것은 무엇을 뜻하는가. 각국은 평상시에는 필요할 경우 얼마든지 필요한 물품을 다른 나라에서 수입해 쓸 수 있다고 생각했다. 하지만 이번과 같은 보건상의 위기가 세계에서 동시다발적으로 발생하자 각국이 자국 우선주의로 돌변했다.

각국이 마스크 확보전에 사활을 걸었던 것을 생각해보면 자국이 일정한 물품을 자국 내에서 생산하는 제조 기반을 갖춰야 한다는 것을 뼈저리게 느꼈을 것이다. 이른바 '제조업 르네상스'가 일어날 것이다. 미국 정부가 코로나 사태 이후 반도체 공급 체계를 자국 내에 갖추겠다고 한 것도 바로 그런 연장선상에서 나온 것이다. 물론 이 같은 흐름은 미국 트럼프 행정부가 출범한 이후 미중 간의 무역전쟁으로 이미 시작됐던 것이기는 하다.

하지만 이번 대충격으로 더욱 가속화하게 됐다. 각국이 자국 내 생산기반을 강화할 것이며, 국제분업 및 공급망 체계가 상당 부분 변화할 것이다. 이에 따라 상당한 산업과 기업들의 명운이 갈릴 것이다. 당연히 이들의 부침에 따라 투자의 성패 또한 많은 부분 좌우될 것이다. 그만큼 이번 대충격은 다양한 부문에 걸쳐 깊고, 크고, 지속적인 충격을 가져올 것이라는 점에서 매우 큰 관심을 가지고 지켜봐야 한다.

그런데도 많은 이들이 이번 코로나 사태가 어느 정도 일단락되면 세계가 많은 부분 과거처럼 금방 돌아갈 것으로 생각한다. 한국뿐만 아니라 미국을 비롯한 상당수 국가들의 주가지수가 주가 폭락 이전 수준으로 돌아가거나 상회하는 것도 그 같은 생각의 반영일지 모른다. 사실 코로나 사태가 마무리되면 사람들은 다시 쇼핑하고, 외식을 즐기며, 사람들을 만나고, 다시 회사에 출근하고, 자녀들을 학교에 보낼 것이다. 그렇게 해서 많은 부분 과거의 일상과 비즈니스를 되찾게 될 것이다. 하지만 모든 것이 그렇지는 않을 것이다. 예를 들어 코로나 사태를 계기로 넷플릭스에 가입해 넷플릭스의 콘텐츠에 맛 들인 사람들은 앞으로도 상당 기간 이용할 것이다. 이번 사태를 계기로 단체 화상회의를 진행해본 사람들은 직접 만나 회의하기 전에 화상회의로 대신하는 경우가 늘어날 것이다.

또한 기존에 오프라인 사업 비중이 높았던 기업들도 점점 더 온라인 비중을 높일 가능성이 높다. 일례로 패션기업인 에스제이그룹을 들 수 있다. 이 회사는 헬렌카민스키 모자와 캉골 브랜드로 잘 알려진 의류 업체다. 에스제이그룹은 코로나 사태 때문에 고객들의 매장 방문이 줄어들면서 오프라인 매출 급감을 겪었다. 이에 에스제이그룹은 백화점 온라인몰과 자사몰을 포함한 비대면 온라인 판매 비중을 대폭 강화했다.

그 결과 2020년 1분기 온라인 매출액이 지난해 같은 기간 대비 53%나 성장해 오프라인 매출 감소분을 상당 부분 상쇄할 수 있었다. 에스제이그룹은 이 같은 경험을 바탕으로 앞으로도 온라인 채널 확대를 계속 추진할 계획이라고 한다. 이 같은 흐름들이 모여 국내 대표 온라인 플랫폼인 카카오나 네이버의 가파른 실적 성장과 주가 상승으로 이어지게 된 것이다.

이처럼 코로나 사태는 경제와 산업, 비즈니스가 진행되는 방식과 각도를 바꾸는 정도가 매우 크다는 의미에서 대충격이기도 하다.

코로나가 언제까지 세계경제에 영향을 미칠 것인가

코로나 사태의 충격은 현재 대다수 일반인들이 생각하는 것보다는 오래 지속될 가능성이 높다. 이는 코로나 바이러스의 특성과 주로 연결돼 있다. 일반적으로 바이러스는 치명률이 높으면 전염력이 낮고, 치명율이 낮으면 전염력이 높은 상반되는 특성을 갖는다. 그런데 이번 코로나 바이러스는 전염력이 매우 높고, 치명율도 낮은 편은 아니다. 전염력이 워낙 강하다 보니 확진자가 급증하면서 의료시스템에 과부하가 일어나 제때 치료받지 못해 사망자가 급증한 나라가 많았다. 이것이 국가별로 치명율에서 상당한 편차를 보이는 한편, 의료기술 수준이 높은 것으로 여겨진 미국이나 유럽국가들에서도 치명율이 높아진 이유이기도 하다. 또한 전염력이 워낙 높다 보니 보통 1차 유행 때 국지적인 유행에 그친 이전의 다른 감염병에 비해 1차 유행이 약간의 시차만 두고 세계적인 대유형으로 번졌다. 물론 과거에 비해 세계적으로 훨씬 많은 교역과 교류가 일어나고 있었던 것이 배경이기는 했다.

그런데 이런 특성 때문에 코로나는 정도와 지속기간의 차이는 있을지언정 2차 및 3차 유행까지 이어질 가능성이 높다는 게 많은 감염병 전문가들의 전망이다. 즉, 1차 대유행이 어느 정도 가라앉는다고 해도 2020년 가을과 2021년 봄 사이에 2차, 3차 유행이 상당한 규모로 다시 올 가능성이 높다는 것이다.

하지만 상당수 국가들에서는 감염병 확산을 무릅쓰고라도 경제활동을 재개하고 있다. 2020년 11월 대선을 앞두고 마음이 조급한 미국 트럼프 행정부가 대표적이다. 또한 지속되는 경제적 고통 때문에 '이러다 아파 죽기 전에 굶어 죽겠다'는 여론이 상당수 국가의 국민들 사이에 형성되고 있다. 이런 분위기에 따라 미국을 비롯한 상당수 국가들이 코로나 확산을 일정하게 무릅쓰고서라도 경제활동을 서둘러 재개했다. 또한 2차, 3차 유행이 오더라도 그 같은 선택을 할 가능성이 높다. 하지만 경제활동의 재개는 결국 코로나의 재확산을 필연적으로 초래할 수밖에 없다. 성급하게 경제활동 재개를 선언하고 있는 미국의 코로나 확진자 수와 사망자 수가 도로 늘어난 것이 이를 보여준다.

다만 경제활동을 재개한 나라들은 감염병 확산이 일정한 수준에 머문다면 처음처럼 강력한 지역 봉쇄나 록다운에 나서지는 않을 것이다. 의료시스템 붕괴를 초래하지 않을 정도만 된다면 최대한 감염병 확산을 '관리'하면서 경제활동 재개를 이어가려 할 것이다. 그러면서 백신 개발에 박차를 가할 것이다.

그렇다고 과거와 같은 전면적인 경제활동 재개로 이어지기는 어려울 것이다. 더구나 감염병이 관리 가능한 수준을 넘어 재확산된다면 결국 경제활동을 줄였다가 사태가 좋아지면 다시 경제활동을 재개하는 식으로 갈 것이다. 도로를 주행 중인 차에 비유하면 평소의 80% 수준의 속도를 내다가 차가 막히면 다시 속도를 줄이는 식의 운행을 반복하는 것이다.

백신 개발과 양산이 늦어져 이 같은 상황이 길어지면 문제가 커진다. 경제적 충격이 일시적인 경기 후퇴에 머물지 않고 침체기간이 장기화하면서 불황으로 이어질 수도 있다.

세계의 모범 방역국으로 찬사를 받은 한국만 하더라도 5월 초에 확진자 수가 0명에 이른 날도 있었으나, 이후 이태원 클럽이나 쿠팡 물류센터 등을 매개로 집단감염이 발생하면서 일일 확진자 수가 다시 수십 명대로 늘어났다. 이에 따라 과거와 같은 전면적인 경제적 활동 재개로 이어지지는 못하고 있다.

따라서 향후 한국경제와 세계경제의 성장 궤적은 이미 초기에 일부에서 제기됐던 V자형 반등은 물 건너간 것으로 판단된다. 대신 U자형, W자형, 나이키로고형, 심지어는 L자형 회복이 거론되고 있다. 물론 코로나 사태에 따른 충격이 2020년 2분기에 집중됨에 따라 많은 글로벌 투자금융 업체들이나 국제경제기구들의 전망처럼 3분기에는 수치상으로는 급반등하는 흐름이 나타날 수 있다.

하지만 세계경제가 예를 들어, 2분기에 −50% 가라앉은 뒤 그 수치에서 3분기에 25% 성장한다고 해도 충격 이전에 비해 여전히 −37.5% 낮은 수준의 경제 규모가 된다. 이에 따라 세계경제가 코로나 사태 이전의 생산과 소비 규모로 돌아가는 것은 빨라야 2021년 말이나 2022년 상반기 정도는 돼야 한다는 주장이 나온다. 실제로 IMF는 4월에 발표한 〈세계경제전망〉 보고서에서 '2021년에 부분적인 경기 회복이 이뤄지더라도 2021년 말 전 세계 GDP는 코로나 사태 이전 수준을 회복하지 못할 것'이라고 전망했다. 더구나 1) 코로나가 2020년 하반기까지 지속하거나 2) 2021년에 새롭게 확산하거나 3) 앞의 2가지가 겹치는 경우 향후 성장률은 더 떨어질 수도 있다고 전망했다. 즉, 향후 부정적 시나리오가 발생하면 2022년에도 이전 수준을 회복하는 것이 어려운 것이다.[2]

이 같은 흐름 속에서 한국의 경제적 충격도 커질 수밖에 없다. 실제로 2020년 경제성장률 전망치를 2.1%로 제시했던 한국은행은 코로나 사태의 경제적 충격이 본격화한 2020년 5월에는 −0.2%로 대폭 하향 조정했다. 이 전망이 현실화된다면 외환위기 당시였던 1998년 −5.1% 이후 22년 만에 첫 마이너스 성장률을 기록하게 되는 것이다. 참고로 2008년 하반기에 발생한 금융위기 여파가 본격적으로 밀어닥쳤던 2009년에도 한국은 0.8% 플러스 성장을 기록했다. 그런데 이조차도 세계적으로는 매우 양호한 성장률이다. 앞서 소개한 IMF의 〈세계경제전망 수정〉 보고서에서 한국의 올해 경제성장률 전망치는 −2.1%였다.[3] 이처럼 마이너스 성장을 하는데도 OECD 국가들 가운데 가장 높은 성장률 전망치였고, 올초 전망치에 비해 조정폭이 가장 적었다. 세계 어느 나라보다 코로나 감염병에 신속하게 대응해 경제적 충격을 최소화한 덕분이었다.

그런데 코로나 1차 유행 기간이 길어지거나 2차, 3차 유행이 반복된다면 한국의 경제적 충격도 더 커질 수밖에 없다. 특히 한국은 미국이나 중국과 같은 광대한 자국 내 시장이 있는 나라들은 말할 것도 없고, 일본이나 독일과 같은 수출 강국인 나라들에 비해서도 교역의 존도가 상당히 높은 나라다. 또한 한국의 주력 산업인 반도체나 자동차, 조선, 화학, 기계, 철강 등 주요 산업 대부분이 수출 중심 산업이다. 이 때문에 국내에서 코로나 사태가 진정되더라도 한국의 주요 교역 지역인 미국이나 유럽 등의 코로나 사태가 길어지면 경제적 타격이 커질 수밖에 없다. 더구나 코로나 사태 이후 새로운 형태로 진행되고 있는 미중 무역전쟁 여파와 이와 관련된 보호무역주의 강화로 반도체나 디스플레이, 자동차, 기계, 조선, 철강 등 주요품목들의 수출이 타격을 받을 가능성이 높다. 이와 관련해 미국 하버드대학의 케네스 로고프 경제학과 교수의 다음과 같은 진단은 상당히 정확하다.

"(한국을 비롯한) 아시아 경제의 수출 의존도는 매우 높은데, 앞으로 다가올 팬데믹으로 인한 위기에서 이는 좋은 신호가 아니다. 수출은 2가지 이유로 점점 더 어려워질 텐데, 경기 회복이 더딘 속도로 이뤄질 것이라는 이유와 그 과정에서 각국이 보호주의를 채택할 가능성이 크기 때문이다."[4]

이처럼 이번 코로나 사태는 가장 작은 존재인 바이러스가 과거 그 어떤 충격보다 경제 안팎에 더 큰 변화를 만들 대충격이다. 2008년 금융위기를 겪고 난 뒤 '수요 위축과 저성장'이 새로운 정상 상태가 되는 뉴노멀이 자리 잡았다. 코로나 사태 이후에도 코로나 이전과는 다른 새로운 정상 상태인 '포스트 코로나 시대의 뉴노멀'이 자리 잡을 가능성이 높다.

이번 대충격으로 인한 뉴노멀은 경제뿐만 아니라 정치, 사회, 문화 영역에서도 거대한 새로운 흐름을 만들게 될 것이다. 또한 이 흐름이 일시에 끝나지 않고, 최소 향후 몇 년간 한국과 세계경제에 가장 큰 영향을 미칠 구조적 흐름을 형성할 것이다. 그 흐름을 잘 읽고 현명하게 대응하고 기회를 포착하는 집단과 그렇지 못한 집단들 사이에 성패가 극명하게 갈리는 현상도 나타날 수 있다. 이번 대충격의 의미와 파장을 주목해야 하는 이유다.

대격돌:
미국과 중국의 거대한 격돌

　'고래 싸움에 새우등 터진다'는 속담이 있다. 그런데 미중 무역전쟁 한복판에 놓인 한국의 처지가 꼭 고래 싸움에 끼인 새우 꼴이다. 미중 무역전쟁은 사실 세계 패권국인 미국이 새롭게 부상하는 패권 도전국인 중국을 견제하기 위한 전쟁이다. 과거의 패권 다툼은 실제 무력을 동원한 전쟁으로 치달은 경우가 많았다. 사실 1, 2차 세계대전도 식민지 침탈 과정에서 기존 열강과 도전국들 간에 벌인 집단 전쟁이었다고 할 수 있다. 그런 전쟁들에 비하면 미중 간의 무역전쟁은 어쩌면 온건하고 얌전한 패권전쟁이라고 할 수도 있다. 현실의 무력 충돌로 비화하지 않은 것만 해도 세계에는 얼마나 다행스러운 일인지 모른다.

　하지만 한국과 같이 교역 의존도가 높은 나라는 그렇게 감사한(?) 마음을 가질 만큼 느긋할 수가 없다. 더구나 중국과 미국은 한국의 교역대상국 가운데 1, 2위를 차지하고 있고, 두 나라를 합쳐 수출 비중이 2019년 기준 38%를 넘는다. 홍콩까지 포함하면 42%를 넘어선다. 그만큼 두 나라가 싸우면 한국의 경제적 충격은 커지는 것이다. 특히 한국의 대중 수출 가운데 중국을 거쳐 최종적으로는 미국으로 가는 비중이 8~10%에 이르는 것으로 추산된다. 이 정도면 대만이나 인도 전체에 수출하는 규모만큼 된다. 미중 무역갈등이 한국의 수출에 상당한 부담을 주는 것이다. 더구나 이들 두 나라 간 무역전쟁으로 세계경제가 위축되는 영향까지 고려하면 그 충격파는 더 커진다. 이런 간접적 영향뿐만 아니라 직접적으로도 한국경제에 부정적 영향을 미친다.

예를 들어 중국이 환율조작국으로 지정될 경우 한국 역시 환율조작국으로 지정될 우려가 커진다. 반덤핑 조치 역시 중국산 제품과 나란히 한국산 제품도 적용받게 될 수 있다. 그야말로 고래 싸움에 새우등 터지는 꼴이 된다. 앞에서 본 코로나 사태가 인간과 바이러스의 충돌이라고 한다면, 미중 간의 충돌은 세계 최강대국 두 나라가 향후 패권을 두고 벌이는 거대한 충돌이라고 할 수 있다. 그만큼 한국경제의 장래를 좌우할 중요한 문제인 것이다.

미중 무역전쟁은 트럼프 대통령의 정치적 계산이 바탕에 깔려 있지만, 트럼프 행정부가 끝나면 막을 내릴 것으로 속단해서는 안 된다. 미국 국민들의 중국 혐오 정서 내지 중국 견제 심리가 매우 광범위하기 때문이다. 실제로 여론조사기관 퓨리서치의 2020년 4월 여론조사에 따르면 미국인의 66%, 즉 3분의 2가량이 중국에 대해 '비호감'이라고 응답했다. 호감을 갖고 있다고 응답한 비율 26%에 비하면 거의 2.5배에 이르는 비율이다. 더구나 트럼프 행정부가 대중 무역전쟁을 시작한 이후 급격히 상승하기 시작했다. 2018년 47% → 2019년 60% → 2020년 66%까지 올라온 것이다. 2000년대 중반만 해도 이 비율이 30%대에 그쳤다는 것과 비교하면 비호감 비율이 엄청나게 상승한 것이다. 또한 미국인 10명 중 9명이 중국은 미국에 위협이라고 답했으며, 응답자의 62%는 '중대한 위협'이라고 답했다. 이는 2018년에 비해 14%포인트 상승한 수치였다.[5] 그만큼 중국 견제에 대한 대중의 범위가 광범위하다는 뜻이다. 물론 트럼프 대통령이 이를 부추긴 측면도 있지만, 한편으로는 트럼프 대통령이 과격한 '중국 때리기'에 나설 만한 여론의 폭넓은 지지가 있다는 뜻이기도 하다. 그만큼 미중 간의 갈등은 일시적 현상에 그치지 않고 향후 세계 정치와 경제 질서를 규정하는 중요한 흐름이 될 가능성이 높다.

미국과 중국 간 무역갈등의 시작

미국과 중국의 무역갈등이 발생하는 배경에는 2000년대 이후 급증한 미국의 대중무역 적자가 자리하고 있다. 〈그림 1-1〉에서 보는 것처럼 미국의 대중 상품무역 적자는 1990년대까지 1,000억 달러 미만 수준에서 2000년대 들어 급격히 늘어나 트럼프 행정부가 출범한 2016년에는 3,470억 달러(한화 약 420조 원)를 기록했다. 2016년 미국의 전체 무역적자 가운데 약 47%를 차지했다. 이런 상황이니 미국으로서는 이를 가만히 놔둘 수 없다고 생각했을 것이다. 이에 대선 캠

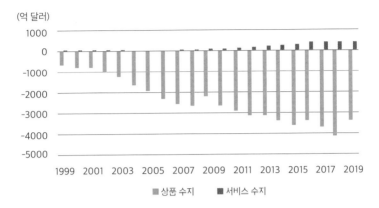

그림 1-1 미국의 대중 상품 및 서비스 수지 추이(1999~2019)

출처: 미국 상무성 경제분석국 데이터를 바탕으로 선대인경제연구소 작성.

페인 시기부터 "중국이 미국 국민들의 일자리를 빼앗아가고 있다"고 공격했던 트럼프가 대통령에 당선되면서 중국과의 무역갈등은 예견된 상황이었다.

트럼프 행정부의 압박에도 불구하고 미국의 대중 상품무역 적자폭은 2018년까지 더 늘어나기도 했다. 하지만 미국이 대중 관세 부과를 본격 실행한 2019년에는 상품무역 적자폭이 3,442억 달러로 줄어들었다. 전체 상품무역 적자에서 차지하는 비중도 39.8%로 축소됐다.

이런 가운데 미국이 서비스교역에서는 중국에 흑자를 내고 있고, 그 규모도 최근으로 올수록 조금씩 커지고 있다. 참고로 서비스교역은 물품을 수출입하는 상품교역에 대비해 유통이나 금융, 운송, 건설 등 무형의 서비스에 대한 거래를 가리킨다. 서비스교역 흑자는 미국이 중국에 기록하는 상품무역 적자 규모에 비할 바는 아니지만, 전체 무역수지 적자를 줄이는 데는 상당한 기여를 하는 셈이다. 이런 점에서 미국은 중국에 대해 상품무역 적자를 줄이는 한편 지적재산권 등 서비스교역 흑자는 늘리려는 전략을 추진하고 있는 것이다.

그런데 미국이 중국으로부터 수입하는 품목의 72%는 최종재(소비재, 자본재, 혼합재, 기타)가 차지한다. 미국이 전 세계로부터 수입하는 품목에서 최종재가 58%라는 점을 감안하면 중국이 미국시장의 최종재 공급 국가로서 매우 중요한 역할을 하고 있는 셈이다. 이에 따라 미국과 중국의 무역갈등이 심화하면 미국 소비시장에서 휴대전화와 컴퓨터, 통신장비 등 최종재 공급에 차질이 빚어질 수 있다. 즉, 상대적으로 저렴한 중국 상품들을 소비하던 미국 소비자, 즉 국민들이 상당한 불편을 겪게 되고 더 비싼 돈을 주고 다른 상품을 사야 한다. 거꾸로 이들 품목을 수출하는 중국의 산업 및 기업들은 수출이 줄어 피해를 입게 되는 것이다.

미중 양국의 무역전쟁은 양국 모두에 피해를 주기 때문에 극단적인 상황으로 번지기 어렵다는 관측이 지배적이었고, 실제로 그렇게 흘러왔다. 그럼에도 불구하고 트럼프는 틈만 나면 대중 압박을 계속해왔다. 중국이 더 커져서 미국의 패권 지위를 위협하기 전에 이쯤에서 중국의 기를 꺾어놔야 한다는 판단 때문이다.

미국은 과거 1980년대에도 일본이 고성장을 거듭하면서 미국의 경제적 패권을 위협할 때 '플라자합의'를 종용해 일본을 주저앉힌 적이 있다. 미국 달러에 비해 일본 엔화의 가치를 대폭적으로 인상하도록 요구해 이른바 '엔고円高'가 만성화하면서 일본의 수출기업들이 이후 고전을 면치 못했다. 이밖에도 미국은 일본 기업들에 대해 각종 반덤핑관세를 부과하는 등 당시에도 일본을 상대로 거센 무역전쟁을 감행했다. 이렇게 발생한 '엔고 불황'을 극복한다는 명목으로 일본은 금리를 낮추고 부동산 거품을 부풀렸다가 부동산 거품이 붕괴되면서 '잃어버린 20년'을 겪은 것이다. 이처럼 과거 일본을 상대로 무역전쟁을 벌여 재미를 본 경험을 바탕으로 이번에는 중국을 대상으로 무역전쟁을 벌이고 있는 것이다. 미국의 패권을 위협하는 국가들은 가만 놔두지 않겠다는 것이 미국의 기본 대외전략인 것이다. 이 같은 대외전략은 사실 미국의 양당이 대체로 공유하는 것이어서 트럼프 행정부 이후에도 지속될 가능성이 높다.

미국이 중국을 견제하는 주요 산업

물론 미국이 이렇게 할 수 있는 데는 미중 무역전쟁이 기본적으로는 미국에 유리한 게임이라고 보기 때문이다. 중국의 수출 의존도(GDP 대비 23%)가 미국(12%)에 비해 훨씬 높고, 미국의 대중 수출액보다 중국의 대미 수출액이 훨씬 크기 때문이다. 2017년의 경우 미국의 대중 수출액은 약 1,300억 달러였던 반면, 중국의 대미 수출액은 약 5,000억 달러였다. 당시 상황에서 추가로 관세를 부과할 수 있는 액수는 미국의 경우 4,500억 달러 이상이지만, 중국은 1,000억 달러에 불과했다. 그만큼 미국이 타격을 덜 보면서 중국에 큰 경제적 타격을 가할 수 있다는 계산이 가능한 것이다.

미국은 이 가운데서도 빠르게 치고 올라오는 중국의 산업기술의 싹을 잘라버리는 것에 치중하고 있다. 중국 정부는 1단계(2015~2025년)에 글로벌 제조강국 대열에 진입하고, 2단계(2026~2035년)에 독일 및 일본과 같은 제조강국의 수준에 도달하는 것을 목표로 삼고 있다. 3단계(2036~2045년)에서 세계적인 제조업 선도국가 지위를 얻는다는 목표를 갖고 있다. 사실 중국 정부가 대놓고 표현하지는 않지만, 3단계에서 목표로 삼는 것은 세계 산업과 첨단기술 수준에서 미국을 능가하겠다는 것이다. 이런 것을 뻔히 아는 미국이 이걸 가만히 놔둘 리 없다. 무역전쟁을 통해 이 같은 중국의 계획을 저지하려는 것이다.

이 때문에 미국 트럼프 행정부는 지적재산권IP 문제를 미중 무역 분쟁에서 가장 중요한 의제로 올리고 있다. 잘 알려진 것처럼 중국 기업들은 미국뿐만 아니라 세계 각국의 지적재산을 무분별하게 침해해왔다. 미국 기업들이 중국에서 활동할 때 현지 업체들과 기술을 공유하도록 하거나 사이버 해킹 등을 이용해 미국 기업들의 영업비밀과 핵심기술을 빼냈다. 상황이 이렇다 보니 미국의 지적재산권 수출액 가운데 중국이 차지하는 비중은 10%도 되지 않는다. 트럼프 행정부는 이를 지적재산권 탈취 또는 침해로 간주하고 적극 대응하고 있는 것이다.

미국이 5G 통신과 첨단 반도체 등 핵심 전략 산업과 관련해 집중적으로 견제하고 있는 것도 마찬가지 이유다. 미국은 2018년 북한 및 이란 제재 조치 위반을 명분으로 중국의 2위 통신장비업체 ZTE에 미국 기업과 7년 동안 거래를 하지 못하도록 금지했다. 이후 미국산 핵심 부품 조달이 끊긴 ZTE는 파산위기에 몰리면서 경영진 전체를 교체하는 수모를 겪었다.

2018년 12월에는 미국의 요구에 따라 캐나다 정부가 세계 1위 통신장비사업자인 중국 화웨이의 회장 딸이자 부회장인 멍완저우를 체

포했다. 2019년 5월에는 미국의 국가안보 및 미국인의 안전과 안보에 위협이 되는 거래를 금지하는 행정명령을 발동하고, 화웨이와 68개 계열사 전체를 거래 금지 리스트에 올렸다. 미국의 화웨이 때리기는 이후에도 집요하게 이어졌다. 미국은 동맹국들에게 화웨이 5G 장비 사용을 금지할 것을 강력하게 요구했고, 동맹국들은 속속 요구에 화답해서 화웨이 장비를 퇴출했다.

미국은 코로나 사태의 와중인 2020년 5월 더욱 강력한 압박 카드를 꺼내들었다. 이번에는 주로 반도체가 타깃이었다. 이전에는 미국 기술이나 소프트웨어 비중이 25% 이하인 제품은 규제 대상에서 제외했고 제3국에서 만든 제품도 역시 규제를 받지 않았다. 그러나 미 상무부는 이번에는 제3국에서 제조한 반도체라고 하더라도 미국 기술을 활용한 제품은 화웨이에 판매를 금지하는 조치를 추가했다. 이에 따라 세계 최대 반도체 파운더리업체인 대만의 TSMC는 화웨이 신규 수주를 중단하기로 결정했다.

이처럼 미국이 화웨이를 중심으로 중국의 첨단제조를 집중 견제하는 표면적인 이유는 미국 안보 문제다. 그런데 더 중요한 이유는 다른 데 있다. 중국이 이미 빅데이터와 인공지능AI 등 주요한 ICT 기술 분야에서 미국을 바짝 추격하고 있어서 미국은 위협을 느낄 수밖에 없다. 특히 화웨이는 이른바 4차 산업혁명의 핵심 인프라인 5G 통신망에서 중국이 앞서가는 것을 꺾기 위해 반드시 제재해야 할 기업인 것이다. 명분은 안보를 내세우지만, 속내는 중국의 첨단기술 발전을 저지하겠다는 것이다.

기존의 국제 공급망 체계가 흔들린다

한편 코로나 사태와 미중 무역전쟁이 겹치면서 기존의 국제 공급망 체계가 크게 흔들리게 됐다. 사실 트럼프 행정부 이후 TPP 파기, 한·미 FTA 재협상을 비롯해서 그동안 미국이 구축해왔던 질서를 스스로 파괴하면서 세계 무역 질서는 큰 틀의 지각변동을 겪기 시작했다. 특히 2019년부터 미중 무역전쟁이 격화되면서 세계가 하나의 공급망으로 묶여 있던 시대가 막을 내리기 시작했다. 대신 미국과 중국이 독자적인 공급망을 구축하려는 움직임이 나타나고 있다.

일례로 트럼프 행정부 출범 이래 미국 정부는 첨단 반도체 공장을 다시 미국으로 옮기는 작업을 추진하고 있다. 반도체 생산시설이 한국과 대만을 비롯한 아시아에 집중되다 보니 코로나 사태와 같이 갑자기 공급망이 교란되는 사태가 벌어질 경우를 대비하기 위해서다. 특히 미국은 첨단 무기체계에 고성능 반도체가 필수적인데, 중국이 막대한 자금을 반도체에 쏟아붓고 있다는 점을 우려하며 중국에 대한 반도체 수출 규제를 강화했다.

이런 측면에서 미국은 2019년 5월 안보를 명분으로 미국 기업들이 화웨이에 반도체 부품이나 소프트웨어를 공급하지 못하게 했다. 그런데 코로나 사태가 불거진 뒤 미국은 이 같은 규제를 사실상 미국 외의 다른 국가에까지 넓혔다. 화웨이에 반도체를 위탁생산해서 납품하는 대만의 TSMC나 한국의 삼성전자 같은 회사들도 미국의 기술이나 장비를 일부라도 쓰면 미국 정부의 허가를 받으라고 요구한 것이다. 이들 기업들은 미국의 소프트웨어가 적용된 반도체 장비를 사용할 수밖에 없기 때문에 이 같은 요구를 피해가기 어렵다.

또한 미국은 미국 반도체 회사들이 신규 반도체 공장을 자국 내에 설립하도록 요구하는 한편 삼성전자와 TSMC 등에 미국 내 생산시설을 증설하도록 압박하기도 했다. 이에 TSMC는 미국에 공장을 설립하기로 발표했고, 중국 시안에 낸드플래시 공장을 대규모로 증설하고 있는 삼성전자도 부담을 가지지 않을 수 없게 되었다.

한편 TSMC로부터 반도체 공급이 끊긴 화웨이는 한국의 삼성전자와 SK하이닉스에 적극 구애하고 있다. 국내 반도체기업들은 화웨이나 알리바바와 같은 중국 관련 기업들의 반도체 수요가 매우 크기 때문에 미국의 요구를 마냥 받아들일 수만은 없다. 그렇다고 세계 최강대국이자 램리서치와 어플라이드머티어리얼즈와 같은 중요한 반도체 소재 및 장비 회사들이 포진한 미국의 요구를 마냥 무시할 수도 없다. 매우 긴장되는 줄타기를 할 수밖에 없는 상황에 처한 것이다.

이처럼 미중 무역전쟁은 두 나라 사이에 끼인 새우 격인 한국경제의 미래를 좌우할 매우 중요한 흐름이다. 특히 코로나 사태와 겹치면서 미중 무역전쟁은 국내 주요 산업에 큰 영향을 미치는 공급망 재편 압력으로 작용하고 있다. 한국 산업과 기업들이 어떤 선택을 하느냐에 따라 향후 한국경제에 상당한 파장이 예상된다. 더욱이 미중 무역전쟁이 쉽게 가라앉을 것으로 보기도 어렵다. 재선을 염두에 둔 트럼프 대통령의 정치적 액션인 측면도 있지만, 근본적으로는 미중 간의 패권전쟁 성격이 깔려 있기 때문이다.

또한 앞에서 본 것처럼 미 국민들이 정치적 성향에 상관없이 대중 강공 전략을 지지하고 있다. 이에 따라 트럼프 대통령이 재선에 성공하면 강공 흐름이 약화되기는 어렵다. 미국 민주당으로 정권이 바뀌어도 다소 누그러지기는 하겠지만, 미중 무역전쟁은 일정하게 지속될 가능성이 높다. 코로나 사태와 맞물려 세계화의 후퇴 및 보호무역주의 강화 흐름이 상당 기간 지속될 수 다는 얘기다. 당연히 세계화 확대 흐름에서 수혜를 받아온 한국경제와 산업으로서는 반길 상황이 아니다. 하지만 미국과 중국이 자체 공급망을 구축할 경우 양쪽과 모두 거래하면서 오히려 이익을 확대할 여지도 있다. 한국이 어떤 전략으로 대응하느냐에 따라 그 영향이 상당히 달라질 수 있는 것이다. 우리가 상황 변화를 주시하면서 현명하게 대응해야 하는 이유다.

역대 최장 경기 확장을 이끈 돈의 힘과 버블

코로나에 따른 대충격이 발생하기 이전에 세계경제에 가장 큰 영향을 미친 구조적 힘은 '돈의 힘'이라고 할 수 있다. 2008년 금융위기 이후 세계경제는 이전 어떤 시기보다 생산과 소비, 교역과 같은 실물경제의 성장보다 막대하게 풀린 돈의 힘으로 성장세를 지속했다. 비유하자면 치명적인 부상으로 중태에 빠진 운동선수가 몸이 충분히 회복되지 않은 상태에서 진통제를 과다 복용하여 다시 운동에 나선 격이다. 진통제로 통증을 가라앉힌 상태에서 다시 움직이기 시작했지만, 아무래도 부상 이전의 몸 상태를 되찾기는 어렵다. 그러다 보니 시간이 지나면 진통제의 약발이 떨어져 통증이 도졌고, 이 통증을 다스리기 위해 다시 진통제를 맞는 일이 되풀이됐다. 물론 시간이 지나면서 어느 정도는 예전 상태를 회복했지만, 여전히 예전과 같은 최상의 컨디션을 되찾기는 어렵게 됐다. 운동선수가 예전에 갖고 있던 본연의 체력을 이미 상실해버린 상태인 것이다. 세계경제를 운동선수로, 진통제를 각국이 뿌려댄 유동성이라고 생각하면 현재의 세계경제 상태를 이해하기 쉬울 것이다.

코로나 사태 직전까지 미국은 1950년 이후 사상 최장의 경기 확장기를 구가했다. 2008년 금융위기에서 회복되기 시작한 2009년 6월 이후 2020년 2월까지 무려 128개월이나 경기 확장이 지속됐다.

최장 경기 확장을 이끈 것은 바로 돈의 힘이었다. 시작은 2008년 글로벌 금융위기였다. 금융위기가 발생하자 주요국 중앙은행들은 극심한 경기 침체에서 벗어나기 위해 금리의 대폭 인하와 공격적인 양적완화를 실시했다. 참고로 양적 완화는 중앙은행이 국채나 모기지채권 등을 매입함으로써 시중에 유동성을 공급하는 통화정책을 말한다.

미국연방준비제도(이하 미 연준)의 정책을 기준으로 양적 완화는 세 차례에 걸쳐 이뤄졌다. 세 차례에 걸친 양적 완화 기간 동안 미 연준은 모두 4조 8,000억 달러(약 5,700조 원)에 이르는 자금을 미국을 비롯한 세계 자금시장에 쏟아냈다. 한국 한 해 GDP의 약 3배가 넘는 자금을 쏟아냈으니, 실로 어마어마한 규모였다. 미국뿐만 아니라 유럽과 일본도 경쟁적으로 대규모 양적 완화에 나섰다. 경기를 촉진하기 위해 발행된 막대한 자금들은 대부분 주식이나 부동산 등 전 세계 자산시장으로 흘러들었다. 이에 따라 세계적으로 주식과 부동산 등 자산시장을 중심으로 경기가 다시 회복되기 시작했다. 하지만 자산 가격 상승에 기댄 경기 회복은 상대적으로 강도가 약했다.

특히 실물경기의 성장이 상대적으로 매우 약했다. 이 때문에 세계경제는 갈수록 돈의 힘에 의존해 자생력을 잃었고, 추가적인 돈의 주입이 없으면 경기는 금방 가라앉기 쉬운 상태를 지속했다. 이 때문에 미국이 2009년 6월 이후 사상 최장의 경기 확장기를 거쳤지만, 이 기간 동안 평균 경제성장률은 1.8% 정도에 불과했다. 미국이 100개월 이상 경기 확장을 지속한 1960년대와 1990년대의 평균 경제성장률은 각각 4.7%와 3.4%였다. 두 시기에 비해 2009년 이후 확장기의 평균 성장률은 매우 낮은 수준이었다.

물론 그렇다고 해서 무한정 돈 풀기 정책만 펼쳐온 것은 아니다. 미국의 경우 2014년 10월 양적 완화를 중단한 데 이어 2017년부터는 시중에 풀었던 자금을 회수하는 정책을 펼쳐왔다. 또한 미 연준은 2015년 말부터는 점진적으로 기준금리를 올려왔다. 미 연준이 기준금리를 올릴 때마다 중국 등 신흥국 증시가 급락하거나(2016년 초) 미국 등 세계 증시가 출렁이는(2018년 11월) 등 금융 충격이 발생하기도

그림 1-2 한국과 미국의 기준금리 추이

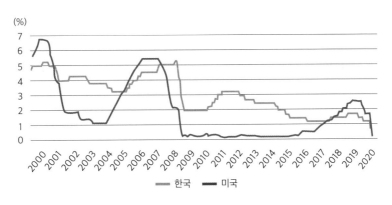

출처: 미 연준과 한국은행 자료를 바탕으로 선대인경제연구소 작성.

했다. 그런 속에서도 〈그림 1-2〉에서 볼 수 있듯이 미 연준은 기준금리를 꾸준히 올려 2018년 말에는 2.5~2.75%까지 올리기도 했다.

미국 주식시장이 계속 상승했던 이유

하지만 이 같은 기준금리 인상 흐름이 주식시장 등 자산시장에 큰 충격으로 다가오면서 미 연준은 2019년 이후 오히려 금리 인하로 선회했다. 여기에는 정치적 이유로 주가의 지속적인 상승을 기대하는 트럼프 대통령의 압박이 작용한 측면도 있었다. 이런 흐름에 따라 미국은 사상 최장의 경기 확장을 거쳤으며, 이 과정에서 주식시장도 큰 폭의 상승을 11여 년간 지속했다. 미 연준의 이런 움직임에 따라 2008년 금융위기 이후 만성적인 저성장 상태에 빠진 유럽과 일본 등 주요국들은 제로금리(심지어는 마이너스 금리까지)와 양적 완화라는 돈 풀기 정책에 거의 중독되다시피 하며 경제를 이끌어왔다.

세계적으로 막대하게 풀린 자금들은 세계 각국의 자산시장에 투입돼 자산 버블을 만들고 빠지는 과정을 반복해왔다. 그 가운데서도 최근으로 올수록 신흥국보다는 미국을 중심으로 한 선진국 증시에 자금이 집중적으로 유입되면서 선진국 증시와 신흥국 증시 간 주가 차별화가 심화하는 양상이 이어졌다.

미 연준이 금리를 내리고, 양적 완화로 돈을 풀면 풀수록 주가는 올라갈 가능성이 커진다. 예를 들어, 금리가 3%에서 1%로 낮아진다고 생각해보자. 그러면 일반적으로 사람들은 은행에 돈을 맡겨봐야 받을 수 있는 이자가 미미하므로 차라리 저금리로 대출을 받아 주식이든 부동산이든 자산에 투자하려는 경향이 늘어난다. 물론 이 돈을 빌려 창업에 나서거나 사업 확장에 나서는 사람들도 있다.

하지만 최근 10여 년간 풀린 돈들의 대부분은 생산경제보다는 자산시장으로 주로 흘러들었다. 무위험 수익률인 은행 금리가 낮기 때문에 약간의 리스크를 감수하고라도 주식에 투자하려는 사람들이 늘어나는 것이다. 당연히 저금리와 함께 양적 완화를 통해 풀린 많은 돈들도 주식시장으로 향했다.

반면 주식시장에 상장되는 기업의 수는 빠르게 늘지 않는다. 살 수 있는 주식의 수는 제한돼 있는데, 상대적으로 리스크를 좀 더 감수하고서라도 수익을 올리려는 많은 돈들이 주식시장에 들어오면 주가는 올라갈 수밖에 없다. 세계 주요 대도시들의 부동산시장에서도 대체로 마찬가지 현상이 벌어졌다. 이렇게 해서 미국 증시에 상장된 기업들의 실적이 개선되는 속도보다 훨씬 빠른 속도로 주가가 올라가는 현상이 지난 10여 년 동안 발생한 것이다.

실제로 〈그림 1-3〉을 보면 2008년 금융위기 이후 미 연준이 대규모 양적 완화를 지속했던 2015년 무렵까지 미국 S&P500 지수의 평균 주가순이익비율PER은 지속적인 상승세를 보였다. PER는 해당 기업의 시가총액이 한 해 벌어들이는 순이익에 비해 몇 배인지를 나타내는 지표다.

예를 들어, 1년에 100억 원의 순이익을 버는 기업의 시가총액이 1,000억 원이면 PER 10배가 된다. 그런데 PER가 올라간다는 것은 이 회사의 실적(여기서는 순이익)이 증가한 것에 비해 회사에 대한 평

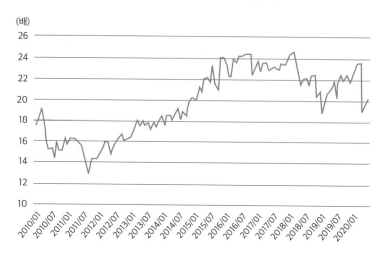

그림 1-3 미국 S&P500 평균 PER의 추이

출처: macrotrends.com 자료를 바탕으로 선대인경제연구소 작성.

가가치가 더 가파르게 오른다는 뜻이다. 즉 PER가 올라가는 것은 실제 기업의 실적이 개선되는 속도보다 주가가 상승하는 속도가 더 빨랐다는 것이다. 그만큼 점점 고평가가 되어왔다는 뜻이다. 반면 2016년부터는 PER가 제자리걸음을 하다가 미 연준이 연간 세 차례 금리 인상에 나선 2018년에는 PER가 상당히 큰 폭으로 하락했다. 이런 상황에서 트럼프 대통령이 미 연준에 금리 인하를 압박해 2019년에 기준금리가 하락하자 PER 수준은 다시 올라갔던 것이다.

이렇게 미국 주가가 상승을 거듭하자 많은 전문가들이 미국 주식 버블이 가라앉을 가능성을 우려했다. 나도 미국 주식시장이 2020년 하반기로 다가가면서 가라앉을 가능성을 상당히 높게 봤다. 다만 그 시기를 2020년 하반기, 좀 더 정확하게는 미 대선 이후부터 하락세가 이어질 것으로 봤다. 또한 주가가 하락하더라도 그 충격의 크기는 연착륙과 경착륙의 중간 정도 수준으로 봤다. 실제로 코로나 사태로 주가가 급락했던 미국 증시가 이후 비교적 빠르게 반등한 것을 봐도 코로나 사태가 없었다면 이토록 급격한 주가 폭락이 왔을 것으로 생각되지는 않는다. 하지만 시기의 문제일 뿐 결국 올 수밖에 없었던 미국 증시의 조정이 코로나 사태로 좀 더 빨리, 훨씬 더 급격한 형태로 왔을 뿐이다.

코로나 이후 유동성 폭격이 만든 새로운 버블

그런데 이렇게 급격하게 발생한 미국 증시의 버블 붕괴가 다시 추가된 막대한 돈의 힘으로 다시 버블 상태로 돌아가고 있다. 코로나 사태로 심각한 경기 후퇴가 예상되자 각국 정부는 큰 폭의 금리 인하에 나섰다. 특히 미 연준은 2020년 3월 초에 두 차례에 걸쳐 기준금리를 1.5% 포인트 낮추면서 단 12일 만에 사실상 제로금리를 만들었다.

그러나 실물경제의 상황만 놓고 보면 제로금리로도 경기 급락을 막기에는 역부족이었다. 그래서 실행에 옮겨지지는 않았지만, 트럼프 대통령이 "다른 나라들이 마이너스 금리로 혜택을 누리고 있다면, 미국도 이 선물을 받아들여야 한다"며 연준을 압박하기도 했다. 사실 마이너스 금리는 이미 2012년 덴마크를 시작으로 일부 유럽국가와 유럽중앙은행, 그리고 일본이 실행에 옮긴 바 있다.

마이너스 금리가 가능한지 의아한 사람들이 많을 것이다. 마이너스 금리라면 예금을 하면 이자를 받기는커녕 원금이 줄어든다. 합리적으로 생각한다면 은행에 예금한 돈을 찾아서 집에 보관하는 편이 낫기 때문에 사람들이 돈을 은행에서 대규모로 인출하는 뱅크런 사태가 일어날 수 있다. 금융기관이 마이너스 금리로 대출을 하면 손해를 보기 때문에 금융기관의 사업기반도 무너진다. 따라서 일반 금융소비자에게 마이너스 금리를 적용하기는 어렵다. 대신 중앙은행이 시중 금융기관에 자금을 공급할 때 마이너스 금리를 적용하겠다는 것이다. 이 경우 시중은행이 한국은행에 돈을 맡기면 오히려 손실을 보기 때문에 시중은행은 한국은행에서 받아온 돈을 최대한 시장에 푸는 게 유리하다. 즉 시중은행이 적극적으로 시중에 돈을 풀게 하기 위한 촉진책 차원의 마이너스 금리인 것이다.

미 연준은 코로나 사태 이후 마이너스 금리를 실행하지는 않았지만, 대신 양적 완화에 더해 질적 완화 카드까지 꺼내들었다. 연준의 매입대상 범위를 미 국채나 모기지담보부증권MBS 등 기존의 양적 완화 정책보다 넓힌 것이다. 회사채나 기업어음, 지방채, 주식 ETF, 심지어 투기등급 회사채까지 매입해 문제를 겪고 있는 특정 경제 주체에 직접 자금을 공급하는 수준까지 나아갔다. 이 때문에 돈을 찍어 유동성을 공급하는 대상 범위를 확대한다는 의미에서 질적 완화라는 표현까지 등장한다. 이러한 방법으로 미 연준을 비롯한 주요국 중앙은행들은 코로나로 인한 경제 추락을 상당 부분 방어한 것이다.

문제는 이렇게 풀린 돈이 결국 경기가 회복되는 시점과 맞물려 증폭되면 인플레이션 압력을 높이고, 자산시장을 또다시 부풀릴 가능성이 높다는 것이다. 미국 증시를 중심으로 자산시장에서 발생했던 버블을 자산시장과 경제 내부의 조정 과정을 거쳐 해소해야 정상이다. 조정 과정을 거쳐 생산경제 회복과 생산성의 증대에 발맞춰 자산시장도 회복되는 과정을 거치는 것이 장기적 관점에서 경제의 지속성에 도움이 된다.

하지만 코로나 사태가 워낙 예기치 못하게, 파괴적인 형태로 오다 보니 이런 과정을 생략하고, 또다시 각국 정부와 중앙은행이 무제한적인 유동성 주입에 나섰다. 그렇게 해서 자산시장에 생긴 버블을 해소하기는커녕 결과적으로 더 많은 돈을 시장에 뿌리고, 그것이 나중에 더 큰 버블로 돌아올 소지를 만든 것이다. 실제로 코로나 사태가 경제적 충격으로 전이되는 과정에서도 미국에서 투기등급 회사채가 급증했다. 이걸 바탕으로 만든 CLO와 같은 파생상품이 부실화될 우려 때문에 미국 증시, 더 나아가 세계 증시가 추락의 가속도를 높인 측면이 없지 않았다. 거꾸로 미 연준이 그 같은 투기등급으로 전락할 여지가 있는 회사채까지 매입하겠다고 선언한 것이 증시를 안정화하는 데 큰 도움이 됐던 것이다.

유동성 증가와 전 세계 부채의 급속한 증가

막대한 유동성 공급의 효과가 이미 빠르게 나타나는 곳이 세계 각국의 주식시장이다. 한국과 미국의 주식시장만 봐도 급락 후 강한 반등 추세를 확인할 수 있다. 실물경제의 느린 회복세에 비해 적어도 주식시장만큼은 상당한 폭의 V자 반등이 이루어졌다. 특히 기술주 중심의 미국 나스닥이나 한국의 코스닥이 더욱 강한 반등폭을 보이고 있다. 심지어 코스닥은 5월 중순부터는 코로나 사태 이전보다 더 높은 수준으로 상승하면서 연중 최고점을 기록했다. 과연 이렇게 반등할 정도로 기업들의 실적이 곧바로 회복될까? 종목에 따라서는 차이가 있지만 전체 상황은 앞에서 소개한 경제성장률 전망치에 이미 답이 나와 있다. 코로나 이후 주가 반등은 명백하게 막대한 유동성의 힘 때문이다.

물론 시중에 풀린 돈들이 자산시장을 밀어올리고, 결국에는 실물경제의 회복을 촉진하는 것도 사실이다. 그 과정에서 경제 주체들은 다시 자신감을 갖게 되고 충격을 줄일 수 있으며, 심지어는 새로운 비즈니스와 투자를 통해 돈을 벌게 된다. 하지만 그렇게 막대하게 풀린 유동성은 새로운 버블을 만들고 세계경제를 다시 '돈의 힘'에 더욱 중독되게 한다. 반면 경제 자체의 자생력은 점점 더 취약해진다. 그렇게 돈의 힘으로 생겨난 새로운 버블이 꺼지게 될 때 세계는 또다시 돈을 풀어서 해결하는 악순환을 거듭할지도 모른다. 이것이 세계경제의 가장 큰 모순이자, 문제일 수도 있다.

이 같은 유동성 공급의 증가는 전 세계 부채의 급속한 증가와 맞물려 있다. 국제금융협회IIF 자료에 따르면 2019년 상반기 전 세계 정부와 기업, 가계의 부채 총액은 250조 달러(약 30경 원)로 사상 최대를 기록했다. 이는 전 세계 GDP의 3배 규모로, 인구 1인당 3만 2,500달러의 부채를 안고 있는 셈이 된다. 전 세계에서 생산하는 상품과 서비스 규모에 비해 부채규모가 3배 이상 크다는 의미다. 전 세계 부채는 1999년 83.9조 달러에서 10년 후인 2009년 186조 달러로 102.1조 달러 증가했고, 다시 10년 만인 2019년엔 64조 더 늘어난 250조 달러를 기록한 것이다.[6] 전 세계적으로 이렇게 부채가 늘어난 건 금융위기 이후 저금리와 양적 완화 등 금융 완화 정책을 대규모로 가동했기 때문이다.

전 세계 부채 가운데 특히 신흥국의 부채가 빠르게 증가하고 있으며, 중국이 이 같은 움직임을 주도하고 있다. 2008년 금융위기 이후 미국을 비롯한 주요 선진국들이 디레버리징(부채 감축)에 나서는 동안 중국의 부채가 급격히 증가했다. 이에 따라 중국의 부채문제에 관한 우려가 커지고 있으며, 심지어 중국이 다음 번 경제위기의 진원지가 될 것이라는 전망도 나오고 있다. 지난 몇 년간 전 세계 민간부문에서 새로 발생한 부채의 70% 이상이 중국에서 발생한 것이었던 만큼 중국의 부채문제가 악화할 경우 세계경제에도 커다란 충격을 미치게 되기 때문이다.

시진핑 정부 역시 부채문제의 심각성을 인지하고 2016년부터 부채감축과 함께 그림자 금융에 대한 규제에 나서기도 했다. 하지만 코로나 사태가 터지면서 중국 정부는 다시 엄청난 경기부양책을 쏟아내는 상황에 몰려 부채 감축 문제는 뒷전으로 밀쳐놓게 됐다.

한국도 예외가 아니다. 미국과 유로존, 일본 등 선진국들의 GDP 대비 가계부채 비율이 꾸준히 하락한 것과 달리 한국의 가계부채 비율은 빠르게 상승하고 있다. 국제결제은행 통계에 따르면 한국은 2019년 4분기 기준 GDP 대비 가계부채 비율이 95.5%로 조사대상국 43개국 가운데 7위를 기록했다. 한 해 전 대비 상승폭은 홍콩, 노르웨이, 중국에 이어 4번째로 높았다.[7] 그만큼 한국의 가계부채는 위험한 상황이라고 볼 수 있다.

특히 한국은 세계적인 저금리와 금융 완화 조치로 풀려난 자금의 대부분이 주식보다는 부동산시장으로 몰려들어 거품을 키웠다. 그동안 과도하게 올랐던 집값이 코로나 사태로 금리가 하락하고 돈이 다시 부동산시장으로 몰리면 부동산 가격의 거품이 다시 커질 가능성도 있다. 물론 한국 부동산시장 가운데 서울 주택시장이 생산경제 상황에 비해 지나치게 올랐으므로 상대적으로 조정받을 가능성은 여전히 크다. 이에 대해서는 4장에서 다시 언급하기로 한다. 어쨌거나 세계적인 유동성 증가는 주식과 부동산 등 국내 자산시장에도 큰 영향을 줄 수밖에 없는 것이다.

4차 산업혁명과 디지털 전환

비스포크투자그룹Bespoke Invest Group은 2017년부터 '아마존 공포 지수'를 발표하고 있다. 영어로는 'Death by Amazon Index', 즉 '아마존에 의한 사망 지수'라는 무시무시한 이름이다. 아마존 사업에 크게 영향을 받는(아마존에 의해 사망할 수 있는) 월마트, 코스트코, CVS, 타겟 등 대형 오프라인 유통업체들로 주로 이뤄진 63개 종목의 주가로 만든 지수다. 2012년 시작된 이 지수는 2020년 4월 16일 기준 −7.2% 하락한 반면, 같은 기간 S&P500 지수는 101.9% 상승했다. 더구나 같은 기간 아마존 주가가 1160.1% 상승했다는 것을 감안하면 천양지차다. 4차 산업혁명을 선도하는 기업과 그런 기업과의 경쟁에서 밀려나는 기업들의 명운이 극명하게 엇갈리고 있음을 보여주는 지수라고 할 수 있다.

문 닫는 오프라인 유통점들 vs 급성장하는 쿠팡

우리나라도 오프라인 유통업체들이 온라인에 밀려 고전하는 추세다. 〈그림 1-4〉에서 보는 것처럼 온라인 판매중개(오픈마켓) 및 온라인 판매의 월별 매출은 2017년 이후 전년동월 대비 두 자릿수 증가 추세를 대체로 이어가고 있지만 대형마트나 백화점은 성장세가 둔화되거나 오히려 역성장하고 있다. 특히 대형마트는 계속 매출이 역성장하면서 쪼그라들고 있다.

반면 한국판 아마존에 가장 가까운 이커머스업체인 쿠팡은 매출이 빠른 속도로 증가하면서 오프라인 유통업체들에 큰 충격을 가하고 있다. 쿠팡의 매출은 2014년 3,485억 원에서 5년 만인 2019년에 7조

그림 1-4 월별 주요 유통업체 매출 증가율 추이

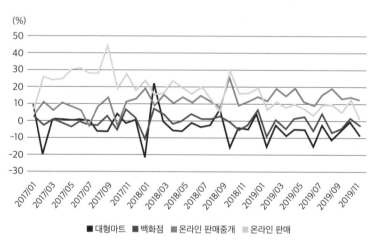

■ 대형마트 ■ 백화점 ■ 온라인 판매중개 ■ 온라인 판매

출처: 산업통상자원부 '주요 유통업체 매출동향' 자료를 바탕으로 선대인경제연구소 작성.

1,530억 원으로 증가했다. 이처럼 매출이 급증했지만, 지속적으로 영업손실 규모가 커져 사업의 지속성에 의문이 제기되기도 했다. 하지만 2019년에는 매출이 대폭 증가하면서 고정비 비중이 줄어 영업손실이 −7,205억 원으로 큰 폭으로 줄었다. 2018년 −1조 1,279억 원까지 늘었던 손실 규모에 비해 큰 폭으로 줄었을 뿐만 아니라 2014년 이래 처음으로 영업손실 규모가 줄어든 것이다.

쿠팡이 그동안 투자해왔던 물류 인프라가 안정화하며 규모의 경제 효과가 나타난 데다 객단가 상승과 고정비 통제에 성공했기 때문이다. 더구나 코로나 사태로 이른바 '언택트 소비'가 급증하면서 쿠팡은 가장 큰 수혜를 입는 업체가 됐다. 이에 따라 쿠팡의 막대한 적자 누적에 제기돼온 의구심들도 사그라들 가능성이 높다. 사실 과거 아마존도 매출 급증에도 불구하고 이익을 내지 못하는 기간이 길었지만, 고정비 투자가 줄면서 막대한 이익을 기록한 전례가 있다. 쿠팡도 그런 궤적을 따라갈 가능성이 커진 셈이다. 쿠팡뿐만 아니라 온라인 식재료 배달업체인 마켓컬리 또한 수도권을 중심으로 빠르게 성장세를 키워가고 있다.

이 같은 흐름에서 코로나 사태는 중요한 변곡점을 만들었다. 코로나 사태로 오프라인 매장 방문이 급감한 반면 온라인 매출 비중이 크게 늘었기 때문이다. 반면 오프라인 유통점들의 폐점과 구조조정은 코로나 사태로 더욱 빨라지게 됐다.

파장은 여기에서 그치지 않는다. 디지털 전환에 따른 기존 산업의 쇠퇴 또는 몰락은 일자리 감소로 이어진다. 실제로 2020년 3월 국민연금공단이 발표한 자료에 따르면 직전 1년 동안 이마트, 롯데마트 등 대형마트 3사의 국민연금 가입자 수가 4,034명, 비율로는 -6.0% 감소한 것으로 나타났다.[8] 그만큼 일자리가 줄어든 것이다. 그렇다고 사라진 일자리만큼 급성장하는 이커머스 유통업체들의 일자리가 늘어나는 것도 아니다.

미국 노동통계국이 2002년부터 2016년까지 15년 동안 유통업 일자리 현황을 분석한 바에 따르면 전자상거래 전체에서 17만 8,000개의 일자리가 창출될 동안 백화점에서만 44만 8,000개의 일자리가 줄어들었다.[9] 지역 편중도 문제다. 온라인 유통은 대도시 본사와 지역 거점 물류센터만으로 충분하기 때문에 고용 효과가 대도시를 중심으로 일부 지역에만 편중된다.

이처럼 4차 산업혁명과 디지털 전환의 흐름을 타는 기업과 그렇지 못한 기업들의 명운이 엇갈리고, 그 기업들에서 일하는 사람들의 일자리도 크게 뒤흔들리고 있다. 특정 기업뿐만 아니라 산업, 더 나아가 한국경제 전체가 이 같은 4차 산업혁명과 디지털 전환 흐름에 어떻게 대응하느냐에 따라 매우 큰 영향을 받을 수밖에 없다.

한국의 산업 혁신이 더딘 이유

세계적으로 4차 산업혁명과 디지털 전환의 거대한 흐름을 주도하고 있는 국가는 미국과 중국이다. 세계에서 가장 활발한 혁신이 벌어지고 있는 두 축인 미국과 중국은 각각 실리콘밸리와 선전을 중심으로 스타트업들이 혁신적인 아이디어를 현실로 만들기 위해 왕성한

활동을 벌이고 있다. 이들 중 대다수는 결국 실패하지만 좁은 문을 뚫고 살아남아 성장한 기업들은 4차 산업혁명을 이끄는 주력군이 되고 있다. 미국의 4차 산업혁명을 주도하는 기업들로는 이른바 FANG(페이스북, 아마존, 넷플릭스, 구글)을 필두로 기업 역사가 비교적 짧은 젊은 기업들이 꼽힌다. FANG 중에서 가장 오래된 기업이 1994년에 창업한 아마존이며, 1990년대 후반 또는 2000년대 이후에 창업한 기업들이 혁신을 주도하면서 미국은 물론 세계 산업과 기업의 판도를 바꿔놓고 있다. 중국의 4차 산업혁명을 주도하고 있는 기업들로 거론되는 알리바바, 텐센트, 바이두도 1990년대 후반에서 2000년대 초에 설립된 기업들이다. 업력이 이렇게 짧은 젊은 기업들이 전 세계를 호령하는 기업들로 성장한 것이다.

물론 여전히 건재한 ICT 업계의 전통 강자들도 있다. 1976년에 창업한 애플은 여전히 혁신의 아이콘으로 산업계를 주도하고 있고, 1975년에 창업한 마이크로소프트는 한때 침체를 겪었지만 비즈니스 모델의 혁신으로 화려하게 부활했다. 1968년에 창업한 인텔은 여전히 ICT에 필수적인 시스템 반도체 분야의 최강자이고, 1911년에 창업한 IBM도 인공지능 분야에서는 선두그룹에 올라 있다. 다만 이들 노장의 대부분은 FANG 그룹이 보여주는 파괴적인 혁신을 주도하고 있지는 못하다.

그렇다면 국내 4차 산업혁명을 주도하고 있는 기업들은 어디인가? 네이버와 카카오 정도를 제외한다면 사람들이 생각하는 기업은 삼성, SK, LG와 같은 기존의 재벌 대기업들일 것이다. 최근 들어 국내에서도 쿠팡, 비바리퍼블리카(토스), 우아한형제들(배달의민족), 야놀

자처럼 기업가치 1조 원 이상의 비상장 기업을 뜻하는 '유니콘 기업'들이 조금씩 늘고 있다. 하지만 스타트업에서 출발한 혁신적 기업들이 산업 전반의 틀을 바꾼 미국에 비하면 한국은 여전히 재벌 대기업 위주의 산업구조다.

재벌 대기업들은 풍부한 자금력이 있으므로 장기적인 관점의 투자가 가능할 것이고, 인재들도 몰려 있는 데다 수직계열화를 통해 혁신적인 제품의 경쟁력을 빠르게 높일 수도 있다.

가장 앞선 혁신을 재빠르게 따라잡는 패스트 팔로워fast follower 전략이 삼성의 스마트폰 사업에서도 먹혔다. 삼성전자는 아이폰이 일으킨 스마트폰 열풍 초기에 윈도우 모바일 기반의 옴니아로 맞섰다가 쓰디쓴 패배를 맛본 경험이 있다. 이후 안드로이드 운영체제로 갈아타서 이미 거느리고 있던 반도체와 디스플레이 기술을 쏟아부은 갤럭시 시리즈로 빠르게 시장에 안착했다. 국내 대기업들이 그동안 주로 취해온 패스트 팔로워 전략은 성공 여부가 불투명한 시장을 개척하는 퍼스트 무버first mover의 리스크를 줄일 수 있다.

하지만 발상을 근본적으로 전환해야 하는 4차 산업혁명 시대에는 패스트 팔로워 전략은 약점도 많다. 상대적으로 계층 질서가 강하고 경우에 따라서는 관료화되기까지 한 국내 대기업들이 근본적으로 혁신적인 아이디어를 인정하고 실행에 옮기기는 힘들다. 그렇다고 미국의 구글이나 애플, 아마존 등처럼 혁신적인 사업 아이디어와 기술로 무장한 스타트업들을 인수해 새로운 성장동력으로 삼는 것도 아니다. 스타트업들이나 혁신에 성공한 중소기업들이 어느 정도 성장한 단계에서 대기업들의 사업 베끼기나 기술 약탈로 좌절하는 경우가 오히려 적지 않다. 물론 과거에 비해 대기업들의 스타트업 투자나 인수가 늘고 있기는 하지만 미국과 중국의 혁신 생태계와는 여전히 격차가 크다.

우리는 종종 기업 생태계, 산업 생태계라는 말을 사용하지만 그 뜻은 제대로 모르고 있는 듯하다. 생태계란 어떤 시스템이 하나의 유기체처럼 작동한다. 생태계 안에서는 끊임없이 개체들이 태어나고, 성장하고, 쇠락하고, 죽는다. 때로는 어떤 종이 아예 멸종해버리기도 하고, 심지어는 생태계의 대부분이 사라지는 대멸종이 일어날 수도 있다. 생태계는 이러한 과정 속에서 진화한다. 그런데 우리의 경제 생태계는 공룡들이 너무 오랫동안 주도권을 쥐고 있고, 오히려 생태계의 활발한 세대교체에 걸림돌이 되고 있다. 여기에 너무 익숙하다 보니 마치 공룡이 없어지면 우리의 생태계도 사라질 것처럼 공포심을 가지는 사람들도 많다. 그러나 특정한 개체, 특정한 종이 언제까지나 주도권을 가지는 생태계는 진화하지 못하고 정체하며, 끝내 도태된다.

4차 산업혁명과 디지털 전환의 성패를 좌우하는 것

한편으로는 4차 산업혁명과 디지털 전환의 흐름에 부합하는 신산업이 기존 산업의 반발로 극한적인 충돌을 빚거나 사업을 접는 경우도 계속 발생하고 있다. 이미 우버는 세계 곳곳에서 기존 택시사업과 마찰을 빚었고, 극단적인 저항과 반발에 부딪혀 사업이 불법화되거나 철수한 사례들도 여럿 있었다. 2013년에는 한국에 진출했다가 택시업계의 강한 반발로 결국 2015년에 철수한 경험도 있다. 이 같은 충돌은 렌터카를 활용한 승차공유서비스 '타다'를 둘러싼 극한 대립으로 재연됐다. 이 충돌은 타다 서비스를 불법화함으로써 타다 측의 서비스 중단 또는 축소로 일단락됐다. 이런 비슷한 사례는 앞으로도 계속 나올 수밖에 없다.

그런데 이런 과정에서 새로운 사업모델이 기존의 규제 장벽이나 기존 산업이나 사업자의 반발에 밀려 좌절하게 되면 한국에서는 혁신산업이 성장하기 어렵게 된다. 그렇다고 신산업이 등장하면서 기존 사업이 무너지고, 이에 따라 많은 이들이 일자리를 잃는 등 피해를 보게 되는 상황도 외면할 수 없다. 특히 앞에서 소개한 유통산업 재편 과정에서 가장 먼저 해고당하는 사람들이 대형마트의 판매원 등 비정규직 노동자들이라는 점에서 볼 수 있듯이 디지털 전환 과정에서 가장 큰 피해를 입는 사람들은 노동시장에서도 대체로 약자들이다.

따라서 이 같은 충격을 최소화하면서도 4차 산업혁명과 디지털 전환의 흐름을 촉진할 수 있는 사회적 대타협이 필요하며, 이를 위해 정부의 조정과 중재 노력이 무엇보다 필요하다. 또한 이 같은 충돌의 파장을 최소화하기 위해 체계적인 한국 사회의 구조개혁을 다각도로 추진해야 한다. 특히 4차 산업혁명은 산업뿐만 아니라 새로운 인력을 키워내는 교육과 노동시장 등을 포함해 사회 전반에 대대적인 변화를 몰고 온다.

산업4.0을 내세우며 4차 산업혁명의 틀을 제시한 독일은 노동4.0

과 교육4.0을 함께 추진하고 있다. 예를 들어 독일은 저숙련 노동자들을 위한 재교육 프로그램, 사회적 취약 계층인 고령자, 장애인, 이민자 등을 위한 고용대책, 새롭게 등장할 고용형태를 수용하기 위한 사회보장제도의 보완과 격차 해소 방안, 빠르게 변화하는 산업과 사회를 따라갈 수 있도록 하는 재교육과 평생교육 강화, 디지털 시대의 근로 조건을 대비한 법과 제도의 정비와 같은 국가적 전략들을 노동4.0이라는 틀로 제도화했다. 독일 정부는 약 2년에 걸쳐 사용자와 노조, 소상공인을 비롯한 다양한 사회 구성원과 이해관계자들이 참여하는 사회적 기구에서 토론한 결과물을 바탕으로 노동4.0의 틀을 마련했다.[10] 그만큼 정부가 사회적 갈등의 조정자와 중재자로서 노력했고, 그에 따른 신뢰를 얻은 것이다.

그런데 한국 정부는 이 같은 사회 전체의 합의를 이끌어내고 조정자 역할을 하기는커녕 혁신 사업자와 기존 사업자 간의 충돌이 발생하면 그때서야 부랴부랴 대응에 나서는 경우가 대부분이다. 그러다 보니 타다 서비스처럼 상당한 자원이 투입된 신산업이 번창하기는커녕 어이없이 서비스를 접어야 하는 상황에 몰리는 것이다.

따라서 한국도 정부가 나서 주요 이해관계자와 공익대표자들이 참여하는 사회적 논의기구를 만들어 향후에 발생할 수 있는 충돌을 최소화하는 제도적 틀을 만들어야 한다. 한국판 노동4.0과 교육4.0을 산업4.0과 함께 마련하지 않으면 산업4.0도 제대로 진전될 수 없다. 이 틀을 어떻게 만드냐에 따라 한국의 4차 산업혁명과 디지털 전환의 성패가 좌우된다고 해도 과언이 아니다.

저성장을 고착화하는 인구 감소

시작하기 전에 간단한 퀴즈를 풀어보자. 아래는 인구와 관련한 어떤 수치를 나타낸 것이다. 구체적으로 어떤 수치를 나타낸 것일까?

40만 8122명(1990년) → 39만 1392명(2000년) → 21만 4766명(2010년) → 7922명(2019년)

답은 '인구 자연증가 건수'다. 인구 자연증가는 출생자에서 사망자 수를 뺀 값으로 〈그림 1-5〉에서 보는 것처럼 20년 전인 2000년까지 약 40만 명대, 그리고 10년 전인 2010년까지는 20만 명 이상의 인구가 자연증가했다. 그런데 2010년대 이후 인구 자연증가 건수가 급격히 감소해 2019년에는 7922명 늘어나는 데 그쳤다. 그러면 2020년에는 어떨까. 아직 2020년 인구 자연증가 건수가 집계되지는 않았지만,

통계청의 인구추계로는 올해가 처음으로 인구가 자연감소하는 첫 해가 될 것으로 전망된다. 실제로 2019년 11월부터 이 책을 쓰고 있는 시점에서 가장 최근 집계치인 2020년 3월까지 5개월 연속으로 자연인구는 감소했다. 1981년 관련 통계를 집계하기 시작한 이후 처음 있는 일이다.

이처럼 한국은 인구구조가 급격히 변하는 변곡점에 서 있다. 현재 40대 이상의 기성세대로서는 상상하기 힘든 일들이 현실에서 나타나고 있다. 1972년생인 나에게도 온통 사상 최대의 기억만 남아 있다. 내가 태어나던 해는 한 해 출생자 수가 100만 명이 넘었다. 그런데 2019년 출생아 수는 30.3만 명으로 30만 명에 겨우 턱걸이했다. 내가 태어난 1970년대 초반에 4.5명 정도였던 합계출산율도 2019년에는 0.92명으로 줄었다. 대학 입학경쟁률을 비롯해 뭘 하든 사상 최대, 사

그림 1-5 인구 자연증가 추이(1983~2019)

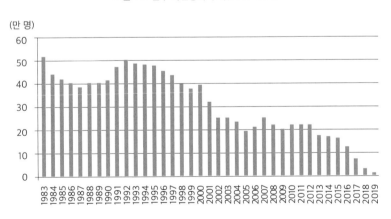

출처: 통계청 자료를 바탕으로 선대인경제연구소 작성.

상 최고 경쟁률이어서 늘 억울한(?) 마음이 들었고, '둘만 낳아 잘 기르자'라는 정책구호를 보고 자랐던 세대로서 지금의 인구현상은 잘 믿기지 않는다. 40대 후반인 나도 이런데, 60대 이상의 노년 세대는 어떤 느낌일까.

이처럼 한국의 인구구조는 10년, 20년 전이 생경할 정도로 매우 빠르게 변하고 있다. 그런데 이 같은 급격한 인구구조 변화가 한국경제의 저성장을 초래하는 가장 구조적이고 지속적인 힘이다. 더구나 인구구조는 이미 과거의 출생자 수가 많은 부분 결정하는 것이어서 이미 '정해진 미래'다. 당장 인구를 늘리고 싶다고 당장 늘어나는 게 아니라 오랫동안 과거에 형성된 추세가 연령대별 물결을 타고 일정한 시점의 사회경제적 현상이 많은 부분을 결정한다.

예를 들어, 7년 전 태어난 아이가 초등학교에 진학하고, 이후 6년 후 중학교, 다시 3년 후 고등학교, 그리고 다시 3년 후 대학교에 진학하게 된다. 이어서 첫 사회 진출 인구, 병력 인구, 결혼과 출산 연령대 인구, 주택 구입 인구, 국민연금 수령 인구 등등이 모두 수십 년 전 출생자 수에 따라 대부분 결정된다. 이렇게 또래 연령대 인구집단이 나이가 들면서 많은 사회적, 경제적 영향을 미치게 된다.

일례로 내가 대학에 진학한 해인 1990년에는 늘어나는 진학 희망자들을 모두 받지 못해 정원 확대 압력이 거셌지만, 이제는 각 대학의 정원을 줄이기에 바쁘다. 그뿐만 아니라 지방 대학을 중심으로 통폐합 압력이 거세고, 수도권 대학에서도 학과 정원 축소를 넘어 학과 폐지를 요구받는 경우도 흔하다. 실제로 통계청 추계에 따르면 대학진학 연령인 18세 인구가 2017년 61만 명에서 2030년 46만 명으로 줄어들 것으로 전망된다. 한편 2018년 100만 명 선이 무너진 서울의 유치원·초·중·고등학교 학생수는 2023년이 되면 88.9만 명으로 줄어들 것으로 전망된다. 이에 따라 서울 시내에 있는 초·중등 학교들도 잇따라 폐교되고 있다.

이 같은 인구구조 변화 가운데서도 급속한 고령화와 생산가능인구 감소 현상이 한국경제에 가장 큰 영향을 미치고 있다. 이에 따른 충격은 매우 포괄적이고 크다. 생산과 소비, 산업과 일자리에 매우 큰 영향을 미치고 있다. 그런데도 많은 이들이 인구구조 변화의 충격을 잘 인식하지 못한다. 코로나 사태처럼 단기간에 눈에 띄는 충격을 주지도 않고, 미중 격돌처럼 당장의 핫한 이슈로 뉴스에서 다뤄지지도 않는다. 마치 서서히 뜨거워지는 물 속의 개구리처럼 매우 심각한 문제를 제대로 인식하지 못하고 있는 것이다.

하지만 인구구조에 따른 변화와 충격은 일반적으로 생각하는 것보다 한국경제에 훨씬 더 많은 영향을 이미 미치고 있다. 10년 전만 해도 확장일로를 달리던 대형마트가 매출 감소로 문을 닫고, 편의점이 늘어나는가 싶더니 최근으로 올수록 온라인쇼핑이 급성장하는 흐름도 인구구조 변화에 힘입은 바 크다. 또한 문재인 정부 들어 지속됐던 일자리 논쟁도 실은 많은 부분 인구구조 변화를 이해하지 못해 벌어졌다. 2014년 이후 부동산 가격이 서울과 수도권을 중심으로 상승한 반면 지방 부동산 가격은 전반적으로 침체됐던 이유도 상당 부분 인구구조 변화로 설명할 수 있다. 울산과 창원, 군산과 같은 국내 주요 산업도시들이 활력을 잃은 것도 국내 주력 산업의 위기와 더불어 '지방소멸' 현상과 맞물려 있다.

이처럼 인구구조 문제는 생각보다 굉장히 많은 부분에 크고 넓은 영향을 미치고 있다. 따라서 여기서는 국내 인구구조가 어떻게 변하고 있는지, 그리고 이것이 한국경제의 생산과 소비, 산업과 일자리에 어떤 영향을 미치고 있는지 살펴보자.

예측보다 훨씬 더 빨라진 인구절벽 현상

우선, 우려했던 인구절벽 현상이 훨씬 더 빨리 진행되고 있다. 2006년부터 역대 정부가 130조 원이 넘는 재정을 쏟아부었지만, 주거·교육비 급등과 일자리 위축으로 서민들의 삶이 팍팍해지면서 정부의 출산장려정책이 아무런 효과를 내지 못하고 있다. 한국경제가 생산연령인구가 줄어들면서 경제성장이 지체되는 '인구 오너스demographic onus' 시대로 빠르게 진입하고 있는 것이다. 참고로 오너스는 우리말로 짐, 부담이라는 뜻인데, 인구 증가가 생산과 소비 등 경제에 긍정적 효과를 주는 '인구 보너스demographic bonus'라는 표현과 대비해 쓰인다.

앞서 본 것처럼 국내 출생아와 사망자만 따진 인구는 이미 2020년부터 자연감소가 시작될 것으로 보인다. 2016년 통계청의 중위 인구추계에서는 인구의 자연감소가 2029년에 시작될 것으로 예상했는데, 실제로는 9년이 앞당겨지는 것이다. 이후 상황은 더 심각하다. 2019년에 실시된 통계청의 장래인구 특별추계에 따르면 2067년이 되면 출생아 수는 현재의 3분의 2 수준인 21만 명으로 감소하고, 사망자 수

그림 1-6 출생아 수 및 사망자 수 추이

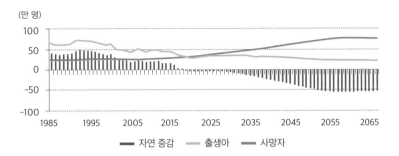

출처: 통계청 자료를 바탕으로 선대인경제연구소 작성.

는 수명연장 속도 둔화와 고령인구 증가 영향으로 지금보다 2.5배 늘어나 인구 자연 감소폭이 크게 확대될 것으로 전망된다. 태어나는 인구에 비해 사망하는 인구가 훨씬 큰 폭으로 늘어나 인구가 빠르게 줄어들 것이라는 전망이다.

그나마 이것은 인구변동 요인이 중간 수준을 유지할 것이라고 가정한 중위 추계인데, 사실 이조차도 낙관적 추계로 보인다. 실제로는 이보다 더 악화될 가능성이 높다.

저출산 · 고령화가 본격화되면 생산 인구(15~64세) 역시 줄어들 수밖에 없다. 생산연령인구 감소는 이미 2017년부터 시작됐다. 〈그림 1-7〉에서 보듯이 생산연령인구는 2017년에 3757만 명으로 정점을 찍고 베이비붐(1955~1963년 출생자) 세대가 고령인구로 빠져나가는 2020년부터 급격히 감소해 2067년에는 2017년의 절반에도 못 미치는 1784만 명으로 축소될 것으로 전망된다. 총인구에서 차지하는 비중도 2017년 73.2%에서 2067년에는 45.4%로 대폭 줄어들 것으로

그림 1-7 생산연령인구 추이

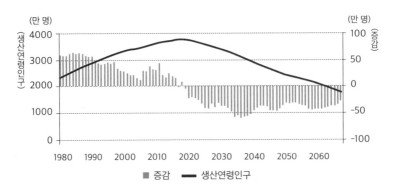

출처: 통계청 자료를 바탕으로 선대인경제연구소 작성.

그림 1-8 연령별 생산연령인구 및 취업자 증감(2017.01~2020.05)

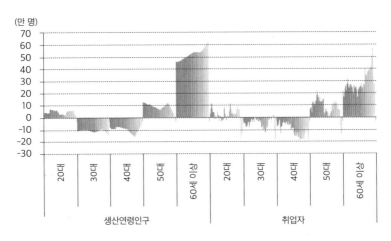

출처: 통계청 자료를 바탕으로 선대인경제연구소 작성.

예상된다. 생산연령인구가 줄어들면 일할 노동력이 줄어들어 생산활동이 줄어든다. 이들이 활발히 소비하는 연령인구이기도 하므로 경제 전체의 수요도 줄기 마련이다. 이에 따라 고령층이 늘어날수록 수요가 증가하는 건강의료 관련 산업이 아닌 대부분의 내수 산업은 수요 감소와 성장성 악화 등을 겪을 가능성이 높다.

뜨거웠던 일자리 논쟁, 알고 보면 인구문제였다

생산연령인구가 감소하면 취업자 역시 증가하기 어렵다. 〈그림 1-8〉 그래프에서 보듯이 지난 몇 년간 30~40대 고용이 부진한 모습을 보이고 있다. 여기에는 경기 부진으로 일자리가 줄어든 영향도 일부 있지만, 해당 연령대의 생산연령인구가 감소한 인구효과가 훨씬 컸다. 참고로 인구효과는 전년 수준의 고용률이 그대로 유지된다고 가정할 때 인구증감으로 발생하는 취업자 증감분을 의미한다.

단적인 예로 2019년 2월 40대 인구는 전년 대비 14만 명 감소했는데, 만약 전년도 고용률(78.5%)이 유지되었다고 가정할 경우 인구감소로 줄어드는 취업자 수만 10.9만 명(14만×78.5%)에 이른다. 2019년 2월 40대 취업자 수 감소폭이 12.8만 명이었는데, 생산가능인구가 줄어들어 발생한 취업자 감소폭이 85%가량을 차지했던 것이다. 사실 다른 달에도 사정은 비슷하다. 길게 설명할 필요도 없이 〈그림 1-8〉의 그래프에서 연령대별 생산연령인구와 취업자 수가 대체로 비슷한 모습으로 나타난다는 것만 봐도 쉽게 알 수 있다.

이처럼 인구효과 때문에 취업자 수가 예전에 비해 늘지 않게 된 것인데도 많은 언론들이 이를 문제인 정부의 소득주도성장 때문이라며 비난했다. 특히 생산가능인구의 변곡점이 공교롭게도 2017년 5월에 출범한 문재인 정부 초기와 맞물리면서 이 같은 오해 또는 착시가 증폭됐다. 물론 일부 정치세력과 언론들이 정치적 의도에 따라 알면서도 공격한 측면이 컸지만, 상당수 언론들이 이를 인구 현상으로 해석할 줄 몰랐던 탓도 컸다. 예전에는 그런 일이 벌어진 적이 없었으니, 일자리 감소를 자신들이 가진 정치적 의도에 맞춰 해석하는 '확증편향'에 빠져들기 쉬웠던 것이다.

생산가능인구 감소는 앞으로 시간이 갈수록 더욱 가파르게 진행된다. 따라서 향후 고용 여건을 정확히 진단하려면 인구효과를 반드시 고려해 취업자 수 증감 수치를 살펴야 한다. 그렇지 않으면 불필요한 사회적 소모전을 계속 되풀이할 수밖에 없게 되기 때문이다.

사실 인구구조 변화가 일으키는 충격을 제대로 이해하지 못해 엉뚱한 시빗거리와 논란을 겪은 것은 '일자리 논쟁'뿐만 아니다. 몇 년 전 벌어졌던 대형마트 매출 감소 논란도 마찬가지다. 1990년대부터 빠르게 성장했던 대형마트 매출이 2012년부터 줄기 시작하자, 이후 몇 년 동안 많은 언론들이 일요일 의무휴업 등 정부의 영업규제 때문이라며 비판하는 기사를 쏟아냈다. 하지만 그런 영향 때문이라면 주변 전통시장이나 자영업 등의 매출이라도 늘어야 하지만, 그런 현상은 없었다. 실은 이 또한 많은 부분 인구구조 변화 때문이었다. 최근으로 올수록 1~2인 가구수가 빠르게 늘어나고 있는데, 3~4인 이상 가구수는 오히려 줄어들었다. 대형마트는 가구원 수가 많은 3~4인

이상 가구가 음식과 식재료를 한꺼번에 구매하는 수요가 대부분이기 때문에, 당연히 3~4인 이상 가구수가 줄면 매출도 줄어들 수밖에 없었다. 대신 1~2인 가구수가 늘어나면서 같은 유통업계에서도 상대적으로 편의점이나 온라인쇼핑 매출이 늘어난 것도 이 때문이다. 물론 이런 인구구조 변화의 흐름을 읽고 편의점이나 온라인쇼핑 업체들이 발빠르게 대응한 영향도 컸다.

한편 이는 일본의 장기불황기에 대형마트와 백화점들이 몰락한 반면, 편의점과 패스트푸드 체인점들이 1~2인 가구를 타깃으로 하는 저가메뉴를 출시하던 흐름과 닮아 있다. 그만큼 나라별로 사정은 다소 달라도 비슷한 인구구조가 비슷한 사회적, 경제적 흐름을 만들 수 있다는 것을 알 수 있는 사례이기도 하다. 이처럼 많은 부분 인구구조 변화에 따른 현상이었는데도, 이를 정부의 영업규제 강화 때문으로 몰아가는 기사들이 쏟아졌던 것이다. 그만큼 인구 문제에 관한 한국 사회의 인식 지체는 심각한 상황이다.

고령화 빨라지면 국민연금 고갈도 빨라진다

생산연령인구가 감소하고 고령인구가 늘어나면 젊은 세대의 부양 부담은 가파르게 늘어날 수밖에 없다. 통계청의 중위 추계에 따르면 생산연령인구 100명이 부양해야 할 유소년·노년인구를 의미하는 '총부양비'는 2017년 36.7명에서 꾸준히 상승해 2034년에 60명을 넘고 2067년에는 120.2명이 된다. 2017년에는 생산연령인구 3명이 1명

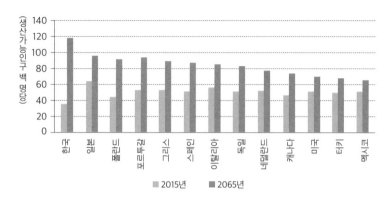

그림 1-9 주요 OECD 국가별 총부양비 추이

(생산가능인구 백 명당)

■ 2015년　■ 2065년

출처: 통계청 자료를 바탕으로 선대인경제연구소 작성.

의 유소년과 노인들을 부양하면 됐지만, 그보다 50년 후인 2067년에
는 1명이 1.2명을 부양해야 하는 구조로 바뀐다는 것이다. 이에 따라
〈그림 1-9〉 그래프에서 보듯이 현재 OECD 국가 중 최저 수준인 우
리나라의 총부양비는 2065년에는 세계 최고인 일본을 제치고 가장
높은 수준으로 치솟을 것으로 전망된다.

　사실 부양 부담으로 치자면 어린이나 청소년보다는 노인들의 부양
부담이 의료비 지출 등에 따라 훨씬 큰 편이다. 따라서 유소년을 제
외한 노인 부양비만 따져보면 2067년에는 2017년보다 5.5배나 증가
하게 된다. 가뜩이나 생산가능인구가 줄어 생산과 소비가 줄어들 가
능성이 높은 데 더해 이들 생산가능인구의 부양 부담까지 잔뜩 늘어
나게 된다는 것이다. 돈 버는 사람들 수는 줄어드는데 늘어난 노인들
의 복지비용 등을 부담하기 위해 지금보다 1인당 훨씬 많은 세금이
나 연금을 내야 한다. 노인 부양비만 따져보면 2017년에 비해 50년

후인 2067년에는 1인당 5.5배의 비용을 부담해야 한다는 뜻이다. 그만큼 한국 사회 전체가 향후 예상되는 복지지출 부담에 맞춰 자산 및 소득계층 구조에 맞춰 조세 및 재정 개혁을 지속해야 한다는 뜻이기도 하다. (이와 관련해서는 나의 전작 가운데 하나인《세금혁명》에서 자세히 설명한 바 있으니 참고하기 바란다.)

이와 관련해 인구구조 변화가 국민 전체의 노후자금이라고 할 수 있는 국민연금에 어떤 악영향을 미치는지 가늠해보자. 생산가능인구가 줄어 국민연금을 납부하는 인구는 주는데, 급속한 고령화로 수급자가 늘게 되면 보험료가 올라가고 국민연금 고갈 시점은 앞당겨질 수밖에 없다.

실제로 통계청은 낙관적인 인구추계를 내놓고, 국민연금 재정추계위원회는 이를 바탕으로 낙관적인 국민연금 재정 전망을 내놓다가 시간이 갈수록 악화하는 현실을 뒤늦게 반영하는 행태를 되풀이하고 있다. 2018년 발표된 국민연금 제4차 재정추계에서는 2041년 수지 적자전환, 2057년 고갈 전망을 내놨다. 3차 때에 비해 국민연금의 적자 전환과 고갈 전망 시기를 각각 3년씩 앞당긴 것이다. 그런데 2016년 장래인구추계도 매우 낙관적인 가정에 기초한 것으로, 2019년 특별추계 전망치를 반영하면 국민연금 고갈 시점은 더욱 앞당겨질 가능성이 높다. 그런데 최근의 악화한 현실을 반영한 2019년 인구 특별추계조차도 여전히 낙관적인 가정을 지속하고 있다.

그러다 보니 통계청과 국민연금 재정추계위원회가 악화하는 현실을 의도적으로 무시하고 낙관적인 시나리오를 고집하는 게 아닌가 하는 의구심이 들 정도다. 인구추계가 몇 년 만에 크게 달라질 만

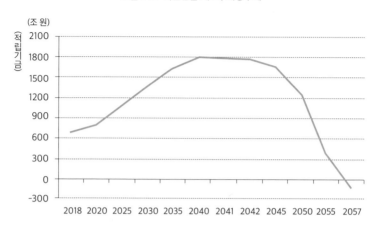

그림 1-10 국민연금 제4차 재정추계

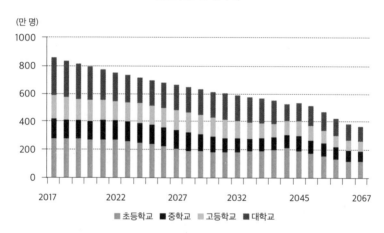

학령인구(6~21세) 추이

■초등학교 ■중학교 ■고등학교 ■대학교

출처: 보건복지부와 통계청 자료를 바탕으로 선대인경제연구소 작성.

큼 매우 큰 변수가 생기는 게 아니기 때문이다. 계속 이런 행태가 되풀이되는 이유를 정확히 알 수는 없지만 한 가지 분명한 것은 통계청과 국민연금 재정추계위원회의 추계보다 현실은 더욱 빠르게 악화되고 있다는 점이다. 그 영향과 충격이 수십 년에 걸쳐 분산돼 우리에게 다가오기 때문에 정부나 국민들이 모두 애써 외면하거나 무시하고 있을 뿐이다.

이처럼 인구구조 변화는 한국의 사회와 경제 흐름에 실로 매우 큰 영향을 미치게 된다. 실제로 자동차·금융·소비재 등에 속한 많은 기업들은 급변하는 인구구조에 적응하지 못하고 상당한 어려움을 겪고 있다.

인구구조 변화와 다양한 기회

하지만 인구구조 변화가 부정적인 영향만 미치는 것은 아니다. 인구구조 변화는 새로운 산업과 기업들이 출현하고 성장할 수 있는 기회를 제공하기도 한다. 앞서 언급한 교육산업의 경우 학령인구가 감소하면서 공교육뿐 아니라 학원 등 사교육시장도 위축될 수밖에 없다고 예상하기 쉽다.

하지만 이는 교육산업의 수요를 학령인구 중심으로만 생각했기 때문이다. 이미 국내 사교육시장은 학령인구뿐만 아니라 취업준비생·중장년층 등 다양한 연령대를 대상으로 하고 있다. 과거에는 대학을 졸업하면 더 이상 공부할 필요가 없었지만, 이제는 노동시장이 유연

해지고 성과연봉제가 확산되면서 직장인들의 자기계발이 그 어느 때보다 중요해졌다. 혁신기술과 산업의 변화에 맞춰 평생 배우고 능력을 키워야 하는 것이다. 의학기술 발전으로 수명은 늘어나는 데 비해 은퇴 시기는 빨라지는 상황에서 노후를 대비하기 위해서라도 끊임없는 학습은 필수적이기 때문이다.

지난 몇 년간 성인실무 교육기업인 패스트캠퍼스가 빠른 성장세를 나타내고 있는 것도 이러한 트렌드와 맞물려 있다. 직장인·예비 창업인을 대상으로 직무 관련 교육 프로그램을 제공해온 패스트캠퍼스의 매출액은 2014년 9억 원에서 2018년 200억 원으로 증가했고 누적 수강생은 7만 7,000명에 이른다. 평생교육의 필요성은 커지고 있지만 제대로 된 성인실무 교육 서비스가 부족한 상황에서 프로그래밍·데이터 사이언스·마케팅 등 직장인들에게 유용한 교육 프로그램을 제공했기 때문이다. 인구구조 변화와 사회 트렌드를 선제적으로 파악해 시장공략에 성공한 케이스다.

인구구조 변화의 수혜를 입는 분야는 여기에 국한되지 않는다. 1~2인 가구가 증가하면 주거공간도 소형화하면서 원룸·오피스텔·소형 가전에 대한 수요가 늘어나게 된다. 최근 고용부진에도 불구하고 식품부문의 고용이 증가하거나 식재료나 음식 배달 사업이 성장하고 있는 것 역시 1~2인 가구 증가로 가정간편식HMR 시장이 확대되고 있기 때문이다. 같은 유통업종에 속하더라도 이마트나 롯데마트와 같은 업체들보다는 편의점이나 향후 상장 가능성이 있는 쿠팡과 같은 이커머스 관련 업체에 투자하는 것이 장기적으로 훨씬 좋은 결과를 가져올 가능성이 높은 것이다. 고령화가 진행되면서 헬스케어 제약 및 건강기능식품에 대한 수요가 빠르게 증가하고 있는 것도 같은 맥락이다.

이처럼 인구구조 변화에 따르는 다양한 기회 요인이 있다. 인구구조가 촉발할 문제들은 이미 몇 십 년 전에 우리가 집단적으로 만들어놓은 미래이다. 그렇기에 지금 와서 그걸 되돌릴 수는 없다. 인구구조 변화가 가져오는 부정적 영향을 최소화하는 한편 새로운 경제적 기회를 포착하기 위한 노력을 기울이는 것이 지금 할 수 있는 현명한 대응이다.

중국의 위협과 북한의 기회

지금까지도 그랬지만, 앞으로도 한국경제는 한반도를 둘러싼 주변 국들의 영향을 크게 받을 가능성이 높다. 특히 한국의 최대 교역국인 중국은 과거 우리나라의 일방적인 수출 대상국에서 2010년대 이후 부터는 한국 산업을 위협하는 국가로 부상했다. 특히 앞에서 설명한 4차 산업혁명과 관련한 혁신산업 분야에서는 한국을 능가할 정도여 서 더욱 긴장감을 갖게 한다.

반면 북한은 이미 저성장 추세가 뚜렷해지고 있는 한국의 성장 궤 도를 바꿀 수 있는 가장 중요한 기회를 제공하고 있다.

5년 후에는 한국이 중국을 추격해야 될 지도 모른다

일부를 제외하면 제조업 강국인 한국의 주력 산업들 대부분이 정체와 쇠퇴를 면치 못하고 있다. 10년 전에는 80%를 넘던 제조업 가동률이 70% 수준까지 떨어졌다는 게 단적인 증거다. 여기엔 다양한 원인이 있겠지만 국내 주력 산업들이 지난 20년간 중국의 추격에 고전하고 있는 탓이 가장 크다. 과거 일본이 세계시장에서 빠르게 부상하는 한국에 치였다면 이제 한국이 중국에 치이고 있는 단계다. 철강, 기계, 조선, 석유화학, 자동차 등에서 일본을 빠르게 따라잡았던 한국은 이제 이들 부문에서 중국에 따라잡히거나 거센 추격을 받고 있다. 그만큼 한국은 중국과 주력 산업이 가장 많이 겹치는 나라다. 더구나 중국은 전체 수출의 25%를 차지하는 나라다. 한국이 활발하게 수출하는 품목들을 중국이 자국 내에서 대체한다면 한국의 수출도 위축된다. 더 심각한 문제는 세계시장에서 중국의 경쟁력이 높아지면 한국경제가 타격을 받을 수밖에 없다. 철강, 조선, 스마트폰 등에서 이미 그런 현상이 뚜렷하게 나타나고 있다. 실제로 유럽 최대 중국연구소인 메릭스MERICS가 '중국 제조 2025' 등 중국의 제조강국 전략으로 한국이 가장 큰 타격을 받을 것으로 전망한 것도 이 때문이다.

한국 제조업의 위기를 단적으로 보여주는 사례가 삼성 스마트폰이다. 삼성전자에서 스마트폰 사업을 담당하는 IM(IT&모바일)부문의 영업이익은 2013년 24.96조 원에서 2019년 9.27조 원으로 63%나 줄었다. 이처럼 실적이 악화한 주된 원인 중 하나는 중국시장에서 삼성 스마트폰의 입지가 대폭 축소됐기 때문이다. 모바일 벤더 마켓쉐어

차이나Mobile Vendor Market Share China 데이터를 보면 삼성의 중국 내 점유율은 2014년 2분기 약 20%에서 2020년 1분기에는 2.2%로 쪼그라들었다. 중국시장만 놓고 보면 세계 휴대폰 시장을 호령하던 노키아가 애플의 아이폰 등장 이후 몰락했던 모습을 연상시킬 정도다.

이와는 대조적으로 같은 데이터에서 2013년에 7%선이었던 화웨이의 시장점유율은 높은 기술력과 맞춤형 마케팅에 힘입어 지속적인 상승세를 보이며 2017년 말에는 20%를 돌파했다. 고화질 카메라와 오프라인 유통망에 강점을 지닌 오포Oppo는 2013년 말 0.3%에서 2019년 말에는 6.3%까지 점유율을 끌어올렸다. 중국 스마트폰업체의 약진은 단순히 가성비 때문이 아니며, 이제는 기술 혁신과 소비자의 감성을 사로잡는 마케팅으로 시장주도권을 강화하고 있다.

이렇게 자국 시장을 석권한 중국업체들은 중국시장에만 머물지 않고 세계시장으로 적극 진출하고 있다. 이에 2015년에 17%대에 불과했던 중국 스마트폰업체의 세계 시장점유율은 2019년 4분기에는 40%를 넘어섰다.[11] 반면 삼성의 세계 스마트폰 시장점유율은 답보상태다. 삼성 스마트폰의 입지가 탄탄했던 인도, 동남아시아, 아프리카 등 신흥시장에서도 중국업체들이 시장을 잠식하고 있다. 이에 따라 삼성 스마트폰은 프리미엄폰 시장에서는 여전히 애플에 막혀 있고, 중저가시장에서는 중국 기업들에 시장을 빼앗기는 샌드위치 상황에 놓여 있다.

삼성은 2019년 하반기에 폴더블폰을 출시하며 국내뿐만 아니라 중국에서도 2019년 4분기 시장점유율이 반등하는 등 재기의 가능성을 보이기도 했다. 그런데 아쉽게도 코로나 사태 때문에 그 기세가 꺾이고 말았다. 코로나 사태가 걷힌 뒤 삼성의 선전 여부를 더 지켜 봐야 하지만, 기술력이 높아진 중국 스마트폰업체들이 삼성 스마트 폰을 밀어내고 있는 큰 흐름을 부인할 수는 없다.

한편 자동차산업에서 중국의 추격도 매섭다. 사실 중국은 오늘날 의 현대자동차그룹을 있게 한 일등공신이다. 2002년 베이징자동차와 합작해 중국에 진출한 현대차는 '현대속도現代速度'라는 신조어를 만들 어 낼 만큼 성공적으로 중국시장에 안착했다. 매년 늘어나는 판매량 을 감당하기 위해 베이징·창저우·충칭 등 5곳에 생산공장을 짓고 연 240만 대 생산능력을 확보했다. 한국(334만 대) 다음으로 많고 미국(71 만 대)이나 인도(65만 대) 공장을 월등히 능가하는 생산능력이었다.

하지만 최근 몇 년간 중국시장 점유율은 빠르게 하락하고 있다. 일 부에서는 사드 사태를 주된 원인으로 지목하고 있으나 하락세는 그 이전부터 시작됐다. 2014년까지 10%대를 유지하던 중국시장 점유 율은 2015년에 이미 한 자릿수로 떨어졌고 사드 보복이 본격화한 2017년에는 5%까지 하락했다. 반면 2014년에 38.4%였던 중국 내 로 컬 브랜드의 점유율은 2017년에 43.9%로 상승한 후 40% 안팎을 유 지하고 있다.

이렇게 된 데에는 현대-기아차가 글로벌업체들의 브랜드 파워와 기술력을 넘어서지 못한 한편 기술 수준이 높아진 중국로컬업체들 의 공세에 밀렸기 때문이다. 삼성전자 스마트폰과 비슷하게 샌드위 치 상태에 몰리게 된 것이다. 특히 중국로컬업체들은 중국에 진출한 글로벌업체들과의 합작을 통해 얻은 노하우로 트렌드에 맞는 가성비 높은 제품을 내놓으며 중국 소비자들을 공략했다. 또한 중국 기업들은 중국 소비자들의 SUV 열풍에 발빠르게 대응하며 현대·기아차 가격의 50~70% 수준에 가성비 좋은 다양한 SUV차종을 쏟아냈다. 반면 같은 시기에 현대·기아차는 세단 중심 라인업에서 벗어나지 못했다.

국내 디스플레이 산업도 중국의 공세에 고전하고 있다. 중국이 디스플레이 산업에 대규모 투자를 감행하면서 공급 과잉압력이 높아지고 노트북·모니터·TV용 LCD 패널 가격이 가파르게 하락했다. 이에 따라 한국의 주력 수출 품목인 LCD 수출액도 빠르게 감소하고 있다. 국내 LCD 수출은 2017년을 제외하면 2015~2019년 5년 동안 줄곧 마이너스 성장률을 기록했다. 특히 2019년 수출액은 전년 대비 -16.9%나 감소했다. 또한 LCD 패널시장의 점유율은 이미 2018년부터 중국업체들에 추월당했다. 2015년에 중국을 2배 이상 앞서던 상황에서 역전당한 것이다. 반면 중국업체들은 공급과잉으로 인한 단가 하락과 LCD 패널시장 불황에도 불구하고 막대한 정부 보조금에 의지해 물량 공세를 지속하고 있다.

이에 따라 삼성디스플레이와 LG디스플레이는 LCD 패널 생산을 중단하는 대신 각각 퀀텀닷 디스플레이와 OLED에 집중함으로써 중국 업체들을 따돌릴 계획이다.[12] 하지만 중국업체들이 OLED 시장에도 본격적으로 뛰어들면서 OLED 시장도 머지않아 레드오션이 될 것이라는 우려가 커지고 있다. 실제로 중국업체들은 막대한 자금을 OLED 설비에 투자해 2021년부터 TV용 OLED 양산에 들어갈 계획이다. 이에 중국 정부도 보조금 지급 및 세제 감면 등으로 적극적인 지원을 하고 있다.

앞에서 설명한 업종들 이외에도 철강, 조선, 석유화학, 반도체 등 중국의 추격을 받고 있거나 물량 공세에 치이고 있는 국내 업종은 상당히 많다. 오히려 중국의 추격을 받지 않는 주력 산업을 찾기가 어려울 정도다. 전기차, 드론, 인공지능 등 미래 먹거리 산업에서는 중국이 이미 우리를 앞질렀다.

중국은 한 번 목표를 정하면 국가적 역량을 총동원해서 전략적으로 산업을 키워내는 집요함이 있다. 이런 중국은 한국의 주력 산업에는 가장 위협적인 나라가 됐다. 방대한 내수시장과 강력한 정부 지원을 앞세운 중국 기업들의 물량 공세를 한국 기업들이 모든 업종에서 언제까지나 따돌리기는 어렵다. 그렇다면 우리는 기술적 우위를 점할 수 있는 일부 산업에 전략적으로 자원을 집중해서 중국과 상생하는 분업관계를 재정립하는 게 더 나은 선택일 수도 있다. 우리 정부가 산업별로 구체적인 목표를 수립하고 기업들과 합심해 이를 일관되게 추진해야 한다. 그렇지 않으면 5년 후에는 우리가 중국을 추격해야 할지도 모른다.

한편으로는 여전히 중국이 제공하는 중요한 경제적 기회를 최대한 활용할 수 있도록 노력해야 한다. 중국과의 관계가 개선돼 한한령(한류금지령)이 풀리면 세계적으로 인정받고 있는 한국의 엔터테인먼트와 미디어콘텐츠를 적극 수출하는 한편 이 흐름을 활용한 중국 소비시장 공략도 재개해야 한다. 다만 삼성 스마트폰이나 현대차 사례에서 본 것처럼 이제 확실한 브랜드와 제품 프리미엄을 확보하지 않으면 중국 소비시장 공략이 쉽지 않다. 실제로 이미 화장품의 경우에도 한한령으로 국내 기업들의 중국 판로가 막힌 사이 중국 로컬업체들이 중저가시장을 이미 상당 부분 차지한 상태다. 따라서 어렵더라도 시간이 갈수록 높은 품질의 프리미엄 제품으로 승부를 걸어야 한다.

또한 한국이 기술적 우위를 점하고 있는 반도체 산업에서는 미중 간의 무역갈등이 위협이 될 수 있지만, 거꾸로 최첨단제품의 기술적 우위를 강화해 미중 양국 모두의 구애를 받아 몸값을 올릴 수 있도록 해야 한다. 또한 가장 큰 전기차시장이면서도 한국 기업들에 제한적으로만 열렸던 중국과의 관계를 개선해 국내 2차전지업체들이 중국 시장에서 기회를 확대해야 한다. 그러려면 역시 중국의 CATL이나 BYD와 같은 업체들과 기술적 격차를 벌려 중국 정부나 중국 전기차 업체들도 국내 2차전지를 일정하게 이용할 수밖에 없도록 만들어야 한다.

당장은 위협이지만, 한국의 성장궤도를 바꿀 북한

중국이 한국경제의 기회에서 위협으로 떠오르고 있다면, 북한은 한국경제의 가장 큰 위협이었지만 미래의 가장 큰 기회가 될 수 있다. 당장은 북한이 미사일을 발사하고 연락사무소를 폭파하는 시위를 벌여도, 북한이 한국의 성장궤도를 바꿀 가장 큰 기회라는 점은 부인할 수 없다. 세계적인 투자의 대가 짐 로저스가 북한을 '세계에서 가장 자극적인 나라'라고 꼽은 것도 이유가 있다. 북한에 대한 시각은 남북관계와 국제 정세에 따라 냉온탕을 오가고, 정치적 입장에 따라 다를 수 있지만, 그래도 북한이 가진 기회를 우리는 놓쳐선 안 된다. 개성공단을 폐쇄했음에도 불구하고 박근혜 정부가 '통일대박'이라고 했던 것은 결코 잘못된 표현이 아니다.

북한이 한국경제에 제공하는 잠재적 기회 요인은 여러 가지다. 무엇보다 저렴한 노동력과 토지 비용이 장점이다. 특히 북한의 노동자는 남한의 관리자와 말이 바로 통하고 숙련도가 높다. 그런데도 중국이나 동남아 인력들보다 인건비가 더 싸다. 인건비 비중이 큰 사업인 경우 북한은 매력적인 투자처가 될 수 있다. 장기적으로는 남북한의 비교우위에 따라 남한의 첨단기술 집약형 경제와 북한의 노동집약적 산업을 상호보완적으로 발전시킬 수 있다.

또한 남북의 경제적 통합이 현실화하면 7500만 명 가까운 내수시장을 가지게 된다. 특히 1960년대 이후 고속성장을 이뤘던 남한을 모델로 삼아 북한의 고속성장을 이끌어내면 북한경제 규모도 빠르게 성장하면서 북한 주민들의 구매력도 크게 증가할 것이다. 이렇게 내수시장 규모가 커지면 남한 중소기업에 새로운 사업 기회가 생기고, 당연히 일자리도 늘어나게 된다. 통합된 한반도 경제는 10~20년 후에는 세계 6~7위권의 경제강국으로 올라설 수도 있다. 또한 생산가능인구가 줄어드는 남한 상황에서 생산가능인구 비중이 높은 북한의 인력이 이를 메워줄 수 있다.

이뿐만 아니라 경제 통합에 따라 북한에 상당한 개발 인프라 투자가 필요해질 것이다. 이에 따라 도로, 철도, 공항, 항만 등 북한의 낙후된 SOC와 설비들을 개선하거나 신설하는 대규모 투자가 활발히 진행될 수 있다. 당연히 남한의 건설업체들이 큰 수혜를 받게 된다.

북한의 풍부한 지하자원도 가치가 매우 높다. 항공기와 노트북 등에 사용되는 값비싼 희귀금속인 마그네사이트 매장량은 중국과 1, 2위를 다투고 있다. 이 밖에도 경제적 가치가 높은 40여 종을 포함해 북한에 매장돼 있는 지하자원의 종류만 220여 종에 이르는 것으로 알려져 있다. 이들 지하자원 대부분이 남한에서는 거의 생산되지 않거나 물량이 부족해 수입하는 것들이다. 남한이 비싼 물류비용을 들여 수입하던 지하자원들을 저렴하게 안정적으로 공급받을 수 있게 되는 것이다. 이밖에도 북한과 경제적 통합이 이뤄질 경우 유라시아 대륙과 육로로 이어지면서 중국 동북부와 중앙아시아, 러시아 등을 중심으로 활발한 육상 교역 및 경제협력의 기회들을 얼마든지 만들 수 있다.

이처럼 한국경제에 매우 큰 기회가 될 수 있는 북한과의 경제협력이 문재인 정부 출범 이후 본격화할 가능성이 열리기도 했다. 그러나 2019년 하노이 북미정상회담이 결렬되고 북미관계가 급랭하면서 북한은 여러 차례 단거리 발사체 시험 발사에 나서는 등 다시 한반도 긴장이 고조되었다. 특히 코로나 사태 이후 미국의 관심권에서 더욱 멀어진 북한은 미국과 남한 당국의 조치에 불만을 표시하는 도발을 감행하기도 했다.

그럼에도 불구하고 중국의 추격과 일본의 견제 속에서 활로를 찾아야 하는 한국경제는 북한을 위기가 아닌 새로운 기회로 만들어야 한다. 이미 과거 개성공단의 성과에서 확인한 것처럼 남북 경제협력으로 우리 기업들이 이득을 볼 여지가 크며, 북한 역시 경제를 성장시키고 국민들의 생활수준을 끌어올려야 하는 절박한 과제가 있다.

남북 양측이 서로 윈윈할 수 있는 공통분모가 충분히 있는 것이다.

실제로 북한 김정은 정권은 '경제강국 건설'을 내세우며 대외개방의 전초기지로 삼는 경제개발구를 대폭 확대 지정했다. 모두 27개의 경제개발구(5개 경제특구, 22개 경제개발구) 가운데 22개가 김정은 정권 출범 이후에 지정됐을 정도다. 또한 선대 김정일 정권이 경제개발구를 신의주와 나선 등 주로 국경지역에 배치한 것과 달리 김정은정권은 북한 전역에 경제개발구를 지정했다. 그만큼 북한의 개혁개방 의지가 예전보다 크게 강화됐음을 의미한다.

하지만 경제개발구를 포함한 북한의 대외개방 정책은 북한의 비핵화와 미국 등 국제 사회의 대북제재 해제 과정과 연동돼 있다. 그런데 이 문제는 남한이나 북한의 의지만으로는 풀기 어렵다. 이런 점을 고려할 때 남북경협 프로젝트의 돌파구는 개성공단에서 마련해야 할 것으로 보인다.

개성공단은 UN 제재 대상에서 '민족교류사업'으로 예외 인정을 받은 바 있다. 또한 2016년 박근혜 정부가 일방적으로 가동을 중단하기 전까지 남북 관계의 부침 속에서도 개성공단은 명맥을 유지해왔다. 무엇보다 개성공단이라는 첫 단추가 잘 꿰져야 기존 경협사업 확장은 물론 북한경제 재건의 핵심축인 평양-남포 지역을 포함한 다른 지역에서도 제2, 제3의 개성공단이 조성될 수 있다. 이를 통해 외국인 투자자들이 세계 자본주의의 미개척지인 북한을 매력적인 투자처로 인식하는 계기를 마련할 수 있다.

남북경협의 출발점이자 모델이 되는 개성공단은 2003년에 착공된 남북 최대 민간경협프로젝트다. 가동 첫 해인 2005년 1,491만 달러에 불과했던 개성공단 생산액은 폐쇄 직전 해인 2015년에 5억 6,330만 달러로 3.25배 증가했다. 당시 개성공단의 북한 노동자도 5만 명을 넘어섰다. 남한의 기술력과 자본이 북한의 저렴한 노동력과 결합해 막대한 시너지 효과를 낼 수 있음을 증명한 것이다. 전체 남북교역 중 개성공단이 차지하는 비중도 같은 기간 16.7%에서 99.6%로 크게 늘었다. 개성공단이 남북경협의 전부라 해도 과언이 아닌 상황에 이르렀던 것이다.

2015년 말 기준으로 개성공단에 입주한 기업은 125개로 업종별로는 섬유·의류가 58%로 가장 비중이 컸다. 국내 섬유·의류업체들이 주로 개성공단에 들어간 것은 그만큼 저렴한 노동력과 원활한 의사소통, 우수한 접근성 등 노동집약적 산업에 유리한 환경을 갖추고 있었기 때문이다. 한국개발연구원KDI 김민호 박사의 연구에 따르면 개성공단이 본격 가동된 2005년부터 2015년까지 개성공단 입주기업들의 연간 매출액은 평균 8.4% 증가했고, 총자산과 영업이익도 각각 29.4%와 11% 증가했다.[13] 그만큼 기업들에게는 효과가 좋았던 것이다.

특히 임가공업체가 대부분인 개성공단 입주기업과 국내 임가공 제조업체의 매출액을 비교한 결과 개성공단 입주기업의 매출액 증가 속도가 훨씬 빨랐고 고용규모도 컸다. 2018년 초에 실시된 중소기업중앙회 설문조사에서 개성공단이 재가동될 경우 기존 입주기업의 96%가 다시 들어가겠다고 답했다.[14] 그만큼 개성공단의 경쟁력이 정치적 리스크를 충분히 상쇄할 정도로 확고하다는 것을 보여준다.

개성공단의 효과는 단순히 입주기업의 실적 개선만으로 끝나지 않는다. 2015년 말 기준으로 5만 5000명의 북한 노동자가 개성공단에 고용됐다. 4인 가족 기준으로는 북한주민 22만 명의 생활수준을 개선할 수 있는 것이다. 개성공단과 같은 경제 특구가 10개만 활발히 돌아가도 북한인구 10%의 소득과 삶의 질을 크게 높일 수 있는 것이다.

또한 개성공단 모델은 북한에게 자본주의와 시장경제 원리를 체험할 수 있는 학습장이 돼 향후 남북통일의 탄탄한 토양이 될 수 있다. 실제로 당초 남북은 1단계 사업이 성공하면 2단계와 3단계 확장 공사를 통해 800만 평 규모의 첨단산업 단지 및 수출전진기지를 구축하기로 합의했다. 배후도시까지 포함하면 총 2000만 평에 이르는 복합단지를 조성하는 계획이었다. 만약 계획대로 사업이 추진됐다면 개성공단은 창원공단의 3배에 이르는 대규모 산업단지가 되어 연간 160억 달러 규모의 제품을 생산하고 35만 명의 근로자를 고용하는 등 엄청난 경제적 효과를 냈을 것이다.

이런 개성공단 개발 효과가 전면적인 남북경협을 통해 대폭 확대된 단계를 상상해보라. 한국과 북한에 얼마나 큰 경제적 영향을 미치겠는가. 북한이야말로 한국의 성장궤도를 바꾸는 미래의 가장 큰 기회인 이유다.

2장

코로나 이후의
경제 트렌드 10가지

WEALTH RESTRUCTURING

언택트 경제:
온라인 확대, 그리고 준비된 자들의 승리

비대면 또는 비접촉을 뜻하는 '언택트(정확한 영어표현이 아닌 한국식 영어 조어이지만 이미 널리 사용되고 있으므로 이 책에서도 그대로 사용하기로 한다. 영어로는 contact-free로 표기한다)'는 코로나 이후의 세계를 상징하는 키워드 중의 하나로 자리 잡았다. 인터넷쇼핑, 인터넷강의, 은행의 비대면 계좌 계설, 패스트푸드점의 키오스크 주문과 같이 비대면은 이미 우리 일상 속에 깊이 들어와 있었지만 코로나 대유행은 세계적으로 언택트 산업에 날개를 달아주고 있다. 사람 간의 밀접한 접촉이 코로나 감염의 주요 경로이고, 증상이 아주 가볍거나 심지어 증상이 없어도 감염력이 높기 때문에 대면 자체에 공포를 느끼는 사람들이 많아졌다. 여기에 여행과 이동의 제한, 상점 폐쇄, 공장 가동 중단과 같은 방역 조치로 대면을 하고 싶어도 할 수 없는 상황에서는 언택트는 선택이 아닌 필수가 돼버렸다.

사실 언택트는 비대면, 비접촉 측면이 강화되는, 즉 온라인으로 거래하고 일하는 모든 측면을 포괄하기 때문에 특정 업종이나 산업에 국한하지 않는 개념이다. 온라인쇼핑, 비대면 금융, 컨텐츠, 온라인강의, 원격근무, 디지털 원격의료, 음식배달 등 O2O 서비스, 통신, 게임 등 언택트로 포괄할 수 있는 영역은 많다. 그런데 언택트도 잘 살펴보면 근원적으로 온라인 기반인 컨텐츠나 게임과 같은 부문이 있고, 기존의 오프라인 영역에서 온라인으로 분화하거나 확장된 영역도 있다. 예를 들어 일반적인 은행이나 증권사 업무는 오프라인 비즈니스라고 할 수 있지만, 인터넷뱅킹이나 비대면계좌개설과 같은 영역은 비대면 영역이라고 할 수 있다. 또한 사교육업체들 가운데서도 전통적인 학원 수업 등은 오프라인 영역이지만, 인터넷강의 등은 비대면 영역에 속한다고 볼 수 있다.

코로나 사태에 따른 주가 폭락 이후 반등기에 서흥, 뉴트리, 노바렉스 등 건강기능식 관련 업체들의 주가가 많이 올랐는데, 이 또한 언택트 흐름을 반영한 것이다. 이렇게 이야기하면 고개가 갸우뚱할 수 있는데 건강기능식 판매와 소비 거의 대부분이 TV홈쇼핑이나 인터넷쇼핑 등 비대면 상태에서 이뤄지고 있는 가운데 코로나 사태에 따른 '건강을 챙기자'는 분위기에서 호실적을 기록했기 때문이다.

한편으로는 전통적으로 오프라인 영역의 사업이라고 여겨지는 사업들도 코로나 사태 이후 온라인 판매를 강화하거나 대면판매를 최소화하는 흐름도 나타났다. 이 같은 흐름은 특히 식음료 사업에서 뚜렷하게 나타났다. 예를 들어, 맥도날드는 2020년 3월 전체 매출 가운데 비대면 주문 플랫폼이라고 할 수 있는 맥드라이브와 맥딜리버리에서 발생한 매출 비중이 약 60%에 이르렀다. 1분기에 드라이브스루를 이용한 차량은 1000만 대를 돌파했는데, 역대 최단 기간 최다 기록이었다고 한다. 스타벅스 역시 1분기에 드라이브스루 매장의 주문 건수가 전년동기 대비 30% 이상 늘었다고 한다. 모바일앱으로 주문하고 매장에서 커피를 픽업하는 서비스인 '사이렌오더' 주문도 25% 가량 늘었다고 한다.[1]

이처럼 언택트 소비 및 거래의 확대 경향은 단순히 기존의 온라인 기업들로만 국한되지 않는다. 기존의 오프라인 사업체들의 온라인 비즈니스 비중 확대까지 포괄해서 생각해야 한다. 그리고 온라인 비중 확대는 코로나 이전에도 꾸준히 지속돼온 흐름이다. 하지만 코로나 사태 이후로 이 같은 흐름이 더욱 가속화하고 있음을 주목해야 한다.

전통적인 오프라인 판매 사업체인 파리바게뜨 사례를 보자. 파리바게뜨는 쿠팡이나 마켓컬리 등 신선식품 새벽배송업체들의 등장으로 위기의식을 느끼고 '파바 딜리버리'라는 배달앱을 도입했다. 2018년 9월 1100개 점포로 시작해 2020년 4월경에는 전체의 약 80%인 2800여 개 점포로 이 시스템이 확대됐다. 초창기 대비 월평균 배달 매출은 15배 이상, 평균 배달 주문량은 5배 이상 성장했다고 한다.[2] 코로나 사태에서 이 같은 준비가 파리바게뜨에 큰 도움이 됐음은 물론이다.

이처럼 상당히 포괄적인 언택트 경제의 확대를 모두 소개하기는 어렵다. 따라서 여기서는 이커머스와 원격의료, OTT서비스를 중심으로 좀 더 자세히 살펴보자.

이커머스(온라인유통)

우선, 코로나 사태로 획기적인 전환점을 맞은 가장 대표적인 산업이 바로 이커머스(또는 온라인유통)일 것이다. 앞에서도 소개했지만 가뜩이나 인구구조 변화와 내수 부진이 지속되면서 백화점과 대형마트 등 오프라인 매장들은 최근 몇 년간 고전해왔다. 이런 상황에서 코로나 사태가 터지면서 오프라인 유통업계는 더욱 큰 타격을 입었다. 산업통상자원부 자료에 따르면 대형마트와 백화점은 코로나 사태가 진행된 2020년 2월부터 3월까지 상품군별로 −20~−40%대의 매출 감소를 겪었다. 한편 근거리 쇼핑채널이라고 할 수 있는 편의점은 체류시간이 짧고 다른 사람들과의 접촉 가능성이 적어 오히려 코로나 사태 속에서도 식품류와 상비약 등을 중심으로 매출이 증가하는 반사이익을 누렸다. 이에 따라 대표적인 편의점 기업인 GS리테일과 BGF리테일은 오히려 2020년 1분기에 호실적을 올리며 주가가 빠른 반등세를 보이기도 했다.

하지만 무엇보다 코로나 사태로 가장 큰 수혜를 입은 것은 국내 온라인 유통업체들이었다. 외출을 꺼리는 많은 소비자들이 온라인 소비로 옮겨가면서 온라인 쇼핑과 배달시장을 중심으로 이른바 '언택트 소비'가 대폭 증가했다. 사실 국내에서 온라인 소비는 코로나 사태 이전에도 고성장세를 이어가고 있었다. 쿠팡이나 11번가 등 기존의 이커머스업체뿐만 아니라 롯데나 신세계, 네이버와 카카오 등도 이커머스 비중을 늘리면서 시장 규모를 키우고 있었다. 그런데 코로나 사태는 온라인 소비를 훨씬 더 가속화했다.

특히 그동안 매출 증가에도 불구하고 늘어나는 적자로 골머리를 않던 쿠팡은 이번 코로나 사태로 사업의 전환점을 맞이한 것으로 판단된다. 쿠팡의 주문량은 코로나가 본격화한 1월 말 이후 그 이전보다 2배 이상 늘어난 일평균 300만 건을 기록했다. 쿠팡의 2월 결제금액 역시 전년동기 대비 68%(전월 대비 13%) 증가한 1조 6,300억 원을 기록하기도 했다. 코로나로 언택트 소비가 확산되면서 외형 성장과 수익성 개선을 동시에 이룬 쿠팡은 향후 업계 선두 지위를 군건히 할 것으로 예상된다. 이렇게 되면 이마트와 롯데마트 등 오프라인 점포 폐점이 늘어나고 기존 유통업체들의 온라인 점유율 상승도 제한될 가능성이 높아진다. 한편 이베이코리아 등 경쟁력이 약화된 이커머스업체들은 인수합병 시도에 노출될 수도 있다. 이처럼 코로나 사태는 언택트 소비를 가속화해 결국 국내 유통업체의 지형을 뒤바꿀 결정적 계기가 될 것으로 보인다. 그만큼 지속되는 파장을 만든 셈이다.

기존 인터넷쇼핑이 진화하고 있는 모습도 눈여겨볼 필요가 있다. 특히 중국의 소셜 커머스, 더 나아가 라이브 커머스로 발전하는 모습은 주목할 만하다. 라이브방송과 전자상거래를 결합한 라이브 커머스는 이미 중국의 대세 쇼핑 트렌드로 자리 잡았으며, 미국·한국 등 글로벌시장으로도 빠르게 확산되고 있다. TV홈쇼핑과 비슷하게 보이지만 판매자와 소비자가 실시간으로 소통할 수 있다는 것이 가장 큰 차이다. 중국 라이브 커머스 시장점유율 1위를 기록하고 있는 알리바바의 타오바오는 중국에 코로나가 한창이던 2020년 2월 신규 판매자 수가 전월 대비 무려 719%나 증가했으며, 이용자 수도 전월 대비 153% 증가했다.

인간은 사회적인 동물이다. 코로나 사태 이후 사람들은 다른 사람들을 만날 수 있는 기회가 크게 줄어들었다. 그런 만큼 오히려 다른 사람을 만나고, 소통하고 싶은 욕구가 더욱 간절해진다. 온라인을 통한 소통은 이러한 욕구를 부분적이나마 채워줄 수 있다. 또한 라이브 커머스는 증강현실이나 가상현실과 결합하여 사용자가 실제와 비슷한 체험을 할 수 있는 기회도 제공해주고 있다. 예를 들어 판매하고 있는 립스틱을 증강현실을 통해서 내 입술에 직접 발라보고 어떻게 보일지를 확인해 볼 수 있는 것이다.

원격진료

원격진료는 역시 의료계의 이해관계가 복잡하게 얽혀 있는 문제인데, 코로나 사태를 계기로 가속도가 붙을 것으로 보인다. 지금까지 원격진료의 가능성은 많이 논의됐지만 실제 의료 현장의 활용도는 미미한 수준이다. 신뢰성이나 효율성 면에서 아직은 갈 길이 멀고, 처치나 시술, 수술과 같은 많은 의료행위들은 원격의료가 불가능하기 때문이다. 실제로 원격진료가 이미 허용되고 있는 미국에서는 2017년 403명을 대상으로 한 설문조사에서 82%가 원격진료를 이용한 경험이 없다고 응답했다.[3]

대면 진료에 비해 오진 위험이 높다는 문제도 있다. 2016년 16개의 온라인 원격진료 회사를 이용한 피부질환 진단 연구에서는 원격진료 의사가 매독, 헤르페스, 피부암을 비롯한 심각한 피부질환을 오진하는 사례들이 있었다. 또한 2개 회사는 미국에서는 면허를 인정받지 못하는 해외 의사가 원격진료를 했다는 사실도 드러났다.[4]

그러나 코로나 사태 앞에서 상황이 달라졌다. 무엇보다도 감염병

위험이 가장 높은 장소 중 하나가 병원이기 때문이다. 심지어는 의료진도 감염과 격리가 속출하는 실정이다. 미국의 원격진료 플랫폼인 플러시케어PlushCare를 통한 예약은 코로나 사태 이후 70%나 증가했다. 2020년 4월 〈미국 관리의료 저널〉에 "일부 법률, 규제 및 의료비 청구 문제는 여전히 남아있지만 코로나 사태는 입법부와 규제기관이 원격진료를 더욱 광범위하게 채택하도록 촉진하는 좋은 자극제가 될 수 있다"는 내용의 논문이 기고되기도 했다.[5]

한국에서는 그동안 원격진료가 허용돼 있지 않았으나, 코로나 사태는 이를 바꿔놓았다. 정부는 코로나 사태 이후 '한국판 뉴딜' 사업의 하나로 원격의료시범사업 확대를 포함한 데 이어 비대면 진료 플랫폼인 라이프시맨틱스의 서비스를 임시허가하기도 했다. 정부의 이런 조치에 따라 원격진료 및 의료 정보화 확대에 대한 기대감으로 비트컴퓨터, 유비케어 등 관련주들이 높은 주가 상승률을 보이기도 했다. 참고로 정부 정책에 따른 수혜는 비교적 오랜 기간에 걸쳐 발생하는 반면 이들 회사의 단기적인 실적은 기존 사업에서 주로 발생하므로 '테마'에 휩쓸려 투자하는 것은 주의해야 한다.

홈엔터테인먼트 OTT서비스

한편 대표적인 홈엔터테인먼트인 OTT서비스도 언택트 확대 흐름에서 가장 큰 수혜를 보게 된 영역이다. 최근 몇 년간 넷플릭스를 비롯한 OTT서비스가 계속 빠른 성장세를 일궈왔지만, 코로나 사태로 또 한 단계 퀀텀점프하는 계기를 맞았다. 실제로 〈그림 2-1〉에서 보는 것처럼 코로나 이후 미국의 비디오 활동과 관련된 설문조사에

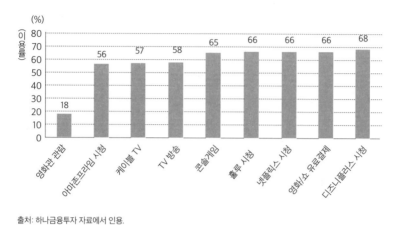

그림 2-1 코로나 이후 비디오 관련 활동 설문조사

출처: 하나금융투자 자료에서 인용.

서 넷플릭스를 비롯해 훌루나 디즈니플러스와 같은 OTT서비스들이 케이블TV나 전통적인 TV방송보다 더 많은 선택을 받기도 했다.[6] 실제로 가장 대표적인 OTT서비스인 넷플릭스의 경우 코로나 여파로 2020년 1분기에만 유료 가입자가 1577만 명 순증했는데, 이는 당초 회사가 제시했던 전망치 700만 명을 2배 이상 뛰어넘는 것이었다.

훌루나 아마존프라임, 디즈니플러스 등 경쟁 OTT서비스들이 등장하면서 성장세가 꺾일 것이라는 전망이 지배적이었는데, 코로나 사태로 이 같은 우려가 상당 부분 사라진 것이다. 특히 서비스를 시작한 지 오래되지 않은 다른 경쟁업체에 비해 이미 충분한 콘텐츠를 축적하고 있었던 넷플릭스의 수혜가 상대적으로 클 것으로 예상된다. 국내의 경우 자체 OTT서비스가 크게 활성화돼 있지 않지만, 대신 넷플릭스와 같은 거대 OTT서비스에 컨텐츠를 생산, 공급할 수 있는 스튜디오드래곤과 같은 컨텐츠 제작사들이 간접적인 수혜를 누릴 수 있다.

이처럼 언택트 시대의 인터넷 커뮤니케이션은 현실의 경험을 재현하기 위한 기술의 급속한 발달로 이어질 것이다. 이는 주요한 프로스포츠가 중단되면서 그 대안으로 e스포츠가 뜨고 있는 현상에서도 볼 수 있다. 일례로 F1을 비롯한 글로벌 모터스포츠가 마비 상태에 빠지면서 그 대안으로 시뮬레이션 게임을 이용한 모터스포츠 이벤트가 벌어지고 있으며, 현역 프로 드라이버들이 출전하고 있다. 코로나로 누리지 못하게 된 경험을 온라인 공간에서라도 누리려는 사람들의 욕구는 관련 기술을 빠르게 발전시킬 것이다.

이런 언택트 경제의 확대는 많은 온라인 기반의 기업들에게는 한 단계 더 도약하는 기회를 제공할 것이다. 코로나 이후 구글, 아마존, 넷플릭스, 마이크로소프트 같은 기업들의 주가가 이전 고점을 넘어선 것도 그렇고, 중국의 알리바바, 텐센트 등의 플랫폼과 전자상거래 기업들이 승승장구하는 것도 이를 반영한 것이다. 국내에서 네이버, 카카오와 같은 인터넷 플랫폼이 현대자동차와 같은 전통적인 대기업을 제치고 시가총액 10위권 안에 진입한 것도 마찬가지다.

물론 코로나 사태 이후의 이 같은 주가 흐름은 향후 실적 증가에 대한 기대감이 선반영된 측면도 있다. 그럼에도 불구하고 중장기적 관점에서는 이들 기업들이 상대적으로 더 빠르게 성장할 가능성이 높아졌다는 점은 의문의 여지가 없을 것이다.

자동화와 스마트팩토리 확산, 그리고 일자리 감소

"코로나 이후 뉴노멀이 어떤 모습이 될지라도, 거기에는 더 많은 자동화가 있을 것이다."[7]

미국의 유명 사립대인 존스홉킨스 대학교가 2020년 여름학기부터 100% 온라인으로 진행하는 인공지능 석사학위 과정을 개설하기로 발표하면서 화이팅공대 인공지능 프로그램 책임자 존 피오코프스키 교수가 한 말이다. 코로나 사태로 산업의 전면적인 셧다운을 경험한 기업들은 인력이 없어도 생산과 업무를 계속할 수 있도록 더 많은 자동화를 채택할 수밖에 없을 것이라는 진단이다.

독일 뮌헨 대학교의 국제경제학과장인 달리아 마린 교수도 〈프로젝트 신디케이트〉에 기고한 '코로나가 어떻게 제조업을 바꾸고 있나' 칼럼에서 코로나가 로봇 시대, 제조업의 자동화를 더욱 가속화할 것이라며 그 이유를 아래와 같이 분석했다.

"금리가 낮아지면 초기 비용이 높은 로봇은 더욱 매력적이다. 2008년 이후 임금에 비해 금리가 급격히 하락하면서 많은 곳에서 로봇을 늘리고 생산량을 크게 회복했다. 지금도 마찬가지다. 코로나 전염병의 피해를 상쇄하려는 중앙은행의 정책에 따라 금리는 기존보다 30%가량 하락할 것으로 예상된다. 과거 데이터에 따르면 로봇을 채택하는 비율이 그에 따라 75.7% 높아질 수 있다. 다만 불확실성 증가는 투자를 가로막으므로 미친듯이 로봇 붐이 일지는 않을 것이다."[8]

4차 산업혁명이 기업의 생산시스템을 바꾸는 대표적 경향으로 '자동화와 스마트팩토리'를 들 수 있다. 사물인터넷, 빅데이터, 머신러닝, 3D 프린팅, 로봇과 같은 수단들을 결합해서 생산과 물류, 유통 등의 생산성과 효율성을 극대화하는 것이다. 공장자동화는 이미 수십 년 된 개념이기는 하다. 기존의 공장자동화가 단순 반복 작업으로 대량생산을 하고, 전체 공정 가운데 비숙련 단순 작업을 위주로 했다면 스마트팩토리는 작업 범위가 훨씬 유연하고 광범위하다. 한국은 제조업 강국답게 노동자당 산업용 로봇수를 나타내는 산업용로봇 밀도가 이미 세계 1위를 기록할 정도로 지금도 공장자동화에서 앞서 있다. 한국의 산업용로봇 밀도는 1만 명당 로봇 710대로 2위인 싱가포르 658대에 비해서도 높고, 3위인 독일의 322대보다 압도적으로 높다.

그러나 스마트팩토리가 '꽃길'만 걸은 것은 아니다. 아디다스는 2015년 말 독일 안스바흐 공장에 '스피드팩토리'라는 이름으로 첨단기술을 적극 활용한 스마트팩토리를 만들었다. 이 스마트팩토리는 10명도 되지 않는 직원이 운영하면서도 연간 50만 켤레의 운동화를 생산하기도 했다. 4차 산업혁명이 어떻게 리쇼어링으로 이어질 수 있는지를 보여주는 대표사례로 손꼽혔다. 그러나 4년 만에 아디다스는 스피드팩토리 운영을 중단하겠다고 선언했다.

스피드팩토리는 소비자의 요구에 맞는 다양한 제품들을 빠르게 만드는 것을 추구했다. 또한 유럽시장에 빠르게 제품을 공급할 수 있을 것이라는 기대도 있었다. 그러나 막상 스피드팩토리는 만들 수 있는 제품이 다양하지 못했다. 특히 아디다스의 베스트셀러 제품들을 스피드팩토리 생산공정으로는 만들 수 없었던 게 가장 큰 문제였다. 3D프린터를 이용해서 밑창을 제작하는 기술도 생산 속도가 현재까지는 기대에 미치지 못했다.

2016년 기준 인구가 7.4억 명인 유럽시장에 비해 무려 6배인 44.3억 명에 이르는 아시아시장이 훨씬 크기 때문에 리쇼어링으로 얻는 득보다 실이 크기도 했다. 아디다스는 독일의 스피드팩토리 운영을 중단하는 대신 아시아 공장에 스피드팩토리 개념을 일부 도입하는 결정을 내렸다. 이는 스마트팩토리가 빠르게 진전될 것으로 보던 시각에 일부 회의를 불러일으켰다.

그런데 코로나로 각국 생산시설의 가동이 중단되는 사태를 겪으면서 다시 스마트팩토리가 확산되는 계기를 만들었다. 아예 정부 차원에서 강제로 가동 중단을 결정한 경우도 있었다. 국내에서도 확진자가 한 명만 나와도 동료 직원들이 2주간 자가격리되고 시설은 적어도 하루이틀 동안 가동이 중단되는 사태를 겪은 기업들이 속출했다. 공장을 셧다운하는 것은 그저 TV를 껐다 켜는 것과는 다르다. 가동이 중단된 공장을 다시 돌리려면 준비 작업에 상당한 시간이 걸리고, 많은 비용이 추가로 발생할 수 있으며, 생산 과정에 있던 많은 물품은 폐기해야 할 수도 있다.

스마트팩토리 체제를 구축하면 이번과 같은 사태에도 가동을 중단할 가능성이 현저히 줄어든다. 기계와 로봇은 바이러스에 감염되지 않기 때문에 코로나 사태가 덮쳐도 문을 닫을 가능성이 현저히 줄어든다. 또한 극소수의 인력으로도 공장을 가동할 수 있으므로 공장 가동을 중단했다가도 상대적으로 빨리 가동을 재개할 가능성이 생긴다. 생산 과정의 많은 부분이 사람의 개입이 없어도 가동될 것이며, 설령 공장 관리자가 감염되거나 자가격리를 당하더라도 원격으로 공장을 관리하는 것도 가능하다.

실제로 코로나 사태가 발발한 이후 월마트, 크로거 등 미국의 대형 슈퍼마켓들은 브레인코프의 자율주행 바닥 청소 로봇을 매장에 도입했다. 부족해진 인력을 메우기 위해서다. 이 로봇은 하루에 최대 8000시간에 이르는 노동력을 제공할 수 있다. 월마트는 연말까지 4700여 개 미국 내 점포의 40%인 1860곳에 브레인코프 로봇을 투입한다고 밝혔다. 이와 함께 스캔 방식의 선반 재고 조사 로봇과 배달 트럭에서 내려오는 택배를 자동 스캔하고 분류하는 로봇을 1000여 곳 매장에 도입할 계획이다.[9]

위기 이후 어떤 일자리들이 줄어들까?

공장자동화나 스마트팩토리가 확산될수록 사람의 일자리는 줄어들 수밖에 없다. 실제로 맥킨지글로벌연구소는 2017년 말 발표한 연구보고서에서 2030년까지 60%가량의 일자리에서 핵심업무의 약 30%가 자동화될 것으로 추정했다. 이에 따라 세계적으로 약 4억~8억 명의 인력들이 일자리에서 쫓겨날 것으로 전망했다. 대신 해당 보고서는 기술 발전에 따라 새로운 일자리가 (언젠가는) 생겨날 것으로 전망했다.[10]

하지만 내가 2017년 출간한 책《일의 미래: 무엇이 바뀌고 무엇이 오는가》에서 설명했듯이, 2000년대 이후 자동화에 따라 일자리가 늘지 않는 현상은 매우 뚜렷하다. 그리고 이른바 증기기관 발명 이후 육체노동을 대신하는 기계들이 공장에 도입된 '제1의 기계시대'에도 초기 30~40년 동안은 일자리가 감소하고 평균 임금이 낮아지는 현상이 뚜렷하게 나타났다는 점을 감안할 필요가 있다.

그런데 코로나 위기는 이 같은 자동화의 흐름을 훨씬 더 가속화하면서 일자리 감소로 이어질 것으로 전망된다. 실제로 미국의 대표적인 진보 성향 싱크탱크인 브루킹스연구소의 마크 뮤로 선임연구원은 "자동화는 경제적 충격 이후에 갑작스럽게 집중적으로 일어나며, 이런 때에 고용주들은 저숙련 노동자들을 테크놀로지와 더 적은 수의 고숙련 노동자들로 대체한다"고 주장한다. 경기 후퇴기에 임금이 낮아지는 것은 사실이지만, 기업들의 수익이 급감하기 때문에 임금은 오히려 상대적으로 더욱 비싸지기 때문이라는 것이다.[11] 그는 또 "코로나로 인한 경기후퇴는 그 폭과 규모 때문에 훨씬 더 많은 자동화로 이어질 것이다. 또 코로나 사태로 경기 후퇴가 일어난다면 저임금, 청년층, 유색인종 노동자들이 가장 취약할 것"으로 진단했다. 하지만 그동안 자동화가 진행돼온 과정이나 인공지능 기술이 점점 확산되고 있는 점을 감안하면 이번 코로나 사태 이후에는 중급기술 및 심지어 고급기술 노동자들, 그리고 사무직 노동자들도 자동화에 따른 일자리 감소의 영향을 받을 수 있다고 우려했다.[12]

이 같은 흐름은 지난 경제 위기에서도 뚜렷했다. 취리히 대학의 니르 자이모비치 교수와 브리티시컬럼비아 대학의 헨리 E. 슈 교수 연구팀은 지난 30년 동안 발생한 세 번의 위기를 거치는 동안 자동화의 속도는 각 위기를 거칠 때마다 더욱 빨라졌다는 연구 결과를 내놓았다. 이런 흐름에 따라 1990년대 이전과는 달리 1990년대 이후에는 경기 후퇴 이후 경기가 회복되더라도 고용이 경기 후퇴 이전 수준으로 회복되지 않는 흐름이 뚜렷하게 나타난다는 것이다. 한편 지난 30년 동안 세 번의 경기 후퇴기에 발생한 일자리 감소의 88%는 반복적이고, 자동화할 수 있는 직업에서 발생했다고 설명했다. 최근으로 올수록 이 같은 경향은 더욱 가속화하고 있다. 실제로 같은 연구에 따르면 미국에서 정형화된 일자리의 고용 비중이 1982~1992년에는 -4.5% 감소했는데, 1992~2002년에는 -6.7%, 2002~2017년에는 -13.7% 감소한 것으로 나타났다. 이들은 경제적 충격 이후 경기가 회복돼도 이처럼 정형화된 일자리에서 고용이 다시 증가하지 않기 때문에 '고용 없는 회복jobless recovery'이 위기를 거치면서 반복되고 있다고 설명했다.[13]

이처럼 코로나 사태의 여파로 자동화와 스마트팩토리 확산, 일자리 감소는 거의 필연적 현상이 될 가능성이 높다. 기업은 코로나 사태와 이어진 경제적 충격의 영향으로 자동화와 스마트팩토리를 도입할 유인이 어느 때보다 높아졌다.

이런 가운데 중소벤처기업부는 2022년까지 스마트팩토리 3만 개를 도입하겠다는 계획을 코로나 사태 초기인 2020년 2월에 발표했다. 국내 10인 이상 중소제조기업 숫자가 6만 7000개라는 점을 감안하면, 매우 야심찬 계획이다. 앞에서 본 것처럼 한국의 산업용로봇 밀도가 세계에서 가장 높은 상태에서 이 같은 흐름이 미칠 영향은 자명하다. 기업들의 생산성과 효율성 증대 및 산업 경쟁력 강화라는 측면에서 이 같은 흐름을 부정적으로만 볼 필요는 없다. 하지만 이에 따른 고용 감소 우려를 불식할 방안들을 정부는 함께 내놔야 한다. 노동자들의 숙련화를 더욱 촉진하고, 자동화와 스마트팩토리 확대 과정에서 탈락하는 노동자들이 새로운 양질의 일자리로 옮겨가는 구조를 함께 고민해야 한다.

한편 자동화에 따른 일자리 감소는 이미 불안한 고용 상황에 놓여 있는 많은 노동자들에게는 나쁜 소식이지만, 산업용로봇 생산업체나 공장자동화 설비업체에는 희소식이다. 추가로 새로운 시장이 열리는 것이기 때문이다. 당연히 이런 흐름을 따라 관련 기업에 투자하려는 눈 밝은 투자자에게는 좋은 기회가 열릴 수도 있다. 이처럼 같은 트렌드조차도 입장에 따라 다양한 측면이 있을 수 있다.

세계화의 후퇴,
그리고 리쇼어링과 니어쇼어링의 확대

세계화의 흐름 속에서 선진국 기업들은 앞다퉈 생산기지를 역외로 옮기는 오프쇼어링off-shoring에 나섰다. 중국, 인도, 베트남을 비롯한 아시아 신흥국들로 생산기지를 옮김으로써 기업들은 인건비 절약, 환경을 비롯한 각종 규제 회피, 신흥국의 거대시장 진출과 같은 이득을 챙길 수 있었다. 그러나 생산기지가 빠져나간 국가들은 일자리가 줄어들고 무역적자가 늘어나는 피해를 보았다. 해외로 나간 기업들이 돈을 벌어서 본국으로 가지고 들어오면 그나마 좋겠지만, 많은 기업들은 해외에서 번 돈을 해외의 조세도피처와 같은 곳에 묻어둔다.

코로나 대유행 이전에도 이미 미국은 역외로 나간 기업의 생산시설을 역내로 돌아오도록 유도하는 리쇼어링re-shoring 정책을 실행했다. 이미 오바마 행정부 시절부터 법인세율을 38%에서 28%로 낮추고, 공장 이전 비용을 20% 보조하는 정책을 실시했다. 트럼프 행정부가 들어선 후로는 법인세율을 21%로 추가 인하하면서 더욱 강력한 리쇼어링 정책을 추진해왔다. 특히 중국과 무역전쟁을 치르는 과정에서 중국산 소재 및 부품 의존도를 낮추는 한편 자국 내 일자리를 만든다는 명목으로 중국에 진출한 미국 기업들이 본국으로 귀환하게 하는 데 상당한 공을 기울였다. 이에 따라 실제로 미국 기업은 최근 몇 년간 연평균 369곳씩 본국으로 복귀하고 있으며 리쇼어링을 통해 지난 9년 동안 34만 개가 넘는 일자리가 미국에서 늘어난 것으로 분석된다.[14] 영국과 독일을 비롯한 과거의 제조업 강국들도 리쇼어링 지원에 나서고 있다.

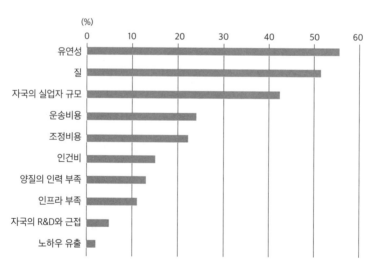

그림 2-2 기업이 리쇼어링을 고려하게 된 동기

2013~2015년 사이에 리쇼어링을 고려한 바 있는 2448개 유럽 기업을 대상으로 조사한 내용으로 중복 응답 가능.
출처: Dachs and Seric(2019), based on the European Manufacturing Survey(EMS, 2015)에서 인용해 선대인경제연구소 작성.

한편 유럽기업들을 대상으로 조사한 결과에 따르면, 리쇼어링을 고려한 바 있는 기업들은 그 이유로 유연성과 생산물의 질을 가장 많이 꼽았다. 그러나 같은 기간에 실제로 리쇼어링을 한 기업은 6%에 불과했고 오히려 오프쇼어링을 한 기업이 17%로 나타났다.[15] 큰 흐름에서는 여전히 오프쇼어링의 추세가 이어지고 있었던 것이다. 정부의 리쇼어링 지원 정책에도 불구하고 기업에게는 인건비 절감과 시장 규모와 같은 이점에 비하면 여전히 리쇼어링으로 득보다 실이 큰 기업이 많기 때문이다.

리쇼어링의 성과가 가장 좋은 곳은 일본인데, 이는 역설적으로 '잃어버린 20년'의 영향이 크다. 오일쇼크와 엔고 현상으로 일본 기업들이 대거 해외로 빠져나간 적이 있었다. 하지만 장기침체에 따라 일본 내 임금은 정체되고, 부동산 가격도 떨어졌기 때문에 리쇼어링의 상대적 장점이 늘었기 때문이다.

그러나 코로나 사태는 오프쇼어링과 글로벌 공급망의 문제점을 극명하게 드러냈다. 한국이나 대만처럼 자국 내에 제조업 기반을 갖춘 나라와 영국이나 미국처럼 제조업 기반이 크게 무너진 나라들은 사태 초기 마스크와 방호복, 인공호흡기 등의 조달에서 큰 차이를 보였다.

국제적인 의료용품 확보 쟁탈전은 이를 극적으로 보여준 사례다. 2020년 4월 초 독일 베를린 주정부가 주문한 마스크를 싣고 중국을 출발한 항공기가 경유지인 태국에서 돌연 미국으로 방향을 바꾸는 일이 벌어졌다. 웃돈을 제시한 미국의 업자가 저지른 일로 보이는 이 사태를 두고 베를린 주의회 관계자는 "현대판 해적 행위로 비인간적이고 용납할 수 없다"고 비난했다. 이러한 사태는 공공 안녕을 위해 필수적인 물자들의 생산이 오프쇼어링 되었을 때 벌어질 수 있는 가장 나쁜 상황을 보여주었다. 앞으로 의료부문과 국가안보에 중요하다고 간주하는 상품의 공급을 확보하기 위해 국내 생산을 장려 또는 강제하는 정책이 시행될 수도 있다.

또한 코로나 사태로 중국 및 아시아의 공장들이 셧다운되고, 국제 항공 교통이 마비되면서 글로벌 공급망이 가진 문제점도 드러나고 있다. 한국도 중국산 부품의 수급 문제로 자동차 공장이 가동을 중지하는 사태가 한때 벌어졌다. 소재 및 부품의 외국 의존도가 높은 나라일수록 코로나로 인한 생산 차질을 더욱 심하게 겪고 있다. 글로벌 공급망이 깨지면 앞으로 리쇼어링 현상은 점점 더 강화될 것으로 보인다.

기업들로서는 자국의 비싼 인건비는 여전히 리쇼어링을 주저하게 만드는 원인인데 이를 상쇄하기 위해 앞에서 설명한 스마트팩토리 확대를 함께 진행할 가능성이 높다. 또는 상대적으로 인건비가 저렴한 자국 인근의 국가에 생산시설을 재배치하는 니어쇼어링near-shoring 흐름도 함께 일어날 수 있다.

그러면 리쇼어링 흐름이 일자리에는 어떤 영향을 미칠까. 이를 짐작할 수 있는 사례를 보자. 글로벌 기업들의 생산기지가 다수 자리 잡고 있던 방글라데시는 2013년 여러 의류 생산공장이 입주해 있었던 라나플라자 붕괴 사고로 1000여 명이 넘는 인명이 희생되고 생산공장이 한순간에 붕괴했다. 게다가 이를 통해 방글라데시의 노동자들이 위험한 환경과 열악한 임금 속에서 일해왔다는 사실이 밝혀지면서 국제적인 비난 여론에 직면했다. 그 결과 의류업계의 공장자동화는

빠른 속도로 확산되었다. 2013년부터 2016년까지 의류 산업은 20%
가까이 성장했지만 일자리는 같은 기간 4.5% 늘어나는데 그쳤다.

　이 사례에서 볼 수 있는 것처럼 공장자동화로 산업이 성장하는 속
도에 비해 일자리는 현저히 못 미치는 수준으로 증가한다. 리쇼어링
이 늘어나 저개발국가의 생산시설이 문을 닫는다면 이들 국가의 일
자리들은 그만큼 줄어들 수 있다. 그렇다고 리쇼어링으로 기업들이
돌아온 나라의 일자리들도 크게 늘어나기는 어렵다. 스마트팩토리
현상 때문에 일자리 증가 효과는 매우 제한적일 것이기 때문이다. 그
리고 전 세계적으로 일자리 증가보다는 감소 영향이 더 클 것으로 보
인다.

미국과 중국의 독자적인 공급망 구축 및 글로벌 공급망 조정

비교우위론에 기반해 이뤄져온 국제분업 체계와 공급망 체계가 근본적으로 뒤흔들리고 있다. 이유는 크게 2가지다. 1장에서 설명한 것처럼 미중 무역전쟁의 과정에서 미국이 첨단 제조업을 중심으로 중국을 강력히 견제하면서 중국과 연결된 공급망 체계를 차단하고 있는 게 그 하나다. 이 같은 흐름이 미국이 중국에 코로나 사태의 책임론을 제기한 것을 계기로 더욱 격화했다. 이런 가운데 코로나 사태로 기존의 글로벌 공급망 체계가 상당 수준 마비되거나 크게 교란되는 상황이 발생했다. 그러면서 글로벌 기업들이 생산효율성과 거대시장 접근성 등의 이유로 중국 등에 편중된 공급망 체계를 전면 재검토하는 계기가 됐다. 이것이 두 번째 이유다.

첫 번째 이유에 대해서는 1장에서 설명했으므로, 두 번째 이유로 바로 넘어가보자. 미중 양국의 힘겨루기가 아니더라도 코로나 사태는 많은 글로벌 기업들에게 공급망을 한두 국가에 두는 것이 위험할 수 있다는 교훈을 남겼다.

코로나 사태로 애플과 삼성전자의 공급망관리Supply Chain Management. SCM 체계의 영향이 뚜렷한 대조를 보였다. 애플은 제품 설계는 미국에서 하고, 생산의 90%가량을 중국에 맡기는 전략을 써왔다. 이런 전략은 비용을 줄이고 이익을 극대화할 수 있는 공급망 관리 전략으로 평가받아왔다. 하지만 코로나 사태로 중국 폭스콘 공장이 멈추면서 아이폰 생산이 중단되고, 2020년 말 출시할 예정이던 신형 아이폰 생산이 한 달가량 지연되게 됐다. 이에 따라 애플은 아이폰 생산공장 일부를 인도로 옮기는 방안을 검토 중이다. 애플은 2018년 미중 무역분쟁이 격화하자 공급망 다변화를 추진했는데, 코로나를 계기로 그 속도가 빨라졌다. 아울러 트럼프 행정부가 '중국산 아이폰에도 고관세를 적용할 수 있다'는 등 압박을 가한 것도 정책 변화에 영향을 준 것으로 보인다.

반면 삼성전자는 애플과 달리 세계적으로 광범위한 국가와 지역에서 분산된 공급망 관리체계를 갖고 있다. 이 가운데 중국 생산비중은 10~15% 정도로 추정돼 중국 생산 의존도가 애플에 비하면 매우 낮다. 이 때문에 삼성전자는 코로나 발발로 중국 공장이 가동을 중단해도 한국, 인도, 베트남, 브라질 등 다른 스마트폰 공장의 생산물량을 늘려 위기를 피해갈 수 있었다.

한국은 2019년 일본의 수출규제로 한바탕 홍역을 치렀다. 결과는 삼성전자 등 한국 반도체기업들이 국내외에서 대체 소재 공급처를 개발하고, 일본 소재산업들의 실적이 급감하면서 한국의 완승으로 끝나는 모양새다. 하지만 이미 그 과정에서 국내 대기업들은 기존의 글로벌 공급망과 국제분업 체계가 뒤흔들릴 수 있음을 뼈저리게 느꼈다.

이제 세계화와 자유무역의 확대에 따라 글로벌 공급망의 양적 확대와 질적 심화를 이어오던 기존의 흐름이 전면 재조정되는 시기로 접어들고 있다. 한국은 교역 의존도가 높은 데다 반도체와 자동차 등 매우 다양한 소재와 부품, 장비 등이 필요한 주력 산업의 특성상 글로벌 공급망에 깊숙이 연결돼 있다. 그만큼 기존의 공급망이 마비되거나 교란될 경우 타격이 커진다. 따라서 글로벌 공급망 재편은 포스트 코로나 시대에 한국 산업과 기업들의 필수적인 과제일 수밖에 없다.

이에 따라 국내 대기업들은 생산지역을 다변화하는 한편 북미, 중국, 서유럽 등으로 세계 권역별로 부품 조달과 생산, 물류 등을 한 번에 해결하려는 방향으로 움직일 가능성이 커졌다. 그 과정에서 많은 협력업체들의 명운이 갈릴 수 있다. 2019년 일본 수출규제 사태로 일본 소재기업들은 실적이 급감하면서 큰 타격을 입었지만, 이를 대체하는 국내 소재기업들이 반사이익을 누리게 된 것처럼 말이다.

정부의 무한 개입주의

코로나 사태는 갑자기 많은 국가를 '사회주의' 국가로 만들었다. 평상시 같으면 정부가 기업에게 공장 가동을 중단하고, 모든 상점의 셔터를 내리고, 사람들에게 집 밖으로 나오지 말라고 명령할 수 있을까? 계엄령 아니면 북한 같은 폐쇄된 통제사회에서나 있을 수 있는 일이라고 생각할 것이다. 그런데 지금은 한국보다 개인의 자유를 훨씬 더 중시하는 여러 유럽국가들이 바로 그렇게 하고 있다. 공장 문을 닫는 것 말고 다른 방식의 '사회주의적' 정책도 있다. 미국 트럼프 대통령은 국방물자생산법DPA을 발동하여 3M에 마스크 생산을 명령하고, 완성차업체인 GM에는 인공호흡기 생산을 강제했다.

영미권 국가들을 중심으로 서구의 민주주의 국가들은 개인의 기본권을 우선시하고 국가의 개입을 줄이는 방향으로 움직여왔다. 이 같은 흐름은 2008년 금융위기 이후 뒤집히기 시작하더니 코로나 사태는 정부의 개입을 더 한층 강화하고 정당화하고 있다. 이러한 갑작스러운 '사회주의 아닌 사회주의'는 자유와 개인의 선택을 중시하는 근대 서구의 의식과 충돌을 빚고 있다. 미국의 여러 지역에서 벌어진 코로나로 인한 각종 제한조치의 해제를 촉구하는 시위가 대표적인 사례다. 심지어 미시간주에서는 총기를 소지한 시위대들이 주 의사당에 난입하는 등 갈등이 극적으로 표출됐다. 테슬라의 CEO인 엘론 머스크는 공장 가동 중단을 유지하라는 캘리포니아주 앨러미다 카운티의 명령을 무시하고 프리몬트 공장 가동을 선언하기도 했다.

또한 감염자와 접촉자를 추적하기 위해서 정부는 더욱 광범위한 개인정보를 수집하고 있다. 스마트폰, 웨어러블 기기, CCTV를 비롯한 다양한 기기들이 활용되고 있다. 이런 기기들의 정보가 네트워크와 인공지능으로 연결되면 정부의 국민 감시능력은 증폭되며 생체정보 수집도 가능하다. 과거 같으면 중국이나 북한 같은 통제사회에서나 가능한 일이었고, 사생활 침해라는 어마어마한 반발을 샀겠지만 유럽을 중심으로 개인정보 수집을 확대하고 개인의 자유를 제한하는 법안들이 '비상사태'를 명분으로 통과되고 있다. 《사피엔스》의 저자로 유명한 유발 하라리 교수가 〈파이낸셜 타임즈〉의 기고문에 썼던 것처럼 '사람들에게 건강과 프라이버시 가운데 하나를 택하라고 한다면, 대체로 건강을 택할 것'이기 때문이다.[16]

정부가 사업을 중단하도록 가로막고 개인의 자유를 통제함에 따라, 대대적인 부양책도 뒤따르고 있다. 당근은 없이 채찍만 휘두르면 개인도 기업도 저항할 것이기 때문이다. 2020년 4월 10일 기준으로 전 세계 정부가 발표한 부양책의 규모는 10.6조 달러에 이르며, 사태 장기화에 따라 각국 정부가 쏟아붓는 돈은 계속 더 늘어날 공산이 크다. 이러한 부양책은 크게 '일자리 보호, 국민들의 소비 여력 지원, 기업자금 지원'이라는 3가지 구도로 이루어지고 있다.

앞에서 봤지만 정부의 경기부양책 규모도 2008년 금융위기 수준을 가볍게 뛰어넘고 있다. 2008년 금융위기에 미국 등은 양적 완화를 통해 막대한 자금을 공급했지만, 이번 코로나 사태 대응 과정에서는 투기등급의 회사채를 비롯한 신용도가 낮은 각종 채권, ETF 등까지 사들여 주식시장에 직접 개입하는 질적 완화까지 동원했다. 기존의 경제 원리로는 정부나 통화당국이 절대 할 수 없는 것으로 여겨진 영역까지 개입하는 것이다.

물론 세상에 공짜는 없다. 그동안 기업들은 규제 철폐와 국가의 개입 최소화를 줄기차게 요구해왔지만 상황이 뒤바뀌었다. 기업들은 파산을 막기 위해 정부에 더 많은 지원을 호소하는 신세가 되었다. 더 많은 지원은 더 많은 개입을 동반한다. 기업들이 받아들 청구서에는 강력한 구조조정 요구, 일부 기업의 국유화, 일부 지분 소유, 규제 강화와 같은 항목들이 적혀 있을 것이다. 그리고 경기가 회복되고 나면, 부양책으로 소진했던 재정을 확충하기 위해 더 많은 세금을 거둬들이게 될 것이다.

바이러스는 평등하게 감염되지 않는다: 양극화의 확대

미국의 존 벨 에드워즈 루이지애나주 주지사는 2020년 4월 6일 브리핑에서 "코로나 사망자 중 약 70%가 흑인"이라고 밝혔다. 루이지애나의 흑인 인구가 전체의 32%인 것과 비교하면 흑인 사망자 비율이 훨씬 높은 것이다. 일리노이주의 흑인 비중은 14.6%지만 주도인 시카고는 흑인 확진자가 전체 확진자의 52%, 흑인 사망자가 전체 사망자 중 72%를 차지한다.[17]

영국 통계청ONS도 영국 사망자 비율을 조사한 결과, 연령을 통계적으로 보정했을 때 영국의 흑인 남성은 백인 남성에 비해 코로나로 사망할 가능성이 4.2배, 흑인 여성은 백인 여성에 비해 4.3배 높은 것으로 나타났다고 밝혔다.[18] 주거지, 직업 및 건강 상태를 비롯한 다른 요인을 보정한 후에도 흑인 남녀의 사망 가능성이 백인보다 1.9배 높았다. 전문가들은 미국과 영국의 흑인 사망률이 백인에 비해 높은 주요한 이유를 소득 수준이 낮기 때문으로 보고 있다. 코로나의 피해도 빈부 격차가 있는 것이다.

경제활동이 마비되고 실업이 급증하는 현상은 세계적으로 나타나고 있다. 코로나 사태 이후 3월 넷째 주에 미국에서는 주간 신규 실업수당 청구건수가 687만 건까지 치솟기도 했다. 이는 2008년 글로벌 금융위기 직후인 2009년 초에 주간 65만 건까지 늘어난 것보다 10배 이상 많은 수치였다. 한국도 예외는 아니다. 4월 실업급여 지급액은 9,933억 원을 기록한 데 이어 5월에는 1조 162억 원으로 고용보험제도가 도입된 1995년 이래 사상 처음으로 1조 원을 넘어섰다. 이러한 일자리 충격은 해고가 손쉬운 비정규직, 특수고용 노동자, 프리랜서에게 가장 먼저 몰아닥친다.

이제 사회에 진출하는 청년들에게도 코로나는 큰 충격을 안겨주고 있다. 이미 많은 청년들이 학자금대출과 같은 부채를 안고 사회에 진출하고 졸업 후에도 쉽게 일자리를 구하지 못하면서 임시직이나 단기직으로 버티고 있는데, 코로나의 일자리 충격이 가장 먼저 미치는 곳도 해고가 손쉬운 비정규직이다. 코로나의 경제적 충격이 장기화되어 소비가 줄고 그에 따라 기업의 생산과 투자도 줄어들면 안정적인 일자리를 구하지 못하고 빈곤층으로 전락하는 사람들이 늘어날 것이다.

반면 부자들은 더 부자가 되는 양극화 현상도 나타나고 있다. 미국 정책연구소IPS의 보고서에 따르면 "미국 내 억만장자의 부가 코로나 사태 이후 3주 만에 10% 증가했다. 부의 쏠림을 막기 위한 정책이 실현되지 않는다면 소득과 기회의 불평등은 더 커질 것"이라고 진단했다.[19] 이 보고서에 따르면 코로나의 영향으로 미국에서 1개월 동안

2600만 명이 일자리를 잃었지만 억만장자들의 재산은 3,800억 달러 (약 467조 원)가 늘어났다. 초기에는 코로나의 충격으로 자산 손실을 보았겠지만 이후 투자시장이 급반등하면서 큰 이익을 올린 사람들도 많다. 외부적 충격으로 급락한 자산 가격은 돈이 있는 사람들에게는 '바겐세일'이나 마찬가지이기 때문이다. 코로나는 가난한 사람들에게는 일자리는 물론 생명까지 앗아가지만 부자들에게는 자산을 극적으로 늘릴 수 있는 기회를 주는, 양극화 바이러스라고 할 수 있다.

코로나의 양극화 현상을 완화하기 위해서 단기적으로는 신속한 지원대책이 필요하다. 우리나라도 정부와 지방자치단체 차원에서 전 국민 지원금을 지급했다. 특히 서울시는 고용보험 적용대상이 안 되는 프리랜서·특수고용직에 50만 원씩을 지원하고, 자영업자들에게는 2개월 동안 매월 70만 원을 지급하는 등의 지원 프로그램을 가동했다.

그러나 코로나의 경제적 충격이 장기화하고 일자리 상황이 단기간에 회복되기 어려울 것으로 보이기 때문에 훨씬 더 과감한 대책이 필요하다. 예를 들어 독일 베를린의 경우 프리랜서와 자영업자, 소상공인이 신청만 하면 3일 안에 5,000~1만 5,000유로(663만~1,990만 원)를 받을 수 있다. 이는 대출이 아니라 상환할 필요가 없는 지원금이며, 온라인으로 인적사항과 주소, 세금번호, 계좌번호를 입력한 후, '코로나 사태로 실질적인 피해가 있는가'라는 질문에 '예'라고 답하는 것만으로도 모든 절차가 끝난다. 장기적으로는 우리나라에서도 논의되고 있는 전 국민 고용보험이나 기본소득과 같은 더욱 과감한 복지와 사회안전망의 강화가 필요하다.

갑자기 우리 앞으로 다가온 기본소득

한국은 물론이고 세계 각국이 앞다투어 전 국민의 통장에 돈을 꽂아주고 있다. 한국의 경우 '긴급재난지원금'이라는 이름을 사용하고 있지만 그동안 기본소득정책을 추진해왔던 경기도는 '재난기본소득'이라는 이름을 붙였다. 내용을 들여다보면 코로나 사태에 따른 의도치 않은 결과이긴 하지만 기본소득에 가깝다.

기본소득은 그동안 갈수록 심화하는 빈부격차를 완화하는 한편 저소득층의 생활 최저선을 확보해주자는 차원에서 복지국가를 지향하는 이론가들과 정치세력들이 주로 주창해왔다. 그러다가 4차 산업혁명과 인공지능으로 대표되는 '제2의 기계시대'가 대두됨에 따라 새로운 동력을 얻게 됐다. 기계에 밀려나 일자리가 줄어들고 사람들의 구매력이 감소하면 결국 기업들에도 좋지 않다는 인식이 점차 설득력을 얻게 된 것이다. 이에 따라 테슬라 CEO인 엘론 머스크 등 실리콘밸리의 혁신기업가들이나 국내의 이재웅 다음 창업자도 기본소득에 대한 지지의사를 표시하기도 했다.

일시적인 충격이라고 볼 수 있지만 지금의 코로나 사태는 일자리의 앞날을 아주 극단적으로 보여주고 있다. 공장의 생산이 로봇으로 대체되고, '인간만이 할 수 있었던 일'인 줄 알았던 일들을 인공지능이 대체하면 일자리는 줄어들고 사람들의 소득은 줄어든다. 그러면 전반적인 소비가 감소해서 인공지능 등을 통해 극대화한 생산성으로 제품을 생산해봐야 수요가 부족해 만성 공급 과잉이 일어난다. 결국은 기업에도 나쁜 영향을 미치는 것이다.

재난지원금, 혹은 재난기본소득의 주요한 목적은 소비 여력을 만들어주는 것이다. 정부의 재정을 풀어서라도 소비를 일으켜서 돈이 돌게 만들고, 지역의 자영업자와 소기업이 정상적인 경제활동이 복구될 때까지 버틸 수 있도록 돕는 것이다. 생각해보면 기본소득의 개념과 많은 부분 닮아 있다. 30년 이상 기본소득 도입을 역설해왔고, 《기본소득》이라는 저서를 쓴 가이 스탠딩 영국 런던대 교수는 미국 CNBC에 "기본소득 없이는 세계경제의 회복 전망이 없다. 코로나 사태가 기본소득 보장을 불러일으킬 촉매제가 될 것이 분명하다"고 주장했다.[20]

이 같은 가이 스탠딩 교수의 진단은 한국의 긴급재난지원금의 효과를 봤을 때 정확한 진단이라고 볼 수 있다. 사실 코로나 유행이 진정되어 상점이나 기업들이 다시 정상으로 영업이나 사업을 전개할 수 있는 상황이 되더라도 이미 많은 상점이나 기업들이 그 사이에 망해버린다면 경기 회복은 더딜 수밖에 없다. 그만큼 대량의 실업자가 생기고 생산과 소비도 빨리 살아나기 어려울 것이다. 따라서 코로나 사태가 진정돼 생산과 소비가 회복될 때까지 경제 시스템이 무너지지 않고 버티게 하는 것이 각국 정부가 실행해야 할 중요한 과제 가운데 하나다. 이를 위해 세계 각국이 재정정책과 통화정책, 금융정책 등을 통해 경기를 적극적으로 부양한 것이다. 세계 각국이 앞다퉈 기준금리를 내리고 양적 완화 등에 나선 것도 그런 측면이다. 이런 상황에서 미국이나 EU, 일본 등과 같은 기축통화국이 아닌 한국은 통화정책에서 다른 나라보다 기준금리를 더 낮춘다거나 양적 완화를 구사하는 데는 한계가 있다.

대신 한국은 재정건전성이 좋은 만큼 재정정책을 더 적극적으로 구사하는 것이 바람직하다. 코로나 사태로 경기가 급락한 상황에서 일자리와 소득이 급감해 국민경제 전체의 총수요가 줄어든 상태에서는 정부가 적극적인 재정지출을 통해 부족해진 유효수요를 보충해줄 필요가 있다. 그런 면에서 긴급재난지원금만큼 유효수요를 즉각적으로, 그리고 실물경제의 맨 밑바닥 현장에 바로 채워줄 수 있는 방안이 없었다. 특히 경기도와 서울시 등 대다수 지자체는 해당 지역에서 사용하는 지역화폐나 지역카드와 같은 형태로 재난소득을 지급했다. 아무리 소득이 많은 부유층이라고 해도 지역 상권에서 써야 하는 것이다. 특히 사용 대상도 대부분 일정 규모 이하의 상점을 대상으로 하기 때문에 가장 어려운 대상들의 매출 증대에 직접적인 도움이 됐다.

또한 이렇게 해서 어려움에 처한 중소 상점들의 사정이 좋아지면, 이들 상점 운영자들이 다시 소득이 늘어난 만큼 그 일부를 소비하게 되는 승수효과가 발생하면서 피라미드의 밑바닥부터 경기를 촉진하는 '분수효과'를 일으키게 된다. 대기업들에 대한 자금 지원과 세 감면 혜택 등으로 발생하는(실은 잘 발생하지도 않는) 이른바 '낙수효과'와는 질적으로 다른 경기부양 효과가 생기는 것이다. 특히 대다수의 사람들이 기존 소득 외에 과외로 생긴 소득이기 때문에 상대적으로 좀 더 적극적으로 소비하게 되는 편이다.

이 같은 긴급재난지원금의 효과가 얼마나 큰지 기존의 전통적인 경기부양책이라고 할 수 있는 건설사업과 비교해보자. 과거 4대강 사업과 같은 대규모 건설사업을 벌인다고 해봐야 정부가 쓰는 재정의 대부분이 사업 입안과 예산 집행에 이르기까지 최소 몇 달에서 몇 년간의 시간이 걸린다. 코로나 사태에 따른 경기 충격은 급속도로 커진 상황에서 경기가 상대적으로 회복될 수 있는 하반기 이후에 자금이 집행된다고 해봐야 뒷북을 치는 격이 됐을 것이다. 또한 자금 집행의 효과 측면에서도 건설사업을 통한 경기부양책은 원도급과 다단계 하도급을 거치게 된다. 그 과정에서 주로 대형건설업체인 원도급 단계에서 절반 가까운 자금이 빠져나가 현장에 전달되지 않는다. 자금 집행의 속도와 실질적인 경기 촉진 효과 측면에서 재난소득이 훨씬 뛰어난 방안임을 알 수 있다.

즉각적인 효과와 많은 지지를 받은 긴급재난지원금

당초 기획재정부는 재난지원금을 하위 70%만 지급하겠다고 했으나 결국 전 국민에게 주는 재난소득으로 확정했다. 결국 일시적이기는 하지만 기본소득의 형태가 된 것이다. 그런데 만약 기획재정부의 당초 방안대로 건강보험료를 기준으로 선별해서 지급한다고 했으면 어떻게 됐을까. 건강보험은 현재 소득 수준이 아니라 과거의 소득 수준을 기준으로 산정한 것이다. 2020년 5월에 재난소득을 지급할 당시에는 2019년 기준의 납세소득이 확정되지 않았기 때문에 2018년 소득 기준을 적용할 수밖에 없었다. 평상시에도 1년 4개월이 넘는 기간 동안에 소득 변화가 많을 텐데, 코로나 사태에 따른 일시적인 소득 변화는 매우 클 수밖에 없었다.

예를 들어 자영업자들 중에는 2018년에는 상위 30%에 들어갈 정도로 사업이 호조를 보였지만 코로나 사태로 수입이 급감하거나 폐점 위기에 몰린 이들도 많았다. 또한 항공업계의 경우 고소득 직장으로 꼽히지만, 코로나로 인한 타격이 가장 큰 산업이어서 무급휴직이나 명예퇴직을 비롯한 대규모 구조조정이 이뤄지기도 했다. 웬만큼 금융자산이 많은 부자가 아니고서는 수입이 없는 상황이 몇 달만 이어져도 생활고를 겪을 가능성이 충분하다.

거꾸로 2018년 기준으로는 하위 70%에 속했지만, 드물지만 이번 코로나 사태로 상황이 좋아진 기업 종사자나 자영업자들도 있다. 이처럼 코로나 사태로 소득 수준이나 영업 상황이 급변한 상태에서 2년 전의 소득을 기준으로 재난지원금을 지급하는 것은 넌센스에 가까웠던 것이다. 또한 하위 70%를 기준으로 칼로 무 자르듯이 구분하면 그 경계선에서 약간 벗어난 사람들의 박탈감은 커지기 마련이다. 건강보험료로 1,000원을 더 냈다고 해서 재난지원금 대상에서 빠진다면 얼마나 억울하겠는가.

코로나 사태에 따른 경제적 충격은 대다수 국민들이 골고루 받고 있는 만큼 모든 국민에게 골고루 지급하는 것이 맞았다. 그리고 그 효과는 즉각적이었으며, 많은 국민들에게 지지를 받았다.

실제로 여론조사 전문업체 리얼미터가 〈오마이뉴스〉 의뢰로 5월 19일 전국 만 18세 이상 성인 500명을 대상으로 여론조사를 실시한 결과, '도움이 됨'이라는 응답은 71.9%(큰 도움이 됨 38.9%, 어느 정도 도움이 됨 33.0%)로 조사됐다. '도움이 되지 않는다'는 응답 25.6%보다 훨씬 많은 국민들이 '도움이 된다'고 응답한 것이다.[21] 지금까지 정부가 추진한 정책 가운데 이 정도로 국민들이 도움이 된다고 체감할 수 있는 정책은 거의 없었다.

더구나 재난지원금 지급 전에는 반대 의견이 더 높았기에 이 같은 여론조사 결과는 매우 인상적이다. 뉴스1이 여론조사 전문업체인 '엠브레인퍼블릭'에 의뢰해 전국 18세 이상 남녀 1005명을 대상으로 3월 13일 실시한 여론조사 결과(표본오차 95% 신뢰수준에 ±3.1%포인트, 응답률 24%)에서는 '전 국민에게 100만 원씩 재난지원금을 지급하자'는 주장에 대해선 '공감하지 않는다'는 부정적 의견이 57.6%로, '공감한다'는 응답(39.8%)보다 더 높았던 것이다.[22]

불과 두 달 정도 만에 재난지원금에 대한 평가가 극적으로 바뀐 것이다. 실제로 재난지원금을 지급받아 소비해본 결과 많은 국민들이 긍정적 효과를 피부로 뚜렷이 체감했다는 점을 시사한다. 독일은 내외국인을 구분하지 않고 납세자라면 1인당 기본 5,000유로(우리 돈 약 670만 원)를 지급하고 있다. 미국, 일본 등도 재난지원금이 우리보다 몇 배에 이른다. 4인 가구 기준 100만 원 수준의 재난지원금에도 우리 국민들은 감지덕지했으니, 독일이나 미국 등의 국민들의 찬성률 또한 우리 못지않을 것으로 예상된다.

코로나로 생산과 소비가 갑작스럽게 마비 상태에 빠지면서 한국을 비롯한 각국에서 일시적이긴 하지만 사실상 기본소득 지급 경쟁이 벌어졌다. 이것이 기본소득 제도의 항구적 정착으로 당장 이어질 가능성은 낮겠지만 적어도 기본소득에 대한 전 세계적인 공감대를 크게 끌어올렸다. 적어도 한국에서는 코로나 사태로 매우 큰 전기가 마련된 것은 확실해 보인다.

스마트 워크의 시대

　코로나 사태는 직장 근무 환경과 근무 형태의 변화도 촉진하고 있다. 코로나의 전파 사례들 중 상당수가 직장동료를 통한 감염이고 구로구 콜센터 집단감염과 같이 밀집된 업무공간이 슈퍼 전파의 온상이 될 수 있기 때문에 직장 안에서도 직원 간 접촉을 줄이기 위한 시도들이 다양하게 이루어지고 있다.

　모바일앱 순위 집계업체인 센서타워가 발표한 2020년 4월 모바일앱 다운로드 순위에 따르면 1위는 화상회의 앱인 줌이 차지했으며, 역시 화상회의 앱인 구글 미트와 마이크로소프트 팀즈도 각각 8위와 10위를 차지했다. 코로나 사태로 재택근무를 확대하는 기업들이 늘어나고 있으며, 시행 결과 직원의 근태 관리나 생산성에 문제가 크지 않으면 상시 확대 적용을 고려하는 기업들도 늘어날 것이다.

　재택근무의 확대는 노동시간을 유연하게 정할 수 있는 스마트 워크의 확대로 이어진다. 과거에는 주거를 정할 때 출퇴근 거리가 중요한 고려 요소였다. 그러나 재택근무자에게 거리는 중요한 요소가 아니다. 회사에서 멀리 떨어진 곳에 살고 있어도 능력만 있으면 일할 수 있다. 심지어는 해외에 살고 있으면서 한국 기업을 위해 일할 수도 있다.

고용 형태와 부동산시장 변화

스마트 워크의 확산은 고용 형태에도 변화를 가져온다. 능력만 있다면 회사가 필요로 하는 업무를 주어진 시간 안에 하면 되므로, 근무 시간을 유연하게 가져갈 수도 있으며, 더 나아가 능력만 있으면 동시에 여러 회사에서 일할 수도 있다. 또한 한국처럼 육아의 부담이 집중되는 여성의 경제참여율을 높이는 데에도 기여할 것이다.

스마트 워크의 확산은 부동산시장에도 변화를 불러올 것이다. 출근하지 않고 일하는 직원들이 늘어난다는 것은 기업이 예전만큼 넓은 업무 공간을 필요로 하지 않는다는 뜻이다. 스마트 워크가 확산되는 만큼 업무용 부동산의 수요는 줄어들 가능성이 커진다.

이미 이런 변화들이 나타나고 있다. 미국 경제일간지 〈월스트리트 저널〉에 따르면 트위터는 직원 대부분이 무기한 재택근무를 할 수 있도록 했다. 또한 캐나다에 본사를 둔 IT서비스업체인 오픈텍스트 OpenText는 코로나 사태 이후 세계적으로 두고 있던 120개의 사무실 가운데 절반 이상을 없애기로 했다. 또한 뉴욕의 미디어회사인 스키프트Skift Inc.는 맨해튼 본사 건물의 리스를 중단하기로 했다.[23]

무엇보다 대표적인 소셜미디어 회사인 페이스북의 마크 저커버그 최고경영자는 직원들이 살인적인 물가에 시달리는 실리콘밸리를 벗어나 살면 집값과 식료품값 등 여러 비용을 낮출 수 있다며 "앞으로 5~10년에 걸쳐 직원의 절반가량이 원격근무를 할 가능성이 상당히 클 것으로 짐작한다"고 말하기도 했다.[24] 이 같은 조치들은 코로나 여파로 기업의 재정 상황이 악화된 측면도 있지만, 의도치 않은 대규모 스마트 워크 실험 결과가 성공적이었던 측면도 크다.

이렇게 되면 상업용 또는 업무용 부동산시장이 위축되고 여기에 투자했던 많은 기관투자자들이 타격을 받을 수 있다. 한국의 국민연금공단이나 한국투자공사 등을 포함해 많은 글로벌 연기금과 보험회사들은 전 세계 대도시의 건물 매입에 막대한 돈을 투자했다. 꾸준한 수요가 있을 것으로 예상했기 때문이다. 실제로 미국의 9.11테러 직후나 2008년 금융위기 이후 중앙집중화된 대도시의 상업용 및 사무용 부동산에 대한 수요가 줄어들 것이라는 일부의 예측은 빗나갔다. 하지만 코로나 사태로 상당수 기업들의 업무 방식이 달라지고 사무실 공간에 대한 수요가 줄어들면서 이 같은 전제는 다시 의문에 휩싸이게 됐다. 일례로, 워런 버핏은 2020년 버크셔 해서웨이 연례 주총에서 "사무실 공간에 대한 수요와 공급은 상당히 바뀔 수 있다. 세상에 변화가 일어나면 우리는 적응해야 한다"고 말하기도 했다.[25]

물론 코로나 사태가 진정되면 많은 기업들은 여전히 예전처럼 회사에서 일하게 될 것이다. 한국의 대다수 기업들도 코로나 사태가 진정되면서 과거처럼 회사 건물에서 일하는 것을 여전히 선호하고 있다. 직원들이 회사의 목표와 문화를 잘 전파하고, 좀 더 원활한 정보 공유와 커뮤니케이션이 가능하고, 직원들의 근무를 관리할 수 있다는 생각 때문이다. 실제로 한 공간에서 함께 일하는 것은 많은 장점이 있는 것도 사실이다.

하지만 뜻하지 않게 재택근무나 스마트 워크를 대규모로 실험해본 상당수 기업들이 부분적으로나마 스마트 워크 방식 도입을 채택할 가능성은 예전보다 훨씬 커졌다. 실제로 롯데 계열사들은 2020년 5월부터 일주일에 직원들이 원하는 하루는 재택근무를 할 수 있도록 했다.

이런 흐름은 장기적으로는 주택시장에도 영향을 미칠 것이다. 재택근무자들에게는 출퇴근 시간이 중요하지 않다. 도심에 있는 회사에서 일하더라도 주거는 멀리 떨어진 외곽, 더 나아가서 지방으로 내려갈 수도 있다. 건강에 대한 관심이 높아지면서 공기의 질을 비롯한 환경을 중요하게 생각하는 사람들이 많아지면 인구의 도시 집중이 완화되는 효과가 나타날 것이다. 또한 재택근무자들에게는 주거가 업무 공간이기도 하므로 업무에 집중하기에 좋은 주택 구조를 원하는 수요가 많아질 것이다. 거기에 걸맞는 '홈오피스 가구' 수요도 늘어날 것이다.

국제적인 업무의 스마트 워크화에 코로나가 미치는 영향은 굳이 말할 필요도 없을 것이다. 각국이 국경을 봉쇄 또는 대폭 제한하고 국제선 항공편이 거의 마비 상태에 빠지면서 대면 자체가 불가능한 상황에 놓이게 됐다. 이메일은 물론이고 화상 회의, 메신저를 사용한 대화는 이제 국제 업무에 있어서 필수이다. 기업들은 국경 봉쇄가 완화된다고 해도 언택트로 대체할 수 있는 해외 출장은 시간과 비용을 고려하여 줄일 가능성이 높다.

공유경제와 플랫폼경제,
위기 혹은 기회

코로나 사태는 공유경제sharing economy에도 심각한 타격을 안겼다. 우선, 우버는 2020년 1분기에 29억 달러(약 3조 5,409억 원)의 손실을 기록했다. 우버는 당초 2020년 말까지 흑자 전환을 목표로 했지만 코로나 사태가 터진 뒤 다시 적자로 수정했다. 미국 데이터 분석회사 세컨드 메저SecondMeasure에 따르면 코로나가 대유행하던 2020년 3월 우버서비스 결제액은 전월 대비 83%나 감소했다.

우버의 라이벌이라 할 수 있는 리프트는 2020년 1분기 매출이 14% 증가했지만 손실이 29억 달러(3조 5409억 원)로 무려 190% 증가했다고 밝혔다. 에어비앤비는 2020년 상장 계획을 접고 비용 절감과 긴급 자금 충당에 나섰다. 2020년 매출목표도 지난해의 절반 수준으로 낮춰 잡았다. 또한 8억 달러(약 9,800억 원) 규모의 마케팅 예산을 줄이기로 했다.[26]

〈뉴욕타임스〉는 2020년 5월 7일 코로나 백신이 나올 때까지는 우버와 리프트, 에어비앤비가 흑자로 전환하기 힘들 것으로 전망했다. 봉쇄조치가 해제되어 사람들이 일상으로 복귀하고 여행이 일부 재개된다고 해도 코로나 사태 이후 업무와 여행 행태가 바뀌면서 공유경제에 타격을 줄 것이라고 보았기 때문이다.[27]

이러한 상황은 대량 감원으로 이어지고 있다. 우버는 2020년 5월 고객지원과 인사 부문을 대상으로 전체 직원의 약 14%인 3700명을 해고한다고 밝혔다. 리프트도 전 직원의 17%에 해당하는 982명을 해고한다고 밝혔으며, 에어비앤비도 전체의 약 25%인 1900명을 해고하겠다고 밝혔다.

이처럼 코로나 사태로 많은 사람들이 외부 활동을 줄이는 한편 다른 사람이 사용한 어떤 것도 공유하길 꺼리는 상황이 됐다. 당연히 공유경제 서비스들의 수요가 급감하고 이들 기업들의 실적이 악화하는 것은 충분히 예상할 수 있는 문제다. 그런데 코로나 사태가 끝나고 나면 어떨까. 그때는 공유경제 업태별로 영향이 다를 것이다.

코로나 종료 후 공유경제

우선 에어비앤비와 같은 공유숙박업체는 코로나 사태가 발발하지 않았을 때에 비해 장기적으로 수요가 크게 줄어들 것으로 보인다. 일단 코로나 사태 이후 여행이 가능해지면 '보복 소비' 차원에서 여행 수요가 일시적으로 급증할 수는 있다. 하지만 장기적으로는 국가 간의 검역 강화나 감염병 취약 지역으로 인식되는 일부 국가들에 대한 여행 제한 또는 금지가 강화될 가능성이 높다. 사람들도 이제 위생이나 보건 안전이 충분히 확보되지 않은 낯선 나라를 여행하는 것에 이전보다 더 불안감을 느낄 수 있다. 이에 따라 국제적인 여행 수요는 코로나 사태가 발발하지 않았을 때에 비해서는 줄어들 가능성이 높다. 설사 여행을 간다고 해도 위생과 방역 문제를 확신할 수 없는 에어비앤비와 같은 공유숙박보다 호텔 등 체계적으로 관리되는 숙박시설을 선호할 가능성이 높아질 것이다. 다른 한편 자신의 주거공간 일부를 낯선 사람들에게 내주기를 꺼리는 호스트들도 늘어날 것이다. 결국 에어비앤비를 활발히 이용할 호스트와 게스트 양쪽 모두가 과거보다 줄어들 가능성이 높다. 따라서 에어비앤비와 같은 공유숙박 플랫폼은 코로나 사태가 종식되더라도 한동안 타격을 받게 될 것으로 보인다.

위워크와 같은 사무공간 공유업체도 부정적 영향을 오랫동안 받을 것으로 보인다. 위워크는 코로나 사태 기간 중에 위워크 사무실을 빌려 쓰던 한 기업의 직원이 코로나로 확진을 받으면서 공간을 나눠쓰던 다른 기업 직원들도 떠나는 사태를 겪었다. 코로나 사태가 끝나더라도 사람들은 이제 낯선 사람들과 거리낌없이 공간을 나눠 쓰는 것에 대한 부정적 태도가 강해질 수 있다. 더구나 앞에서 본 것처럼 향후에는 화상회의나 원격근무 등을 실시하는 기업들이 늘어날 가능성이 높다. 그런 시대에는 굳이 사무실을 공유할 필요성도 낮아질 것이다.

반면 우버나 리프트와 같은 공유차량 플랫폼은 조금 다를 수 있다. 대중교통을 이용할 경우 다수의 타인과 접촉할 가능성이 높기 때문에 사람들이 우버와 같은 이동수단을 상대적으로 선호할 가능성이 있다.

하지만 공유숙박과 마찬가지로 여전히 차량 내의 위생과 방역 문제에 대해서는 우려가 남을 것이다. 호텔 체인과 에어비앤비의 관계처럼 사람들은 차량 소독과 방역에 관한 한 개인 우버 기사보다는 택시회사들을 더 신뢰할 가능성이 높다. 이 경우 사람들은 코로나가 발발하지 않았던 과거에 비해서는 상대적으로 우버나 리프트보다 택시를 좀 더 선호하게 될지도 모른다. 그런 면에서 공유경제라고 할 수는 없으나 한국의 카카오택시(카카오T)와 같은 서비스는 오히려 더욱 활성화될 수도 있다. 이처럼 코로나가 공유차량 사업에 미칠 영향은 좀 더 복합적이고, 불분명하다.

어떤 업종에 속하든 유형자산을 공유하는 서비스를 제공해온 기업들은 코로나 사태로 새로운 숙제를 떠안게 됐다. '위생과 안전을 확보하면서 어떻게 자원을 공유할 것인가' 하는 것이다. 특히 주거나 사무공간을 공유하는 비즈니스모델을 근간으로 하는 공유경제업체들은 더욱 큰 고심에 빠지게 됐다. 이들 기업들의 상당수는 기존 비즈니스 모델로 이익을 내지 못해 추가적인 투자금에 의존해 적자 운영을 해왔는데, 코로나는 이 같은 흐름을 더욱 악화시킬 수 있다. 특히 위워크의 경우 지난해부터 경영 악화가 심각하다는 사실이 드러나면서 사업의 지속성에 큰 의구심이 일었다. 이런 상황에서 코로나로 회복하기 어려운 타격을 입으면 파산으로 이어지는 암울한 시나리오도 배제할 수 없다.

수혜를 입는 공유경제 사업

반면 같은 공유경제 사업이라고 하더라도 공유주방의 경우는 오히려 수혜를 입을 수도 있다. 공유주방은 음식사업 분야 창업자를 대상으로 주방 공간을 빌려주고 각종 사업지원 서비스를 연결하는 공유경제 사업이다. 공유주방은 식품이나 외식 창업에 필요한 초기투자 비용을 10분의 1 수준으로 크게 낮출 수 있다. 또한 주방공유 서비스를 이용하는 창업자들은 식품이나 음식을 파는 별도의 매장을 소유하지 않고 온라인으로 홍보하고 주문을 받아 배달하는 사업을 주로 한다. 이 때문에 온라인 음식 주문과 배달이 늘어날 포스트 코로나 시대에 더욱 각광을 받을 것으로 보인다.

또한 공간이나 차량 등 유형자산을 공유하는 경제에 비해 사람들이 기술과 지식, 능력, 시간 등을 공유하는 사업 분야는 포스트 코로나 시대에 오히려 더욱 활발해질 수 있다. 앞에서 소개한 언택트 경제에 가까운 서비스들이 많기 때문이다. 예를 들어 '우버잇츠'나 '쿠팡잇츠' '배민커넥트'처럼 여유 시간이 있는 사람들이 배달원으로 일할 수 있도록 하는 공유경제서비스는 더욱 활성화될 수 있다. 실제로 코로나 사태로 우버가 대규모 적자를 기록하는 동안 식품배달서비스인 우버잇츠 매출은 전년동기 대비 14% 증가했다. 언택트의 흐름에 부합하는 공유 플랫폼경제는 오히려 코로나 사태가 기회가 될 수 있는 것이다.

이런 가운데 일부에서는 공유경제의 시대가 가고 오히려 고립경제isolation economy의 시대가 온다고 주장하기도 한다. 마케팅회사 브리지스인사이트의 창업자 쿠마르 메타는 〈포브스〉 기고문에서 사람들이 집이든 차량이든 컨퍼런스룸이든 모든 것을 공유하기 꺼리는 시대에 화상회의 앱인 줌이나 OTT서비스인 넷플릭스와 같은 서비스들이 고립경제를 상징한다고 주장한다.[28] 배달, 홈엔터테인먼트, 원격서비스, 5G통신서비스, 보안서비스 등 갈수록 정적으로 변하는 소비자들에게 가치를 제공하는 사업들이 번창할 것이라고 전망했다. 또한 사업성이 없어서 적자에 허덕이던 공유경제에 투자하던 투자자들도 이제 고립경제를 지원하는 벤처로 투자를 전환할 것이라고 전망했다.

이 같은 전망이 그대로 실현될지는 더 지켜봐야 하겠지만, 한 가지 확실한 것은 있다. 코로나 이후의 공유경제는 그 이전과는 상당히 달라질 것이라는 점이다.

환경 규제:
미국의 길 vs 유럽의 길

코로나 이후의 환경 문제에 관해서는 상반된 2가지 전망이 있다. 한쪽 방향은 '악화'다. 코로나로 망가진 경제를 부양하기 위해서 각국은 규제 완화를 선택할 가능성이 높고, 여기에는 환경 관련 규제도 포함될 것이라는 것이다. 각국의 많은 기업들도 정부에 규제 완화를 요청하고 있다.

미국은 이미 여러 환경규제를 완화시켰다. 미국 교통부는 2020년 4월 1일부터 자동차 제조 업체들이 달성해야 할 연비 수준을 2025년까지 갤런당 54.5마일(23.2km/L)에서 2026년까지 갤런당 40.4마일(17.2km/L)로 낮췄다. 중국 또한 경제 활성화를 위해 환경보호세 납부 연기, 환경 위법 행위자에 대한 미처벌, 배출시설 시정 기한연장 등 환경 규제 완화 조치를 채택하려는 징후들이 나타나고 있다.

하락한 유가 역시 환경 악화를 부채질할 수 있다. 규제와는 별개로, 내연기관의 연료 비용이 낮아지면 그만큼 전기자동차의 상대적 경쟁력이 떨어질 수 있기 때문이다. 전기자동차는 내연기관에 비해서 가격이 비싸고 주행거리나 충전 시간에 약점이 있지만 저렴한 에너지 비용을 강점으로 가지고 있다. 그러나 유가 하락에 따라 휘발유나 경유 가격이 내리면 이 장점이 퇴색될 수 있다.

반면 앞으로 환경문제에 더 관심을 가지게 될 것이라는 전망도 있다. 코로나로 사람들이 이동을 자제하고 공장이 멈추자 대기의 질이 뚜렷하게 개선되는 것을 체감했기 때문이다. 중국의 경우 올초 이산화탄소 배출량이 25% 감소하면서 337개 도시의 '공기 좋은 날' 비율이 전년 대비 11.4% 증가했다. 유럽에서도 코로나 확산으로 전국 단위, 혹은 지역 단위 봉쇄령이 내려졌던 이탈리아, 프랑스 등에서 이산화질소 배출이 줄어들고 대기가 맑아진 모습들이 위성사진을 비롯한 각종 자료를 통해서 사람들에게 선명하게 각인됐다. 전 세계 탄소배출량의 23%는 운송에서 나오는데, 이 중 자동차가 72%, 항공이 11%를 차지하고 있다. 항공 운항이 대폭 감소하고 자동차를 이용한 이동이 뜸해지면서 탄소배출이 감소하고 대기질이 개선된 것이다.[29]

물론 감염병 유행이 진정되고 봉쇄가 풀리면서 이동 제한이 완화되고 공장 가동이 재개되면 탄소배출량은 다시 증가할 것이다. 해외여행을 못 갔던 사람들의 억눌린 욕구가 분출될 수도 있다. 그러나 이번 사태로 인해 사람들이 건강과 안전에 더 관심을 가짐으로써 결국에는 환경 문제에도 더 관심을 가질 것이라는 분석도 있다.

스웨덴 룬드 대학교에서 지속가능성의 과학을 연구하는 킴벌리 니콜라스는 영국 BBC 방송에 다음과 같이 말했다. "지금 바깥에 나가지 않는 사람들은 가족들과 시간을 보낸다는 것의 가치를 제대로 느끼고 있으며 무엇이 진짜 우선순위인지에 주목하고 있을 것이다. 현재의 위기를 통해 이러한 우선순위가 얼마나 중요한지를 깨달을 수 있다. 이를 통해 사람들은 가족과 친구, 공동체의 건강과 안녕에 삶의 초점을 둘 수 있다."[30]

코로나 사태로 자동차 판매량이 90%나 줄어드는 상황에서도 전기자동차의 판매량은 덜 줄어들었다는 점도 눈여겨 볼 만하다. 예를 들어, 삼성증권 보고서에 따르면 2020년 4월 유럽 내 전기차 판매량은 3만 2533대를 기록했는데, 이는 전년 동기의 3만 9608대보다 -17.8% 감소한 것이었다. 하지만 같은 기간 내연기관을 포함한 전체 자동차 판매량이 -80%였던 점을 감안한 것과 비교하면 매우 선방한 수치였다. 이에 따라 유럽 지역 내 전기차 판매비중은 2020년 1월 8%에서 13%로 대폭 늘어났다. 특히 영국의 이 비중은 같은 기간 6%에서 34%까지 급증하기도 했다.[31] 비록 전체 자동차 판매량과 비교하면 전기자동차는 여전히 미미한 상황이지만 고객의 충성도는 확실히 더 높은 모습을 보여주고 있으며, 위기 속 전기차의 약진은 대중들에게 전기차의 존재감을 더욱 강력하게 보여주고 있다.

경기 부양을 위한 환경 규제 완화, 그리고 인간의 활동이 지구 환경에 어떤 영향을 미치는지를 보여주는 명백한 증거, 이 2가지 상반되는 방향 중 어느 쪽이 더 우세할지는 예단하기 힘들다. 현재로서는 환경문제에 무관심한 것으로 유명한 트럼프 행정부가 이끄는 미국과 녹색당이 다수 진출해 기후변화 문제에 적극 대처하려는 유럽의 대다수 국가들은 서로 상반된 방향으로 움직일 가능성이 높다.

그림 2-3 영국의 에너지원별 자동차 판매량 증감율(2019~2020.04)

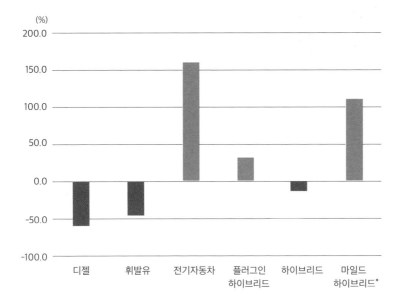

• 마일드 하이브리드: 유럽연합이 인체에 안전한 전압의 상한선으로 규정한 48V 규격의 배터리를 장착한 하이브리드 차량
출처: 영국자동차제조무역협회 자료를 인용 선대인경제연구소 작성.

한국의 경우 문재인 정부가 코로나 사태 이후 매우 적극적인 '그린 뉴딜' 정책을 추진하고 있다. 이에 따라 한국은 대체로 환경규제를 강화하는 한편 신재생에너지와 전기차 등 미래 자동차 산업을 촉진하는 방향으로 움직일 것으로 보인다. 세부적인 내용에서는 평가가 다소 다를 수 있지만, 큰 틀에서는 다행스러운 움직임이다.

같은 사태를 겪고도 어떤 교훈을 얻는가는 사람마다 다르듯이 기업이나 국가마다 역시 다를 것이다. 그럼에도 불구하고 코로나 사태로 건강에 대한 관심이 높아진 사람들은 장기적으로는 환경 문제에 더욱 적극적인 관심을 보일 것이다. 또 그렇게 되기를 바란다.

2부

부의 미래와
현명한 투자자

||||||||||||||||||||||||||||||||||||||||||||

인식, 라이프스타일과
투자의 전환

||||||||||||||||||||||||||||||||||||||||||||

WEALTH RESTRUCTURING

거대한 머니 무브:
부동산에서 금융으로

한국은 노인 빈곤율이 매우 높은 나라다. OECD 통계를 살펴보면 흔히 노인으로 분류되는 만 65세를 넘는 인구 가운데 빈곤층(전 국민의 중위소득 대비 절반 이하에 속하는 소득 계층)에 속하는 비율은 2019년 기준 43.8%로 나타난다. OECD 회원국 가운데 압도적인 1위이며 OECD 평균(14.0%)의 3배가 넘는다.

한국의 노인 빈곤율이 심한 이유는 크게 2가지다. 생애소득 기간이 짧고, 복지 인프라가 부족하기 때문이다. 게다가 고령화도 세계에서 가장 빠른 속도로 진행되고 있다. 과거에는 일을 할 수 있을 때 가족들을 부양하면 은퇴 후에는 자녀에게 봉양을 받았지만 이제는 나이가 들어서 자녀들이 봉양해줄 거라고 기대하는 사람들은 별로 없다.

그런데 OECD의 〈한눈에 보는 연금 2017 Pensions at a Glance 2017〉 보고서에 따르면 한국의 실제 은퇴연령은 72세로 OECD에서 가장 늦

그림 3-1 65세 초과 인구의 상대 빈곤율(2019)

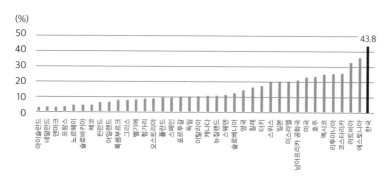

출처: OECD 빈곤율 지표를 바탕으로 선대인경제연구소 작성.

게 은퇴하는 것으로 나타났다. OECD 평균 65.1세에 비교하면 7년이나 더 일하고 나서야 은퇴할 수 있다는 것이다. OECD 국가들 가운데 가장 늦은 나이까지 일하면서도 노인 빈곤율은 압도적인 1위다. 왜 이런 모순적인 상황이 발생하는 것일까?

같은 보고서의 데이터를 바탕으로 한국 남성의 실제 평균 은퇴연령에서 명목 은퇴연령을 빼보면 한국은 11년으로 나타난다. 2위 멕시코가 6.6년이므로 한국이 월등한 OECD 1위다. 다른 나라에 비해 '법으로 정해진 은퇴연령'과 '실제로 일을 그만두는 은퇴연령'의 격차가 가장 큰 나라라는 뜻이다. 통계청의 2019년 5월 '경제활동인구조사 고령층 부가조사'에 따르면 55~64세 취업 유경험자들 가운데 가장 오래 다닌 직장에서 퇴직한 평균연령은 49.4세였다. 물론 이 가운데는 자발적으로 이직한 경우도 있겠지만, 직급별 정년에 걸리거나 명예퇴직 등의 형식으로 사실상 떠밀려 퇴직한 경우가 절반을 넘을 것이다. 한국의 법적 정년은 60세로 정해져 있지만, 여전히 대다수 민간기업 직원들은 이런저런 이유로 50대 초중반에는 퇴직해야 하는 게 현실이다.

이런 식으로 가장 오래 다닌 직장에서 퇴직한 후 재취업을 하거나 자영업에 나서는데, 재취업한 일자리는 오래 다녔던 직장보다 소득이 낮을 가능성이 크다. 자영업 역시 어렵다. 국가통계포털의 '기업생멸 행정통계'에 따르면, 가장 최근 조사자료인 2017년 기준 신생기업의 1년 생존율은 65.0%, 3년 생존율은 42.5%, 5년 생존율은 29.2%였다. 신생기업 가운데 3분의 1가량이 1년 안에 문을 닫고, 5년 후까지 살아남을 확률은 30%에도 미치지 못했다는 것이다. 은퇴 후 가진 자금을 털어서 자영업에 나섰다가 망해서 노후대비는커녕 빚더미에 올라앉는 사람들이 많다.

한국의 경우 안정적인 정규 직장에서 일하는 기간은 상대적으로 짧고, 그 기간 동안 모을 수 있는 노후자금도 부족한 경우가 많다. 정규 직장 퇴직 후 자영업 등을 통해 얻는 소득도 신통치 못하거나 오히려 퇴직금을 까먹기 일쑤다. 이처럼 버는 것도 적은데, 자녀들의 사교육비 등 교육비 부담도 크다. 결국 늦은 나이까지 청소부나 아파트 경비원과 같은 허드렛일을 하면서 부족한 노후자금을 마련해야 하는 상황인 것이다. 그렇게 해서도 노후자금이 부족해 OECD 국가들 가운데 노인 빈곤율이 가장 높은 나라가 돼버린 것이다.

한국인의 자산구조

한국인들의 자산구조도 노인 빈곤율을 높이고 있다. 금융투자협회의 '2014 주요국 가계 금융자산 비교'에 따르면 한국 가계는 실물자산(부동산이 거의 대부분을 차지한다)의 비중이 평균 75.1%로 나타나는 반면, 금융자산은 4분의 1에 불과하다. 반면 미국은 70.7%가 금융자산이며 다른 주요국들과 비교해도 한국 가계의 실물자산 비중이 월등히 높다.

이러한 추세는 최근에도 비슷하게 나타난다. 2019년 통계청 '가계금융복지조사'에 따르면 한국 가계의 자산 종류별 비중은 금융자산 24.5%, 실물자산 75.5%로 2014년 통계와 엇비슷하게 나타나고 있다. 특히 연령대가 올라갈수록 실물자산 쏠림 현상이 강하게 나타나서 60세 이상은 실물자산에 81.2%가 몰려 있다. 노후자산의 거의 대부분이 부동산에 몰려 있는 셈이다.

그렇다면 금융자산은 어떻게 구성되어 있을까? 전체 현금과 예금이 자산의 절반을 넘는 일본 다음으로 한국 가계의 현금과 예금의 비중이 높다. 현금과 예금은 금융자산이라기보다는 그냥 현금을 들고 있거나 은행에 저축하고 있는 것이다. 예금 이자가 붙는다고 해도 인플레이션을 감안하면 그냥 현상 유지를 하는 정도이거나 아니면 조금씩 손해를 보는 것이나 마찬가지다. 즉 한국인들은 '투자'라고 하면 주로 부동산 투자를 생각하고 나머지는 대부분 현금으로 들고 있거나 저축하는 것에 그치고 있다. 금융자산에 투자해 자산을 늘린다는 인식은 낮은 편이다. 부동산은 처분하지 않으면 돈이 되지 않는다. 나이 들어 집 한 채 가진 게 전부인 가계는 다른 소득이 별로 없으면 빈곤 상태에 빠지기 쉽다. 이것을 노인 빈곤율이 높은 이유 가운데 하나로 볼 수 있다.

이 같은 가계 자산구조는 노후세대의 소득 구조에도 영향을 미친다. 핀란드나 스웨덴 등과 같은 복지국가에서는 정부가 재정으로 가계 소득을 보조하는 공공이전소득 비율이 거의 80%에 이른다. 상대적으로 복지 수준이 낮다는 미국도 이 비율이 38%가량인 반면 한국은 20% 정도에 불과하다. 한편 미국은 퇴직연금을 통한 투자나 금융자산에서 발생하는 자본소득이 노후 소득에서 30% 이상 차지한다. 한국은 자본소득 비중도 20% 수준에 불과하고 60% 이상을 근로소득에 의존하고 있다. 즉 공공이전소득이나 자본소득이 부족해 늦은 나이까지 청소부나 아파트 경비원과 같은 저임금 비정규 노동에 종사하면서 생계를 이어가고 있는 것이다.

집값 상승률 vs 주가 상승률

이처럼 한국은 핀란드처럼 정부가 노후를 책임져주는 것도 아니고, 미국처럼 금융자산을 활용해 추가적인 자본소득을 올리지도 못한다. 그야말로 부동산에 올인하는 구조다. 과거처럼 부동산 가격이 계속 올라줘 앞선 세대의 부동산을 다음 세대가 더 비싸게 사줄 수 있다면 문제가 없다. 하지만 시간이 갈수록 그렇게 되기 어렵다. 최근 몇 년간 서울 중심의 집값 상승세로 많은 이들이 '역시 재산 증식에는 부동산이야'라는 인식을 가질지도 모르겠다.

하지만 〈그림 3-2〉에서 보는 것처럼 전국과 서울의 아파트 매매가 상승률을 살펴보면 추세적으로 낮아지고 있음을 확인할 수 있다. 그

그림 3-2 전국 및 서울의 주택 매매가 추이(%)

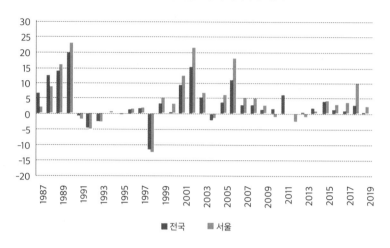

출처: 국민은행 주택 매매가 자료를 바탕으로 선대인경제연구소 작성.

뿐만 아니라 일반적인 통념과는 달리 거의 모든 시기별로 주가 상승률이 주택 매매가 상승률보다 높았다.

예를 들어 2008년 금융위기의 직접적 여파가 일단락된 것으로 여겨지는 2010년 1월 이후부터 2020년 5월(이 책을 쓰는 시점 기준으로 집 값이 고점을 찍은 시기이기도 하다)까지 전국과 서울의 아파트 매매가 상승률은 각각 27.2%, 18.5%에 그쳤다. 서울의 매매가 상승률이 전국 상승률보다 낮아서 실수가 아닌가 의심하는 분들이 있을 텐데 사실이다. 최근 5년간 서울 집값 상승세가 높기는 했으나, 서울 집값은 2013년 상반기까지는 하락세를 보였다는 점을 기억해야 한다.

반면 코스피와 코스닥 주가는 2010년 1월 이후 가장 최근 고점을 찍은 시점(각각 2017년 11월과 2018년 4월)까지의 상승률이 각각 50.6%

와 64.3%에 이른다. 10년 내 집값이 고점을 기록했을 때 상승률보다 주가상승률이 2배가량 더 높은 것이다. 이 책을 쓰는 시점 현재 가장 최근 주가인 2020년 6월 11일 주가를 기준으로 하더라도 코스피와 코스닥 상승률이 28.3%와 43.4%로 집값 상승률에 결코 뒤지지 않는다. (서울 강남 아파트의 가격 상승률은 이보다 더 높다는 지적이 있을 수 있다. 그러나 그런 식이면 주가 상승률 상위 5%의 주가 상승률이 훨씬 더 높다. 단적으로 삼성전자 주가는 2010년 1월 첫 거래일 주가를 기준으로 2020년 2월에 377%의 주가 상승률을 기록하기도 했다. 더구나 서울 강남지역 아파트에는 상대적으로 거액의 자금을 가진 사람들만 투자할 수 있지만, 주식 투자는 누구든 참여해 투자하는 규모에 비례해 수익을 올릴 수 있다.)

물론 잘 알다시피 '빚내서 집 사라' 정책으로 불붙은 서울 중심의 부동산시장 상승세는 문재인 정부 들어서도 지속됐다. 이미 부동산시장이 과열된 상태였기 때문에 문재인 정부는 임기 초부터 과감하게 부동산시장에 제동을 걸어야 했다. 그런데도 문재인 정부는 3년 내내 '핀셋규제'라는 명분으로 찔끔대책을 남발하면서 투기세력의 내성을 키웠다. 아파트 분양광고라는 이해관계가 걸린 상당수 언론들의 왜곡보도 때문에 많은 이들이 착각하지만 문재인 정부 3년이 지나도록 대출 규제와 재건축 및 분양시장 규제, 그리고 보유세 수준 등은 노무현 정부 후반기에 비해 여전히 완화돼 있는 상태다. 단적으로 문재인 정부 들어와서 몇 차례나 종합부동산세를 강화한다고 했지만, 노무현 정부 시절 처음 설계했던 종부세 안으로 걸을 수 있는 세수의 절반에도 미치지 못한다. 또한 이 정부는 실거래가 상승률을 상당폭 상회하는 수준으로 공시가격을 올린 적이 없다.

한편으로는 집값 상승의 주원인을 다주택 투기에서 찾으면서도 다주택 투기자들에게 임대사업등록제라는 '조세피난처'를 활짝 열어주었다. 문재인 정부 부동산대책의 약발이 제대로 먹히지 않았던 대표적인 이유였다. 이런 가운데 컨트롤타워 역할을 해야 하는 청와대 안에 제대로 된 부동산정책 전문가도 없이 국토교통부에서 파견된 관료들에 의존해야 했다. 또한 기획재정부는 2018년 지방선거 직후 종부세를 '종이호랑이'로 만들어 서울 집값 폭등을 자극했고, 김현미 국토교통부 장관이 추진한 분양가상한제조차 끊임없이 흔들어댔다. 사실상의 '모피아 사보타주'였다. 이런 식이다 보니 코로나 사태 이후 더욱 낮아진 금리와 막대하게 풀린 유동성의 힘이 주택시장을 한동안 더 밀어 올릴 가능성도 없지 않다.

하지만 달도 차면 기우는 법이다. 2014년 이후 서울 집값이 너무 가

그림 3-3 전국 및 서울의 아파트 실질 가격(1986.01~2020.05)

출처: 한국은행 및 국민은행 주택매매가 자료를 바탕으로 선대인경제연구소 작성.

파르게 올라서 〈그림 3-3〉에서 보는 것처럼 물가상승률을 반영한 실질 주택 가격 기준으로 10여 년 전 정점기를 넘어설 정도여서 가격 부담이 매우 커진 상태다. 주식이든 부동산이든 자산시장의 가장 큰 리스크는 높은 가격 그 자체라는 것을 감안하면 투자 관점에서는 결코 매력적인 시점이라고 보기 어렵다.

자산증식 방법이 달라져야 하는 이유

이런 가운데 생산가능인구 감소와 고령화, 저출산 추세가 날이 갈수록 가속화하고 있다. 앞에서 설명한 것처럼 이미 경제의 주축이 되는 생산연령인구는 2016년부터 감소로 돌아섰고, 인구 자연감소도 2020년부터 시작될 가능성이 거의 확실하다. 향후 세계에서 가장 빠른 속도로 고령화와 인구감소로 치닫게 되는데, 이는 필연적으로 주택 수요의 감소와 노후세대의 기존 주택 공급이라는 '2중의 수급 충격'으로 이어진다. 특히 노후세대가 자신이 살던 기존 주택을 노후자금 마련을 위해 주택시장에 내놓게 되는 기존 주택의 물량공급 효과가 2025년 이후 매년 10만~15만 호 수준에 이를 것으로 예상된다. 이 같은 노후세대의 기존 주택 매물 출회는 이후 수십 년 동안 지속되게 된다. 빠르게 고령화하고 젊은 인구가 줄어들기 시작하는 한국 사회에서 앞 세대가 내놓은 부동산을 뒷 세대가 사주는 구조는 점점 지탱하기 힘들어진다.

최근 몇 년간 막대한 부채를 동원한 집값 상승 흐름 때문에 인구구

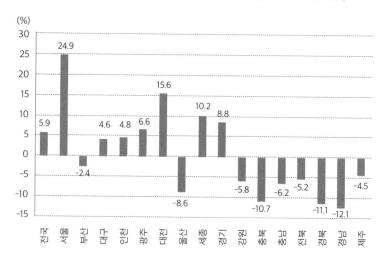

그림 3-4 문재인 정부 출범 이후 아파트 매매가 등락률(2017.05~2020.05)

출처: 국민은행 주택매매가 자료를 선대인경제연구소 작성.

조가 부동산시장에 미치는 영향을 과소평가하는 이들이 많다. 하지만 이미 생산가능인구 감소로 대학이 통폐합되고, 군입대자 수가 급감하며, 가임기 여성도 줄어드는데 주택 수요만 계속 증가할 수 있을까.

최근 몇 년간 서울 중심의 집값 상승세에 언론 보도가 집중되어 많은 이들이 착각하고 있지만, 실제로는 〈그림 3-4〉에서 보는 것처럼 수도권과 대전, 세종 정도를 제외한 대부분 지방의 집값은 하락세를 보이거나 상승세가 과거에 비해 크게 줄었다. 한편으로는 지방에서도 도농 간의 격차가 나타나고 있는데, 이는 '지방소멸' 현상에 따라 과거 일본에서 나타난 흐름이기도 하다. 언론에서는 이를 '집값 양극화'라고 표현하지만 지방의 경우 지역 경제 악화와 인구감소 현상 등으로 집값 약세가 장기화하는 지역이 늘고 있다. 물론 이들 지역의

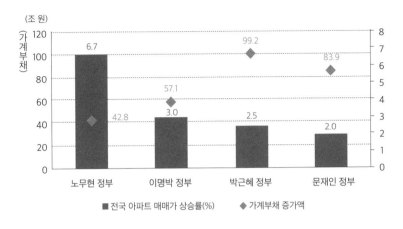

그림 3-5 정권별 연평균 가계부채 증가액과 아파트 매매가 상승률 비교

정권별 임기의 차이에 따른 비교의 형평성을 맞추기 위해 연평균 수치로 나타냈음.
출처: 한국은행과 국민은행 자료를 바탕으로 선대인경제연구소 작성.

경우 2015~2016년 무렵까지 상대적으로 상승세를 보인 지역들이 많아 가격 조정을 겪고 있다고 볼 수도 있다.

하지만 〈그림 3-5〉에서 보는 것처럼 전국 기준 아파트 가격 상승률은 큰 흐름에서 계속 하향세를 보이고 있음을 알 수 있다. 최근으로 올수록 저금리 추세가 강화됐고, 특히 2014년 이후 '빚내서 집 사라' 정책에 따라 사상 최대의 주택담보대출 폭증을 동반했는데도 이정도라면 향후에 어떻게 될까. 적어도 과거처럼 집값이 급등하는 상황이 펼쳐지기는 어렵게 될 것이다.

인구구조 측면에서 우리보다 15~20년가량 빨랐던 일본 가계의 자산구조 변화도 시사하는 바가 크다. 원래 일본도 부동산 상승기에는 실물자산의 비중이 금융자산 비중보다 훨씬 컸다. 하지만 1990년대 버블 붕괴 후에는 일본 가계의 자산구조도 크게 변화해 이제는 금융자산과 실물자산의 비중이 6대4 정도로 바뀌어 버렸다. 한국이 일본을 똑같이 따라가지는 않는다고 하더라도 향후 부동산시장이 점차 위축되고 저금리가 고착되면 금융자산 비중이 커질 수밖에 없다.

특히나 2040세대는 부모세대처럼 부동산으로 자산 증식을 하기 어려워지는 시대로 접어들기 때문에 자연스레 금융자산으로 자산을 축적해야 할 가능성이 커진다. 당연히 금융자산을 잘 운용할 수 있는 금융지능을 키워야 함은 물론이다. 시대가 달라지고, 세대가 달라지면, 당연히 자산증식 방법도 달라져야 한다.

더구나 부동산은 초기 진입을 위해 필요한 자금 규모가 주식보다 훨씬 크다. 과연 지금의 2040세대 중에 많은 빚을 떠안지 않고도 집을 살 수 있는 여력이 되는 사람이 몇 %나 될까?

반면 주식은 부동산에 비해 적은 돈으로도 시작할 수 있다. 나이가 젊다면 더 적은 돈으로 시작해도 긴 기간 동안 투자해서 자산을 불려나갈 수 있다. 그런 점에서 특히나 2040세대는 부동산보다는 주식을 중심으로 금융지능을 높여야 한다. 적어도 예전처럼 모든 자산을 부동산에 올인하는 구조는 매우 위험하다.

그렇다면 주식으로 부동산만큼, 혹은 그보다 높은 수익을 거둘 수 있을까? 부동산 투자보다 리스크도 적고 수익도 만족스러운 주식 투자가 가능할까? 하는 의문이 들 것이다. 아무리 부동산 투자의 문제점을 이야기한들 다른 투자 대안들이 부동산 투자보다 못하다면 의미가 없다. 나는 그게 충분히 가능하다고 생각하고, 구체적인 방법은 5장에서 자세히 설명하겠다.

금융상품 가입자에서
직접 금융수익을 올리는 투자자로 변신하라

금융자산을 어떻게 관리하고 있는지 물어보면 많은 사람들은 어떤 금융상품에 가입해 있는지 이야기한다. 예금이나 적금을 활용하는 사람들도 있고, 보험에 가입해 있다는 사람도 있다. 펀드와 같은 간접 투자 상품에 가입한 이들도 있고 ELS, DLS와 같은 금융파생상품에 가입한 사람들도 있다. 언론에 주로 소개되는 재테크 관련 정보들도 대부분은 금융상품 소개에 맞춰져 있다. 그런데 유심히 살펴보면 이러한 금융상품에 관한 정보들의 출처는 금융업체들인 경우가 많다. 심지어 금융업체들이 자사의 상품을 위주로 자산을 관리하라고 권유하는 내용을 기사로 그럴 듯하게 포장한 경우도 많다.

전통적으로 돈을 모으는 방법으로는 은행권의 적금을 많이 애용한다. 과거에 금리가 높았던 시기, 특히 예금 금리가 인플레이션을 앞서던 시기에는 좋은 방법이었다. 안전하게 돈을 지킨다는 측면에서는 일정 금액(현재는 5,000만 원)까지 원금과 이자를 보호할 수 있다는 점에서 여전히 많은 사람들이 선호하는 수단이다. 문제는 지금은 저성장과 저금리의 시대이고, 앞으로도 이 흐름을 벗어나기는 어렵다는 점이다. 이런 저금리가 지속되면 실질금리가 1%에도 못 미치거나 심지어 물가상승률에도 미치지 못하는 마이너스 실질금리가 될 수도 있다. 오히려 적금하면 돈의 가치가 줄어들 수도 있다는 얘기다. 그런 면에서 은행 적금을 이용해 돈을 모은다는 것은 거의 불가능에 가까워졌다.

보험

보험을 주요한 수단으로 사용하는 사람들도 많다. 특히 우리나라에서는 보험 사랑이 유난한 편이다. 그런데 보험은 본질적으로는 자산증식 수단이 아닌 위험 보장 상품이다. 즉 사망이나 중상, 질병 등으로 인한 위험이 발생할 리스크에 대비하기 위한 상품이다. 바꿔 말하면 위험이 발생하지 않으면 납입한 보험료는 경제적으로는 아무런 도움도 되지 않는다. 내가 가입한 보험으로 이득(?)을 보려면 나에게 나쁜 일이 닥쳐야 한다. 만기에 보험료를 환급해주는 상품도 있지만 사업비를 공제하고 이자가 전혀 없기 때문에 실제로 불입한 보험료보다 훨씬 적은 돈만 돌려받을 수 있을 뿐이다. 따라서 보험은 혹여나 발생할 수 있는 큰 위험에 대비하기 위해 비용을 지불하는 것으로 생각해야지, 이를 자산증식 수단으로 생각하면 곤란하다.

이른바 '저축성 보험'이라는 것도 있지만 그 경우에도 금리 측면보다는 비과세 혜택이 중심이다. 저축성 보험도 보험이기 때문에 기본적으로 약간의 위험 보장을 하며, 그에 따라 위험 보장 보험료와 사업비를 제한 나머지만 저축으로 적립하기 때문이다. 그나마도 10년 이상을 유지해야 비과세 혜택을 받을 수 있는데, 보험의 10년 유지 비율은 30% 남짓에 불과하다. 나머지 70%는 비과세 혜택도 보지 못하고 보험을 해지한다. 보험을 중도 해지하면 기간에 따라 원금도 다 돌려받지 못하는 것도 문제다. 사실 저축도 보험도 제대로 되지 않는 어정쩡한 상품이라고 보면 된다.

간접투자와 파생금융상품

그렇다면 투자는 어떨까? 금융투자로 사람들이 주로 가입하는 상품으로는 펀드나 변액보험과 같은 간접투자 상품, 그리고 ELS(주가연계증권)와 DLS(파생결합증권. ELS가 주가 수준에 연계해 수익률과 리스크가 정해지는 상품인데 비해 DLS는 주가 이외에 금리, 유가, 금 가격 등과 연계한 상품이다)를 비롯한 파생금융상품이 있다. 펀드 중에서도 특히 적립식 펀드는 가입자들이 적금처럼 매월 돈을 적립함으로써 모이는 기금을 자산운용사에서 주식, 채권, 현물을 비롯한 여러 가지 대상에 투자한 다음, 수수료를 뺀 수익을 분배하는 방식이다. 투자전문가가 돈을 굴리니까 일반인보다 나을 것이라고 생각하지만 실제로는 그렇지 못한 펀드가 수두룩하다. 3년, 5년 수익률이 코스피 지수 상승률만도 못한 펀드가 수두룩하고 마이너스 수익률을 기록하는 펀드 역시 많다. 1년에 몇 번씩 펀드매니저가 바뀌는 상품이 드물지 않은데, 이런 펀드들의 수익률이 좋기 어렵다.[1] 이러다 보니 해가 갈수록 펀드 가입자의 수도 줄어들고 있다.

변액보험은 투자금의 일부(전부가 아니라는 점에 유의해야 한다)를 펀드에 넣어서 운용하는 방식이다. 일부 보험설계사들은 '보험사에서 판매하는 펀드'라는 식으로 홍보하기도 했지만 본질적으로는 보험이기 때문에 역시 보험의 장단점에서 별로 벗어나지 못하며 역시 위험 보장 보험료와 사업비가 빠진다. 그런 면에서 저축성 보험과 비슷하게 투자도 보험도 제대로 되지 않는 어정쩡한 상품이다.

2019년에 터진 DLF 원금 손실 파동에서 볼 수 있는 것처럼 ELS, ELT를 비롯해서 많은 사람에게는 이름조차 생소한 각종 파생상품에 가입한 사람들도 있다. 은행 금리가 별로 좋지 않고, 증권사의 펀드 수익률도 변변치 않다 보니 많은 이들이 이런 투자상품들의 내용도 잘 모르면서 돈을 맡겼다가 낭패를 보는 경우가 많다. 특히 가입자 유치에 눈이 먼 일부 금융기관들이 리스크에 관한 설명을 안 하거나, 설명은 하되 손실 볼 가능성이 거의 없으니 원금 보장이 되는 것처럼 불완전 판매를 한 사실도 드러났다.

또한 최악의 경우 원금이 100% 손실 날 수 있는 파생상품인데도 수익률이 연 4~5%에 불과하다는 것도 문제다. 즉 손실 가능성은 아래로 활짝 열려 있는데, 수익률은 최대치가 4~5%에 불과한 것이다. 좋은 주식을 잘 골라 장기적으로 투자하면 손실 가능성은 낮은데 수익률은 큰 것과는 정반대 구조다. 이런 금융상품에 굳이 투자할 이유가 있을까.

이렇게 여러 가지 금융상품의 문제점에 관한 이야기를 한 것은 무조건 금융상품에 가입하지 말라는 뜻이 아니다. 다만 코로나 사태가 아니더라도 향후 저성장이 장기화하게 되면 기존 금융상품들로는 제대로 된 노후대비나 자산증식이 어렵다는 점을 말하려는 것이다. 대신 조금만 투자에 대해 관심을 갖고 공부해서 자신이 직접 투자하는 비중을 늘려야 한다.

자신이 직접 투자하는 비중을 늘려라

많은 이들이 집을 사려 할 때는 이미 부지런히 고민하고 발품을 판다. 그런데 금융 투자와 관련해서는 제대로 알아보려고 하지도 않고, 시간도 들이려고 하지 않는다. 그런 경우에 가장 쉬운 선택은 그냥 금융상품에 가입하는 것이다. 금융업체에 가서 서류 몇 개 작성하고, 혹은 인터넷에서 키보드와 마우스로 간단하게 가입하고 돈만 넣으면 끝이다.

주식 투자 역시도 크게 벗어나지 않는다. 스스로 기업의 가치를 알아보고 좋은 종목을 찾으려는 노력을 잘 하지 않는 개인투자자들이 너무나 많다. 주식 투자에 관한 이야기를 하다 보면 자주 듣는 말이 '좋은 종목 찍어 달라'는 식의 요구다. 아마 주식 투자로 성과를 거둔 사람들이라면 주변에서 이런 이야기를 자주 들을 것이다. 그런데 이런 마인드로 주식 투자를 한다면 수동적으로 금융상품에 가입하는 이들과 별반 다를 바가 없다. 그리고 그런 경우에는 대부분 실패한다. 요행으로 수익을 냈다고 해도 향후에도 지속할 수 있는 실력을 키울 수 없다. 그래서 꾸준히 자신이 수익을 낼 수 있는 금융지능과 노하우를 습득할 필요가 있다. 그게 대단히 어려운 게 아니다.

우리는 자본을 위해서 하루의 3분의 1 이상, 잠자는 시간을 빼면 절반 이상의 시간 동안 일을 한다. 그 품의 5~10%만 들이면 자본도 우리를 위해서 일하게 할 수 있다. 주말을 이용할 수도 있고, 일주일에 한두 번, 퇴근 후 1~2시간만 써도 가능하다. 물론 처음부터 바로 되는 것은 아니지만, 꾸준히 1~2년만 노력하면 투자에 대한 안목이 서서히 열리기 시작할 것이다. 그리고 시간이 갈수록 자신감이 붙게될 것이다. 그렇게 되면 금융업체들이 돈을 벌기 위해 만든 상품에 돈만 내는 수동적인 금융 소비자에서 벗어나 직접 수익을 내는 투자자가 될 수 있다. 스스로 투자하면 수동적인 금융상품 구매자보다 장기적으로 훨씬 더 나은 수익을 올리고 경제적으로 윤택한 삶을 살 수 있다.

근면 성실과 저축의 이데올로기에서 벗어나라

1998년 외환위기 전까지 많은 사람들은 근면하게 일하고, 열심히 저축하면 잘 살 수 있다고 믿었다. 당시에는 회사에 한 번 들어가면 웬만하면 정년 때까지 일할 수 있었고, 은퇴 이후의 여생도 지금보다 길지 않았기 때문에 노후자금 걱정도 별로 없었다. 무엇보다도 금리가 높았다. 80년대만 해도 적금상품은 두 자릿수 금리를 제공했다. '근로자재산형성저축(재형저축)'과 같이 정부에서 저축을 독려하기 위해 만든 정책 상품도 있었다. 이 상품은 기본 금리도 10%로 높았지만 여기에 법정장려금이라는 정부 지원금이 붙어서 이자가 14~17%에 이르렀다.

그런데 지금은 은행 적금 금리가 두 자릿수는커녕 2% 금리도 찾아보기 어렵다. 정기적금 금리는 외환위기 전까지만 해도 10%를 넘었지만 2000년대 이후로는 계속 하락하는 추세를 보여왔다. 소비자물

그림 3-6 은행 정기적금 평균 금리와 소비자물가 등락률 추이 비교

출처: 한국은행 경제통계시스템 자료를 바탕으로 선대인경제연구소 작성.

가등락률도 대체로 비슷한 흐름을 보여왔는데, 특히 과거에 비해 적금 금리와 물가등락률의 차이가 거의 사라지고 있다. 때로는 금리가 물가등락률에도 못 미치는 상황이 벌어지기도 한다. 은행에서 제시하는 명목금리에서 물가등락률을 빼면 실질금리가 나온다. 만약 명목금리가 물가등락률보다 낮을 경우에는 실질금리가 마이너스가 되는데, 이 경우엔 은행에 적금을 넣고 있으면 오히려 물가등락률을 감안한 돈의 가치는 줄어든다는 뜻이다.

이 같은 저금리 시대에 과거처럼 적금을 부어 충분한 자금을 모으기는 어렵다. 열심히 일하고 꾸준히 저축해서 돈을 모은다는 것은 과거 고금리 시대에나 통하던 낡은 이데올로기다. 외환위기 이전 적금 금리가 10%를 넘던 시절, 그리고 한국이 고성장을 지속하며 임금수준과 가계소득이 빠르게 늘어나던 시절의 이야기다. 60~70대 이상

2부 부의 미래와 현명한 투자자

의 부모님 세대에 통하던 방식을 지금 세대가 따라하면 낭패 보기 십상이다.

사회생활을 갓 시작한 청년들 가운데는 막연히 정기적금을 붓는 것으로 미래를 준비하고 있다고 생각하는 이들이 많다. 부모님들에게 '부지런히 저축해야 한다'는 과거의 경험담에서 나온 이야기를 듣고 자랐고, 투자에 관해서는 거의 배울 기회가 없다 보니 그렇게 하는 것 같다. 심지어는 3% 수준의 대출 이자를 물면서 2%도 안되는 정기적금을 계속 부어나가는 20대를 본 적도 있다. 나는 젊은 세대의 후배들에게 가급적 저축하지 말라고 권한다. 대신 투자에 대해 일찍 배우라고 한다. (이때 말하는 투자는 주로 주식 투자를 의미하는데, 이유는 뒤에서 설명하겠다.) 저축은 투자로 하는 것이며, 현명한 투자는 일반적인 저축보다 훨씬 더 효과적이고 돈을 빨리 불릴 수 있는 저축이기 때문이다.

왜 고금리 시대에는 통하던 방식이 저금리 시대에 통하지 않을까? 저축으로 돈을 모으는 속도를 비교해보면 된다. 이를 쉽게 알 수 있는 '72법칙'이라는 것이 있다. 금리(또는 수익률) 수준에 따라 원금이 2배 되는 데 걸리는 기간을 계산하기 위한 어림법인데, 72를 금리로 나누면 된다. 예를 들어, 금리가 10%일 때는 원금이 2배가 되는 기간은 7.2년(72/10=7.2)이다. 그런데 금리가 2%일 때는 36년(72/2=36)이 된다.

그런데 금리 효과는 여기에서 끝나지 않는다. 복리효과를 생각해야 한다. 예를 들어, 10% 금리로 돈을 2배로 불린 사람은 가만히 있겠는가. 다시 같은 방식으로 돈을 불릴 것이다. 이에 따라 7.2년 만에 돈을 2배로 불린 사람은 7.2년 후에 다시 2배로 돈을 불릴 수 있다.

이런 식으로 돈을 불려나가면 36년 후에는 2^5=32배가 된다. 반면 2% 금리로 저축하면 36년이 지나야 원금이 겨우 2배가 된다. 금리는 5배 차이지만 36년 후에 모이는 돈의 규모는 16배나 차이가 나는 것이다. 최초의 원금이 1억 원이었다면 10% 금리로는 36년 후에 32억 원을 모을 수 있었지만, 2% 금리로는 2억 원만 모을 수 있는 것이다. 이게 단순히 가상의 예가 아니라 외환위기 이전과 현재의 금리 수준을 이해하기 쉽게 비교한 것이다.

더 나아가 물가상승률을 감안해본다면 2% 금리는 돈의 가치로 보면 실질적으로 불어나는 게 거의 없다. 금리에서 물가상승률을 뺀 실질금리는 차이가 더 크다. 1999년 2월의 실질금리는 8.94%였지만 2020년 4월에는 1.32%에 불과하다. 이를 72법칙에 대입해보면 원금이 2배로 불어나는 데 각각 8.05년과 54.5년이 나온다. 지금의 실질금리로는 사회에 진출하는 20대 후반에 돈을 넣어도 원금의 가치가 2배가 되려면 80세를 넘겨야 한다.

그런데 이런 저금리 추세는 쉽게 바뀌지 않을 것이다. 사실 '저성장=저금리=저물가'는 짝을 이루고 있기 때문이다. 한국경제의 저성장 구조가 고착화되는 시대에 금리만 올라가기는 어렵다. 실제로 지난 10년간 은행권 평균 예금금리는 2%에도 못 미쳤는데, 코로나 사태 이후로는 금리가 더욱 낮아지게 생겼다. 당장 한국은행이 2020년 5월 28일에 기준금리를 0.5%로 낮췄고, 시중 은행들도 발 빠르게 예금금리를 낮췄다. 예를 들어 KB국민은행의 국민수퍼정기예금 금리는 1년 만기 0.6%, 3년 만기 0.75%로 내려갔다.

1,000만 원을 3년간 맡겼다고 가정할 때 세금을 공제하고 난 이자

는 19만 원에 불과하다. 이래서야 물가상승률을 따라잡기도 힘들어 은행에 돈을 맡길수록 실질적인 돈의 가치는 오히려 줄어든다고 봐야 한다. 지금과 같은 저금리 시대에는 저축으로 돈을 불린다는 생각은 버리는 게 좋다. 은행계좌는 잠시 돈을 맡겨 놓는 곳일 뿐 돈은 적극적으로 투자해서 불리는 수밖에 없다.

아울러 이제는 '근면 성실의 이데올로기'에서도 벗어나야 할 때다. 한국 사회에서는 근면 성실의 이데올로기가 깊이 뿌리 박혀 있다. 1970년대에 시작된 새마을운동의 기본정신 가운데 하나가 '근면'이었다. 실제로 근면한 것이 그 자체로 잘못된 것은 아니다. 또한 현재의 60~70대 이상 부모님 세대들이 근면 성실하게 일하신 덕분에 오늘날 대한민국이 이처럼 경제적으로 잘 사는 나라가 됐다.

하지만 과거에 '근면 성실'은 박정희 정권 이후 노동억압적인 방식으로 경제 성장을 이루면서 '근로자'(그냥 노동자가 아니라 '근면하게 일하는 노동자'라는 뜻의 근로자라고 지칭할 정도였으니 말 다했다.)들이 자본을 위해 찍소리 말고 열심히 일하라는 압력으로 작용했다. 한편으로는 앞에서 설명한 것처럼 고성장 고금리 시대이다 보니 열심히 일해서 늘어난 소득으로 저축하면 기본적인 부를 축적할 수 있었기에 대다수 국민들도 이를 받아들인 측면도 있다. 또한 컨베이어벨트에서 물건을 만들어내는 노동자들의 모습에서 상상할 수 있듯이, 노동의 투입량에 따라 산출물이 늘어날 수 있는 노동집약적, 자본집약적 시대였다. 일하는 시간에 비례해 생산량이 늘어나던 산업구조를 갖고 있었으니 '근면 성실'은 과거에는 통하던 이데올로기가 맞다.

하지만 이제 시대가 변했다. 저금리 저성장 시대이고, 스마트팩토리와 자동화 프로그램이 단순반복 업무를 대신하는 시대다. 장시간 과로노동보다는 재충전과 여유 시간에서 생겨나는 기획력과 창의력을 중시하는 시대다. 이런 시대에 과거와 같은 의미의 '근면 성실' 이데올로기는 더 이상 통하지 않는다. 더구나 근면 성실하게 일하는 흙수저 젊은이가 건물주의 자녀로 태어난 금수저를 도저히 따라갈 수 없다는 걸 우리는 생생하게 목격하고 있다. 이에 따라 '근면 성실'의 이데올로기는 점점 효력을 상실하고 있고, 이미 젊은 세대가 이를 거부하고 있다. 흔히 말하는 '소확행'을 챙기는 라이프스타일이나, 어차피 저축으로 돈을 모을 수 없는 시대에 일어난 '가상화폐 투기'도 그런 측면을 반영하는 흐름이다.

그렇다고 오해는 하지 말기 바란다. 사회적으로 성공했다고 인정받는 사람들 가운데는 근면하고 성실한 사람들이 많다. 그리고 나는 열심히 일하고 노력하는 사람이 잘 살 수 있는 사회를 원한다. 내가 '땅값 집값을 낮추고 사람값을 높이자'라고 계속 부르짖는 이유도 부동산을 통한 불로소득보다는 사람들의 노동소득을 높이는 경제가 건전하고 지속가능한 경제라고 믿기 때문이다. 하지만 건물주와 같은 불로소득자들이 땀 흘려 일하는 노동소득자들보다 일반적으로 더 잘 사는 게 현실이다.

사실 토마 피케티가 《21세기 자본》에서 설명했듯이 소득 격차보다 자본에 의한 격차가 점점 더 커지고 있는 게 21세기 자본주의 불평등 구조의 핵심이다. 이 같은 불평등 구조를 완화하기 위한 사회적 노력이 뒤따라야 하지만, 대다수 일반인들이 사회경제적 구조의 변화만을 바라보며 살 수는 없다. 개인들도 그런 사회적 노력에 동참은 하되 한편으로는 주어진 현실 속에서 스스로 경제적인 안정과 자산 증식을 모색해야 한다.

생애주기와 부의 주기를 디커플링하라

 여러 언론이나 책 등을 통해 우리는 생애주기에 따라 자산 배분과 관리를 달리 해야 한다는 얘기를 자주 접하게 된다. 사회생활을 시작해 돈을 벌기 시작할 때부터 시작해 연령대별로 벌게 되는 소득 규모에 따라 자산 관리를 달리 해야 한다는 것이다. 이와 관련한 기사나 자료들은 생애주기에 따른 자산 관리의 주기를 대체로 다음과 같이 나눈다.

주기	연령대	특징
자산형성기	30대 중반까지	사회에 진출하고 돈을 벌기 시작하는 시기
자산증식기	30대 중반~40대 중반	수입이 늘어나서 돈이 본격적으로 모이는 시기
자산보존기	40대 중반~50대 이후	은퇴를 대비한 자산을 준비해야 하는 시기

생애주기의 각 단계에 어떤 식으로 자산을 관리해야 할 것인가는 자료마다 다르다. 어떤 자료는 자산형성기에는 돈을 모으는 습관을 들이고 투자를 위한 종잣돈을 만드는 단계이므로 조금씩이라도 적금과 같은 안전성 위주의 상품으로 돈을 모아 나가고, 자산증식기에는 중위험 중수익 상품의 비중을 늘리라고 권한다. 반면, 어떤 자료에서는 자산형성기에는 설령 투자로 손해를 보더라도 만회할 기회가 있으므로 고위험 고수익을 중심으로 하다 자산증식기로 가면서 안전성 위주로 자산 비중을 확대할 것을 권한다. 어느 쪽이든 자산보존기에는 안정성에 초점을 맞추라고 한다. 또 금융업체들의 금융상품에 가입할 것을 권하는 것 또한 비슷하다.

그런데 이렇게 생애주기에 맞춰서 자산을 모으고 관리한다는 통념은 우리의 현실과 맞을까? 일단 우리가 생각하는 생애주기의 전제조건은 사회에 진출하고 시간이 지날수록 수입이 많아지므로 돈이 모이는 속도가 점점 빨라진다는 것이다. 그런데 현실을 보면 대체로 수입이 늘기는 하지만 지출도 늘어난다. 결혼하는 과정에서 많은 돈을 지출하고, 결혼 이후에는 자녀 양육비와 교육비, 생활비, 주거비 지출 등이 점점 늘어난다. 현실의 50대는 가진 건 집 한 채에 여전히 자녀 교육비 부담과 다 갚지 못한 주택담보대출에 허덕이는 경우가 허다하다.

〈그림 3-7〉을 보면 우리나라 가계는 연령대가 높아질수록 총자산 가운데 실물자산 비중은 늘어나고, 금융자산 비중은 상대적으로 적은 것을 알 수 있다. 총자산이 가장 많은 50대조차도 평균 금융자산은 1억 2,600만 원 정도로 40대보다 오히려 약간 적다. 평균값은 상

그림 3-7 가구주 연령별 자산 및 부채 평균(2019)

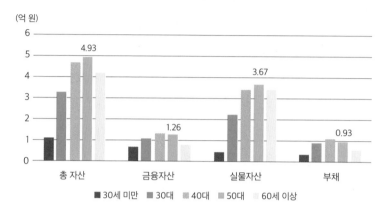

출처: 가계금융복지조사 자료를 바탕으로 선대인경제연구소 작성.

대적으로 소수의 자산가가 크게 부풀릴 수 있다. 평균값 대신 중앙값(여기서는 전체 통계대상 가운데 중간에 위치한 가계의 자산 규모)을 기준으로 살펴보면, 50대의 총자산은 약 3억 원이며, 금융자산에서 금융부채를 뺀 순금융자산은 1,380만 원에 불과하다. 50대 가계의 절반은 이보다 사정이 더 나쁘다는 뜻이기도 하다. 이런 상황에서 노후를 맞이하면 결국 실물자산(대부분 가계의 경우 거주하는 집일 것이다)을 처분해서 노후자금을 마련할 수밖에 없다. 지금 살고 있는 집을 팔고 더 싼 집이나 전월세로 옮겨가거나 주택연금에 가입하는 것이다.

50대의 평균 실물자산은 3억 6,702만 원이다. 만 60세에 시가 4억 원 주택으로 주택연금에 가입하면 종신으로 월 59만 5,000원을 받을 수 있다(2019년 3월 4일 개정 요율 기준). 달리 모아놓은 노후자금이 많지 않은 경우라면, 국민연금과 합쳐 기본적인 생활은 가능하겠지만 돈

걱정 없는 편안한 노후생활과는 거리가 있다.

또한 향후 인구구조나 급속한 기술 변화에 따른 산업의 부침에 따라 생애주기별 수입이나 지출에도 많은 변화가 생길 것이다. 지금까지는 대체로 사회에 진출하면 시간이 지날수록 수입이 계속 올라서 50대 초반에는 정점에 다다르는 것이 일반적인 패턴이었다. 앞으로도 과연 그럴까? 연공서열식 급여 체계는 앞으로 점점 약화할 가능성이 높다. 정년은 늘어날 수 있지만 임금피크제를 도입하는 사업장이 늘어나기 때문에 일정 시점에서는 회사에 다니고 있는 기간에도 수입이 오히려 줄어들 수 있다. 그나마 정년이라도 채우고 퇴직하면 다행이지만, 그조차도 점점 힘들어지는 게 현실이다. 이런 상황에서 노후자금을 모으기는 쉽지 않다.

이러한 우울한 노후 시나리오에서 탈출하려면 생애별 자산관리 방법을 기존의 통념과는 달리해야 한다. 여기서 특히 '중요한 두 시기'는 1) 20대 후반~30대와 2) 일반적으로 다니던 정규직장에서 퇴직 후인 50대 중반 이후 10여 년이다. 일반적인 생애주기별 자산관리 관점에서는 1)의 시기에는 수입이 많지 않으니 본격 투자에 앞선 준비기로 보고 2)의 시기에는 수입이 크게 줄어드는 시기여서 노후대비를 위한 자산을 보존하는 시기로만 본다. 하지만 이런 식의 접근으로는 경제적 안정을 확보하기 어렵다.

그럼 이 두 시기에 무엇을 어떻게 바꿔야 할까.

20대 후반~30대(27~39세)

20대 후반~30대의 10여년 동안 가급적 일찍 투자에 적극적으로

나서는 것이 좋다. 그렇다고 모험적이거나 투기적인 투자를 하라는 것이 아니다. 당연히 과도한 빚을 내서 투자해서도 안 된다. 지금까지는 부동산 투자가 자산 증식과 노후대비의 기본 공식처럼 여겨져 왔다. 그에 맞춰 생애주기별로도 20~30대까지는 집을 마련하기 위한 저축을 하라는 식의 권유가 많았다. 하지만 현실에서는 오르는 집값을 쫓아가지 못하는 젊은 세대가 대부분이고, 설사 겨우 집을 마련했다고 해도 무거운 대출 부담을 지게 되는 경우가 허다하다. 오히려 '내 집 마련'의 의욕이 꺾이면서 자산 증식을 아예 포기하는 젊은이들도 늘어난다.

하지만 금융지능을 잘 익히면 소액으로도 얼마든지 투자할 수 있고, 자산을 늘려갈 수 있다. 예를 들어 몇 년 전까지 노후대비용으로 인기를 끌었던 수익형 부동산 투자 이상의 수익을 안정적으로 올릴 수 있는 고배당주 투자법도 있다. 똘똘한 고배당주들을 골라서 장기적 관점에서 투자하면 거액의 목돈이 없더라도 수익형 부동산을 능가하는 수익을 차곡차곡 쌓아갈 수 있다. (자세한 내용은 5장에서 소개한다.)

일찍부터 투자에 나서서 좋은 방법을 익히면 그렇지 않은 사람과 10년, 20년 후에는 차이가 엄청나게 벌어진다. 매년 10%의 투자 수익률을 올리는 사람과 매년 1~2%의 금리로 저축한 사람의 차이를 비교해보자. 연 10%의 수익을 올릴 수 있는 사람은 5년 뒤에는 원금의 1.6배, 10년 후에는 약 2.6배, 20년 후에는 6.7배, 30년 후에는 무려 17.4배로 늘어난다. 반면 연 1%의 은행금리에 만족하는 사람은 30년이 지나도 원금의 1.5배도 불리지 못한다. 여기에서 중요한 것은 복리효과는 투자기간이 길면 길수록 눈덩이처럼 커진다는 점이다. 당연히 젊어서부터 좋은 투자법을 익혀서 연평균 10%의 수익을 내는 기간이 길어지면 매우 풍족한 노후를 맞이할 수 있다. 그래서 일찍부터 투자를 적극적으로 시작하라는 것이다.

그리고 투자는 젊어서만 하거나 일정한 시기에만 하라는 것이 아니다. 주식 투자 같은 것은 잘 배워놓으면 PC나 모바일상의 버튼 누를 힘만 있으면 웬만큼 나이가 들어도 할 수 있다. 오히려 경험치나 세상을 보는 통찰력이 쌓여 더 유리할 수도 있다. 다만 얼마나 적극적으로 투자하느냐 여부와 투자자산의 규모나 비중만 연령대별로 달라질 뿐이다. 정년퇴직 후 그동안 모아놓은 투자자산을 활용해 매년 웬만한 급여생활자보다 더 많은 연봉을 벌 수 있다면 훌륭한 노후 대비가 될 수 있다. 그게 쉬운 일일까 묻는 독자들이 많겠지만, 이렇게 생각해보라. 20대 후반부터 투자에 대해 제대로 배워서 투자를 시작했다면, 50대 초반에 10억 원 정도의 자산을 모으는 것은 크게 어려운 일이 아니다. 10억 원의 투자자산으로 그동안 해온 대로 연간 10%의 수익을 내면 매년 1억 원의 수익이 발생한다. 투자 수익으로만 억대 연봉자만큼 벌 수 있는 것이다.

많은 사람들이 어느 정도 돈이 모인 다음, 즉 흔히 말하는 자산증식기가 돼야 본격적으로 투자를 시작할 수 있다고 생각한다. 절반은 맞고, 절반은 틀린 말이다. 흔히 '돈이 돈을 번다'고 하듯이 돈이 어느 정도 모이면 자산이 훨씬 빨리 불어나기에 절반은 맞는 말이다. 그런데 돈을 어느 정도 모으는 과정도 투자를 통해서 하는 것이 훨씬 효과적이다. 즉, 돈을 모으는 것도 투자로 해야 하므로 어느 정도 돈이 모여야만 투자할 수 있다는 생각은 절반은 틀린 말이다. 주식을 비롯한 금융 투자는 빚지지 않고 소액으로도 시작할 수 있기 때문에 굳이 생애주기를 따질 필요 없이 일찍 시작할 수 있고, 일찍 시작할수록 좋다. 따라서 20대 후반 이후 10여 년간 열심히 투자에 대해 배우고, 투자하면서 자산을 충분히 불릴 수 있다.

50대 중반 이후(53~65세)

이제, 또 하나 중요한 시기인 50대 중반 이후 10여 년 시기에 대해 생각해보자. 이 시기는 일반적으로 정규직장에서 퇴직하는 50대 초중반에서 국민연금을 수령하게 되는 60대 전반까지의 약 10여 년간이다. 한국인의 일반적인 생애주기에서 이 시기는 노후의 삶을 좌우하는 가장 중요하면서 위태롭다. 이 시기에는 다른 일을 하지 않으면 일반적으로 정규 직장에 다닐 때에 비해 수입이 급감한다. 반면 여전히 위로는 봉양해야 할 부모가 있고, 아래로는 여전히 학업 중이거나 취업하지 못한 자녀들을 부양해야 하는 부담이 남아 있는 경우가 흔하다.

결국 많은 이들이 고민 끝에 자영업을 차리는 경우가 많고, 실패하는 경우도 흔하다. 이때 재취업하거나 꾸준히 수입이 생기는 자영업을 꾸리거나 현명한 투자를 통해 자산소득을 올리지 못하면 노후의 경제생활이 그만큼 힘들어진다. 평균수명이 늘어나 60대 이후에도 20~30년간 살아야 하는데, 웬만큼 많은 노후자금을 모아놓지 않는 한 20~30년간을 벌어놓은 돈만으로 안정적으로 살기는 어렵다. 인생에서 매우 중요한 퇴직 후 10년인 셈이다.

따라서 적어도 60대, 많게는 70대 중반까지는 일하면서 수입을 얻을 수 있는 자신만의 일거리를 만들거나 필요한 역량을 그 전에 갖추는 것이 좋다. 그렇다고 청소부나 주유원 알바 등 저임금 일자리를 찾으라는 뜻이 아니다. 지금 하고 있는 일의 전문성을 노년기에도 활용할 방법을 모색하거나 노년에도 아쉽지 않은 수입을 올리는 사람들의 사례들을 참고해서 기술이나 지식을 틈틈이 쌓아 두는 것도 필요하다.

그런데 50대에 퇴직을 눈앞에 두고서야 이런 준비에 나서는 이들이 많다. 그때면 이미 늦다. 퇴직 이후의 삶이 길어진 만큼 준비하는 기간도 길어야 한다. 늦어도 퇴직하기 10년 전인 40대 중반부터는 퇴직 후 10여 년간 어떤 일을 할 것인지 미리 준비해야 한다. 직장을 벗어나서도 자립적으로 가치를 인정받을 수 있는 역량과 전문성을 축적하고, 자신의 기존 업무와 관련한 사업 아이디어를 발전시키고 인적인 네트워크를 쌓아둬야 한다.

특히 대기업에서 오랫동안 일하다 퇴직한 사람들은 자신의 능력을 과신하는 것을 경계해야 한다. '내가 그래도 대한민국에서 알아주는 ○○기업의 간부 출신인데 어떻게든 되겠지'라는 식의 막연한 생각은 버려야 한다. 많은 이들이 자신이 근무하던 기업의 자원과 브랜드네임이 자신의 역량인 줄 착각한다. 하지만 해당 기업의 배경 없이 자신만의 홀로서기는 결코 간단한 게 아니다.

그럴 수 있는 사람과 그렇지 않은 사람의 차이는 얼마나 오래 전부터 준비해왔느냐에서 갈린다. 예를 들어 내가 진행하는 〈선대인TV〉의 단골 출연자였던 이종우 전 IBK투자증권 리서치센터장의 경우 오래전부터 언론에 국내외 경제나 증권시장 흐름 등과 관련된 칼럼을 기고해왔다. 이 전 센터장의 경우 그런 실력을 인정받아 퇴직 이후에도 많은 방송에 불려다니고, 6~7개 이상의 언론사에 매주 기고를 한다. 이 전 센터장처럼 오래전부터 기고를 하면서 여러 언론사들로부터 인정을 받은 경우와 퇴직 이후에야 기고를 하려는 경우, 어느 쪽의 성공 확률이 높겠는가. 답은 자명하다. 그런데 현실에서는 미리 준비하는 이들이 많지 않다. 내로라하는 증권사에서 고액 연봉을 받다가 퇴직한 사람들 가운데 관련 전문성을 발휘하며 퇴직 후에도 소득을 올릴 수 있는 사람은 극소수다. 물론 고액 연봉으로 많은 자산을 축적해둔 경우라면 문제가 없지만, 그렇지 않은 사람들이 많다는 게 문제다.

지금까지 설명한 것처럼 기존의 생애주기에 맞춘 자산관리나 소득주기를 바꿔야 한다. 그런 점에서 20대 후반부터 30대까지 좋은 투자법을 익혀서 적극 투자에 나서고, 50대 중반 이후 10년간 괜찮은 수입 흐름을 만들기 위한 준비를 미리 하는 것이 중요하다. 이 두 시기를 잘 보내거나 준비한다면 경제적으로 훨씬 풍족하고 안정적인 삶을 보낼 수 있을 것이다.

사교육과 스펙 투자의 배신, 유일함이 답이다

한국 가계의 자산구조 측면에서 가장 큰 문제가 과도한 부동산 편중 현상이라면, 현금흐름 측면에서 가장 큰 문제는 과도한 사교육비다. 국가통계포털에서 〈초중고 사교육비 조사〉 결과를 살펴보면 2019년을 기준으로, 학생 1인당 사교육 비용은 월평균 32만 1,000원으로 나타난다. 초등학생 29만 원, 중학생 33만 8,000원, 고등학생 36만 5,000원이며, 지역별로 보면 광역시는 1인당 평균 31만 원, 서울은 45만 1,000원으로 나타난다.

그러나 이러한 수치는 현실을 제대로 반영하지는 못한다. 이 통계는 평균치이므로 아예 사교육을 받지 않는 사람들도 포함되기 때문이다. 더구나 드라마 〈SKY캐슬〉에 나오는 부유층의 경우 사교육에 많은 돈을 쓰지만 조사에 응하지 않는 경우가 많고, 응답한 가계들도 사교육비를 실제보다 줄여서 응답하는 경우가 많다.

이런 점을 감안하고, 앞의 조사 결과를 살펴보면 사교육 참여율이 전국 단위로는 74.8%, 서울은 80.0%로 집계된다. 이를 반영해서 사교육을 받는 학생만으로 계산해보면 전국 월평균 사교육비는 41만 4,000원, 서울은 56만 3,000원에 이른다. 또한 월 50만 원 이상을 쓴다는 응답은 전국으로는 24.2%지만 서울은 37.6%이며, 70만 원 이상을 쓴다는 응답은 전국으로는 12.0%지만 서울은 23.4%로 나타난다. 만약 자녀가 두 명이라면 월 100만 원 이상의 사교육비를 쓰는 가계도 흔할 것이다.

이렇게 수입의 상당 부분을 사교육비로 지출하는 이유는 자녀가 이른바 '좋은 대학'에 진학할수록 '좋은 직업'을 가질 가능성이 높다고 보기 때문이다. 자녀의 더 나은 미래를 위해 투자하는 개념으로 사교육비를 쓰는 것이다. 많은 이들이 사교육비를 많이 쓸수록 대학입시 경쟁에 유리하다는 판단을 하는 것 같다. 그런 판단이 틀릴 수도 있지만, 일단은 그 같은 판단이 맞다고 치자. 그런데 설사 그렇게 해서 좋은 대학을 보냈다고 쳐도, 그게 길게 봤을 때 자녀의 더 나은 미래를 위해 좋은 투자방법일까.

부모들이 자녀들을 좋은 대학에 보내려는 것도 결국 좋은 직업을 가지게 하려는 욕구 때문이다. 그런데 그런 점에서는 사교육은 부모들의 기대를 배신한다. 사교육은 앞으로 세상이 원하는 인재가 갖추어야 할 자질을 가장 확실하고, 효율적으로 말살하기 때문이다. 생각하는 기계가 인간의 일자리를 대신하는 '제2의 기계시대'에는 기계와 차별화되는 사람만의 능력, 즉 창의성이나 문제 해결 능력, 다른 사람과 협업하고, 소통하고, 공감하는 능력 등이 매우 중요하다. 그런데 사교육은 이 같은 능력을 키우는 데 아무런 도움이 안 될 뿐만 아니라 오히려 방해가 된다. 특히 미래 사회에서는 다른 사람과 함께 일하고 서로 모자라는 것을 채워주는 협업의 중요성이 커진다.

미국의 혁신 기업들 중에는 공동창업이 많다. 구글도 래리 페이지와 세르게이 브린이 공동창업했고, 마이크로소프트는 빌 게이츠 혼자 만든 것처럼 착각할 수 있지만 폴 앨런과 공동으로 창업했다. 애플 역시 초창기에 애플 컴퓨터의 하드웨어를 만든 것은 스티브 잡스와 공동 창업한 스티브 워즈니악이 있었다. 미국의 청소년들은 어려서부터 스포츠나 봉사활동과 같은 다양한 클럽 활동을 통해서 협업과 커뮤니케이션 능력을 키울 기회를 가진다. 각 대학들이 이 같은 활동 경험을 상당히 중요하게 평가한다. 하지만 한국 사회에서는 유독 '동업하면 안 된다'는 인식이 여전히 많이 퍼져 있다. 청소년기에 협업과 커뮤니케이션을 몸으로 익힐 기회가 적기 때문에 사회에 나가서도 협업 능력이 떨어진다.

사교육에 많은 돈을 쓰는 학부모들 중에는 자녀가 의사나 법조인이 되기를 바라는 이들이 많을 것이다. 정말로 자녀가 공부를 뛰어나게 잘해서, 그리고 사교육비가 효과를 발휘해서 의대에 들어간다면 정말로 좋은 미래를 기대할 수 있을까? 하지만 앞으로는 그냥 의사가 되거나 변호사가 된다고 장래가 보장되는 시대가 아니다. 다른 직업과 마찬가지로 그 직업 자체가 성공을 보장해주지 않으며, 어떤 의사, 어떤 변호사냐가 훨씬 중요해진다.

이미 IBM의 왓슨과 같은 인공지능이 인간 의사보다 훨씬 빠르고 정확하게 진단하고 처방할 수 있다. 역시 인간 변호사보다 훨씬 빨리 기존의 법조문과 판례를 찾을 수 있다. 그리고 무엇보다 이들 인공지능은 24시간 내내 쉬지 않고 일할 수 있다. 의사나 변호사가 하는 업무들 가운데 기존의 데이터를 학습해 진행할 수 있는 업무들은 거의 대부분 인공지능이 대체할 수 있다.

그렇다고 인간 의사, 인간 변호사의 역할이 사라지지 않을 것이다. 의사라면 인공지능 로봇에 진단과 처방을 상당 부분 맡기는 대신 환자의 고통에 공감하고, 환자가 적절한 치료를 제때 잘 받을 수 있도록 상담하고 설득하는 능력이 중요하다. 함께 일하는 간호사나 관련 의료진들과 협업하고 리더십을 발휘하는 능력도 중요하다. 기존 수술법이나 치료법의 문제점을 파악하고, 새로운 방법을 기획하고 실행하는 것도 인간 의사만이 할 수 있는 일이다.

또한 변호사라면 의뢰인이 맡기는 사건을 잘 이해하고 적절한 소송 전략을 세우고 재판관과 배심원 등을 효과적으로 설득하는 능력이 중요하다. 이런 일들은 인공지능 로봇이 도저히 할 수 없는 일들이다. 같은 의사, 변호사라도 인공지능 로봇이 대체할 수 있는 일만 할 줄 아는 사람과 인공지능 로봇과 차별화된 인간만의 능력을 갖추는 사람이 확실히 차이나는 시대가 펼쳐질 것이다. 그런데 시험문제 풀이 위주의 사교육은 명문대 진학에는 도움이 될지 모르지만, 기계와 차별화되는 인간의 능력은 오히려 말살시킬 가능성이 높다.

인기리에 방영된 TV드라마 〈슬기로운 의사생활〉에서 한 수련의가 긴박한 상황에서 환자를 어떻게 치료할지 결정하는 일에 자신 없어 하는 장면이 나온다. 시험 문제를 잘 풀면 될 수 있어서 의대에 진학한 그 수련의가 결국 좋은 의사의 핵심능력이 없는 것 같아서 고민을 털어놓는 장면이다. 드라마여서 그 수련의는 그런 고민을 극복하는 것으로 나오기는 한다. 하지만 현실에서 정말 시험 문제만 잘 풀어서, 또는 스펙만 잘 쌓아서 의사나 변호사가 된 사람들 가운데는 향후에 좌절하게 될 사람들이 숱하게 나올 수 있다.

영역은 다르지만, 국내 유수의 한 증권사에서 인사담당 임원으로 일하는 사람의 전언도 궤를 같이한다. 그 임원은 자신들은 몇 년 전부터 'SKY 대학' 출신자들을 잘 뽑지 않는다고 한다. 좋은 대학 출신에 이른바 학점이 좋은 신입사원들을 뽑아봤는데, 어려운 상황이 발생하면 돌파하지 못하고 주저앉는다는 것이다. 대부분 부모 등에 업혀 문제풀이식 교육으로 명문대에 진학은 했으나, 스스로 뭔가를 결정해보거나 문제를 해결해본 경험이 거의 없기 때문이라고 판단했다. 그래서 이후에는 명문대 출신이 아니어도 다양한 활동을 해보거나 자신이 주도해서 뭔가를 해본 이력이 있는 사람들을 뽑았는데, 훨씬 성과가 좋았다는 것이다.

4차 산업혁명과 인구구조의 변화는 우리가 지난 수십 년 동안 경험하지 못한 커다란 변화를 예고하고 있다. 세계경제포럼WEF에서 현재 초등학교에 들어가는 아이들의 3분의 2가량이 사회생활을 시작할 무렵에는 지금 없는 직업을 가질 가능성이 높다고 전망하고 있다. 그런데도 국내 가정의 대부분은 여전히 문제풀이식 사교육으로 과거의 방식을 답습하면서 아이들의 미래를 준비하고 있다는 착각에 빠져 있다. 그렇게 해서 아이들의 미래에 필요한 자질을 없애는데 과도하게 돈을 쓰면서 부모들의 노후마저 위태롭게 하고 있는 것이다.

지금까지 우리 사회는 인생의 정답은 정해져 있으며, 성공을 가르는 기준 또한 정해져 있다는 생각이 지배적이었다. 그러다 보니 우리 아이들이 뭘 잘하는지, 무엇을 원하는지를 묻지 않았다. 대신 사회적으로 획일화된 성공의 기준에 우리 아이들의 적성과 진로를 끼워 맞추려 했다. 아이들이 공부를 잘하면 이과는 의사로, 문과는 법조인으로 내몰았다. 하지만 그런 직업을 향한 경쟁은 매우 치열했고, 경쟁에서 이기기 위한 비용도 지나치게 높아졌다. 그 경쟁에서 그나마살아남는 아이들과 가정은 다행이지만, 그렇지 못한 아이들과 가정은 큰 좌절을 맛봐야 했다. 설사 그 경쟁에서 이긴 아이들도 늘 성공하거나 행복하지도 않다. 〈슬기로운 의사생활〉의 수련의처럼 자신이그 일을 좋아하는지, 잘하는지보다 성적에 맞춰 의사나 변호사가 됐기 때문이다.

자신만의 차별화된 성공기준을 좇아라

이제는 생각을 바꿔야 한다. 핵심은 유일하다고 믿는 사회의 성공기준을 버리고, 우리 아이의 유일함이 무엇인지에 초점을 맞추는 것이다.

최근 10대들에게 가장 인기 있는 직업 가운데는 '크리에이터'가 꼭들어간다. 유튜브나 아프리카TV의 인기 크리에이터들이 벌어들이는 수입은 웬만한 전문직의 연봉을 훨씬 뛰어넘는다. 인기 유튜버들이 과연 사교육과 스펙으로 그런 자리에 올랐을까? 유명한 크리에이터 가운데 한 명인 대도서관은 최종 학력이 고졸이다. 하지만 게임과 영화, 독서를 즐겼던 그는 스토리텔링을 입힌 게임 해설로 많은 인기를 끌었다. 대도서관뿐만 아니라 대다수 유명 크리에이터들은 학벌이나 스펙이 아닌, 자신이 가진 유일함 혹은 최초를 무기로 성공을 거두었다.

'유일함'이란 다른 누구도 하지 못하는 것만을 말하는 것이 아니다. 하찮아 보이는 것을 꾸준하게 파고들어서 성공하는 사람들도 점점 많아지고 있다.

종이비행기 국가대표인 이정욱 씨는 한 방송 프로그램에서 '한 달에 행사 3건만 가도 웬만한 기업에 다니는 사람들의 월급이 나온다'고 밝혔다. 우리가 잘 아는 그 종이비행기를 접어서 말이다. 종이비행기를 못 접는 사람은 거의 없다. 하지만 국가대표가 되어 세계대회에 나갈 만큼 잘 접는 사람도 드물다. 평범한 일이라도 오랫동안 천착해서 장인의 경지, 즉 유일함의 경지에 이른 것이다.

자신이 좋아하는 분야의 커뮤니티를 만들고 성장시켜 사업체로 키운 경우도 있다. 국내 유니콘 기업(기업가치 1조 원 이상인 비상장기업) 가운데 하나인 '무신사'도 지금은 사라진 프리챌이라는 커뮤니티 사이트의 온라인 동호회 커뮤니티에서 시작됐다. '무진장 신발 사진이 많은 곳'이라는 커뮤니티에서 시작해서 웹매거진으로 나아갔고, 이어 인터넷 쇼핑몰로 발전했다. 국내에서 온라인 중고거래시장으로 가장 잘 알려진 '중고나라' 역시 네이버 카페에서 시작했다. 자신이 좋아하는 분야를 중심으로 온라인 커뮤니티를 조직하고, 이를 확대 발전시킨 결과 큰 사업으로 이어진 것이다.

예전 같으면 '유일함'이 있어도 먹고 살기가 어려웠다. 하지만 SNS

와 유튜브와 같은 1인 미디어의 발달로 유일함으로 충분히 먹고 살 수 있는 시대가 됐다. SNS와 유튜브와 같은 플랫폼의 발전은 많은 이들이 자신의 세분화된 욕구를 표현할 수 있고, 그 세분화된 욕구에 부응하는 상품과 컨텐츠를 제공하는 것이 가능한 세상이 됐다. 이른 바 '롱테일의 법칙'이 강력히 작동하는 것이다. 소수의 주요 브랜드와 상품이 시장의 많은 부분을 차지하는 것은 여전하지만, 차별성을 가진 수많은 다수가 일정한 매출과 수입을 올리는 것도 동시에 가능한 시대다.

물론 좋아하는 일을 한다고 모두 성공할 수는 없다. 하지만 좋아하는 일을 하게 되면 열심히 노력하게 되고, 노력하다 보면 잘하게 된다. 어느 단계에서 유일함의 경지에 이를 수 있다. 그 유일함으로 성공할 가능성도 점점 높아지는 시대가 됐다. 이는 우리 아이들의 장래뿐만 아니라 지금의 기성세대가 향후의 커리어 발전을 위해서도 유념해야 한다. 유일한 성공기준을 좇아 다른 사람과 비슷해지지 말고, 자신만의 차별화된 성공기준을 좇아 유일해야 한다.

한 우물을 파지 말고 동시에 여러 일을 하라

대부분의 사람들이 학업을 마친 후에 회사에 들어가고, 정년이 될 때까지 일하다가 은퇴해서 퇴직금과 저축으로 여생을 보내던 시대의 덕목은 '한 우물을 파라'였다. 한 우물만 잘 파면, 즉 자신이 일하는 회사에서 열심히만 하면 먹고 살 걱정은 없었다.

1960년의 평균수명은 52.4세였다. 당시 하위직 공무원이나 일반기업의 정년은 55~61세였으므로 정년도 채우지 못하고 세상을 떠나는 사람들이 적지 않았다는 뜻이다. 1998년 외환위기 이전까지는 대학을 나오면 웬만하면 취업 걱정은 안 하던 시기였고 일단 취업하면 대체로 정년까지는 보장이 됐다. 그러니 한 우물만 열심히 파도 문제가 없었다. 정년퇴직 후에도 여생이 길지 않았기 때문에 퇴직금만으로도 노후를 보내는 데에 문제가 없었다.

하지만 이제 한 직장에 뼈를 묻으라는 말이 통하지 않는 시대가 된지 오래다. 이유는 크게 2가지다.

우선, 한 평생에 걸쳐 안정된 정규직장에서 소득을 버는 기간은 점점 짧아지는 반면 수명 연장으로 소득 없는 노후를 보낼 기간은 점점 길어지고 있다. 2019년 기준 평균수명은 82.7세다. 55세에 정규 직장에서 퇴직한다고 하면 퇴직 이후 평균 27.7년을 더 살아야 한다는 뜻이다. 반면 신입사원들의 평균연령은 점점 올라가고 있다. 취업포털 인크루트에 따르면 대졸 신입사원의 평균연령이 1998년에는 25.1세였는데, 2018년에는 30.9세로 5.8세나 높아졌다.[2] 만약 55세에 퇴직한다고 가정하면, 퇴직까지 불과 25년을 일하지만 퇴직 이후 평균 27.7년을 더 살아야 하는 것이다. 이미 우리는 일하는 기간보다 정년 퇴직 이후 여생이 더 긴 시대에 접어든 것이다. 평균수명이 늘어나고 신입사원 평균연령도 계속 높아지는 추세이므로, 정년퇴직 후의 삶도 점점 더 길어질 가능성이 높다. 이 경우 자신이 목을 매고 있던 정규직장에서 퇴직한 뒤 50대에 괜찮은 수입을 올릴 수 없으면 앞에서 설명한 것처럼 노후가 불안해진다.

한편으로는 한 직장에 평생 뼈를 묻고 싶어도 기업의 평균수명이 짧아져 그러기 어렵게 됐다. 가속화하는 기술 변화에 따라 종래와는 다른 경쟁구도가 순식간에 형성되고 기업들의 부침이 빨라지는 것이 주원인이다. 스마트폰의 고화질 카메라 기능 때문에 필름업계 1위 코닥이 도산하고, 자체 숙박시설을 하나도 갖지 않은 에어비앤비가 호텔업계를 압박하는 시대가 됐다. 이런 흐름 때문에 글로벌 컨설팅 회사 맥킨지 보고서에 따르면 포춘 500에 든 기업들의 평균수명이 1935년에는 90년이었다가 2015년엔 무려 15년으로 줄어들었다. 80

년 만에 기업들의 평균수명이 75년 가까이 줄어든 것이다.[3] 그 사이 사람의 수명은 계속 늘어나고 있다는 점을 감안하면 한 사람의 일생 동안 기업들이 평균 3~4번씩 망하는 시대가 된 것이다.

슬래시 워커의 삶을 권하는 이유

이런 시대에 한 직장에서 한 우물만 파다가는 어느 순간 회사가 망해서 일자리를 잃게 되거나 정년퇴직 후에 새로운 일을 하기 어렵다. 그래서 이제는 '직장=직업'이라는 등식을 버리고 평생에 걸쳐서 최소 여러 번의 직업을 가질 자세를 가져야 한다. 그러려면 특정 직장을 벗어나서도 일할 수 있는 자신만의 콘텐츠와 역량을 축적해야 한다. 물론 그런 콘텐츠와 역량은 하루아침에 만들어지는 게 아니다. 오랫동안 지식과 경험을 축적해야 가능한 일이다. 한편으로는 새로운 흐름을 따라가는 학습을 평생에 걸쳐 게을리하지 말아야 한다.

심지어는 동시에 여러 가지 일을 하는 게 덕목인 시대가 됐다. 이를 가장 잘 나타내는 표현이 '슬래시 효과slash effect'다. 슬래시 효과는 어떤 사람이 명함에 슬래시 표시(/)로 여러 개의 직업을 동시에 나타내는 것을 말한다. 그만큼 동시에 여러 일을 하고 있는 사람들이 많아지고 있는 현상을 반영한다. 이 개념을 처음 제시한 마씨 앨보허부터 미국 변호사, 〈뉴욕타임스〉 칼럼니스트, 작가, 강연자로서의 삶을 살고 있다.

사실 나도 비슷한데, 선대인경제연구소의 소장이자 저자이자 강연자이고, 유튜브방송 〈선대인TV〉의 진행자이며 여러 언론에 출연하거나 기고하기도 한다. 또한 경기도 부동산정책위원회의 위원장이고, 경기도시공사의 사외이사를 맡고 있기도 하다. 문화방송의 김민식 PD도 여러 책의 저자이자 강연자이면서 통역사이기도 하다. 이처럼 한 사람이 다양한 일들을 동시에 하게 되는 현상이 비일비재하게 일어나고 있다. 이렇게 한 번에 다양한 일이나 활동을 하는 사람들을 슬래시 워커slash worker라고 한다.

슬래시 워커가 되면 몇 가지 장점이 있다. 무엇보다 다양한 수입원을 가지게 되며 한 가지 일을 그만두게 됐을 때도 얼마든지 다른 일로 쉽게 이어갈 수 있다. 본업 외에 몇 가지 일을 통해 수입을 보충할 수 있는 것이다. 또한 자신이 가진 다양한 욕구들을 직업적으로 실현해볼 수 있다는 장점도 있다.

무엇보다 중요한 장점은 슬래시 워커가 되면 유일해지기가 상대적으로 쉬워진다는 것이다. 예를 들어, 한 분야에서 '유일함'으로 인정받는 수준으로 올라서기 위해서는 상위 1% 안에 들어야 한다고 치자. 이 경우 100명 중의 1명만이 가능하다. 하지만 어떤 A분야에서 상위 10% 정도의 실력을 갖추고, B분야에서 상위 10% 정도의 실력을 갖추는 것은 비교적 쉽다. 그런데 이 2가지가 겹치는 AB영역의 일을 하면 상위 1%(상위 10%×상위 10% = 상위 1%)에 속하는 희귀성이 발생한다.

이는 김민식 PD가 주장하는 내용이기도 한데, 그가 2017년에 출간한 《영어책 한 권 외워봤니?》는 스스로의 말을 입증한 베스트셀러였다. 그 책은 한국외국어대 통번역대학원을 졸업한 통역사인 저자가 30년 동안 독학한 영어공부 노하우를 소개한 책이다. 영어 실력 상위 10%와 글쓰기 능력 상위 10% 안에 드는 실력이 낳은 결과물이다. (나는 그가 각 영역에서 상위 1% 안에 드는 실력자라고 생각한다.) 이처럼 슬래시 워커가 되면 유일하게 되기도 쉽다.

그런데 이런 슬래시 워커가 되는 일은 지금 하고 있는 일을 그만둔 상태에서 할 필요는 없다. 김민식 PD의 경우는 자신이 읽은 책의 독서평 등을 꾸준히 올리는 블로그 '공짜로 즐기는 세상'(https://free2world.tistory.com) 을 운영하고 있다. 그는 여기에 꾸준히 올린 글들을 다듬어서 지금껏 여러 권의 책을 펴냈다. 이 책들을 통해 많은 이들에게 알려져 인기 강사로서 많은 곳에서 초청을 받고 있기도 하다. 그런데 그는 이런 일을 방송 PD 일을 하면서 취미생활하듯이 해냈다.

여기에서 슬래시 워커가 되기 위한 힌트를 얻을 수 있다. 자신이 하고 싶거나 잘 할 수 있는 일을 나열해보라. 그러면 그것이 제2, 제3의 직업으로 자라날 씨앗이 될 수 있다. 예를 들어, '양평 김한량'이라는 필명의 블로거는 직접 전원주택을 지어본 경험을 블로그에 연재해 화제를 모았고, 이후 집짓기와 관련한 노하우를 전수하는 것이 주요한 수입원이 됐다.

내가 가족들과 휴가를 갔다가 알게 된 펜션사업자인 한 분도 비슷한 경로를 밟았다. 국내 유명 여행사의 직원인 그는 평소 사람들의 여가 패턴에 관심을 가지고 사람들이 편하게 즐길 수 있는 펜션 사업을 구상하게 됐다. 직장에 다니는 상태에서 경치가 좋은 곳에 젊은이들 감각에 맞는 모던한 느낌의 펜션을 지어 운영해보았다. 그렇게 해서 첫 번째 펜션이 성공하자, 추가로 펜션을 서너 채 더 지어 사업을 확대했다. 처음에는 자신이 해보고 싶었던 일을 실험 삼아 해본 것이었는데, 이제는 자신감이 붙어 전업 펜션사업자로 전환할 계획을 갖고 있다. 이미 펜션 운영에서 나오는 수입이 자신의 연봉을 훌쩍 뛰어넘는 수준이 됐기 때문이다. 이처럼 자신의 취미나 재능 또는 기존에 하던 일과 관련된 관심사를 확장해 돈이 되는 수준까지 발전시켜 직업으로 전환하는 것이야말로 가장 안전한 전환의 방법이 될 수 있다. '슬래시 워커'의 삶을 권하는 이유다.

새로운 기술 흐름의 로켓에 올라타라

〈그림 3-8〉과 〈그림 3-9〉에서 GM, 포드, 크라이슬러 등 미국 자동차 빅 3와 전기차의 대명사 테슬라의 주가 흐름을 비교해보면 차이가 뚜렷하다. 테슬라는 코로나 사태가 발생하기 전까지는 꾸준한 우상향 추세를 보였고 코로나 사태에 따른 주가 폭락 이후에도 주가가 빠르게 회복했다. 하지만 자동차 빅 3의 주가는 오랫동안 정체 상태를 면치 못했고, 주가 폭락 이후에도 반등 속도가 훨씬 느리다.

기업의 실적만을 놓고 보면 테슬라의 주가는 이렇게 높을 이유가 없다. 테슬라는 2019년에 8억 6,200만 달러의 손실을 기록했다. 포드와 크라이슬러도 손실을 기록하긴 했지만 테슬라는 지금까지 연간 기준으로 흑자를 낸 적이 한 번도 없다. 그럼에도 주가가 높은 것은 전기차의 보급이 빠르게 확대될 것이 확실시되고 있으며, 테슬라가 전기차시장 확대에서 가장 큰 수혜를 볼 것이라는 기대 때문이다. 또

그림 3-8 테슬라 주가 추이

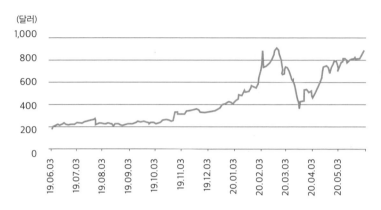

출처: 야후파이낸스 데이터를 바탕으로 선대인경제연구소 작성.

그림 3-9 미국 자동차 빅 3의 주가 추이

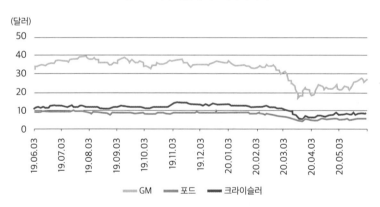

출처: 야후파이낸스 데이터를 바탕으로 선대인경제연구소 작성.

한 연간 실적은 여전히 적자지만 적자폭이 줄어들고 있으며, 2019년 3분기와 4분기에는 연속으로 흑자를 기록한 것도 투자자들의 기대를 키우고 있다.

4차 산업혁명이나 에너지 전환의 흐름에 따라 바이오, 인공지능, 자율주행, 전기차와 2차전지, 신재생에너지, 증강현실, 드론 등 향후 5년, 10년 이상에 걸쳐서 높은 성장성이 기대되는 영역들도 많다. 주가는 지금 얼마나 실적을 내고 있는가도 중요하지만, 향후 얼마나 성장할 것인가에 대한 기대감도 크게 작용한다. 특히 세계적으로 저성상 시대로 접어든 이후 성장성에 대한 시장의 갈증은 더욱 강해졌다. 지금 안정적인 수익을 내고 있지만 향후 성장성에 의문이 드는 주식보다는 아직은 수익을 잘 내지 못해도 향후 해당 시장의 규모가 빠르게 커지면서 성장성이 높을 기업에 대한 프리미엄이 강하게 형성되고 있다. 국내 주력 산업들의 성장성도 점점 떨어지고 있는 추세다. 이에 따라 국내에서도 저성장 시대에도 높은 성장세를 기대할 수 있는 종목들의 주가가 상대적으로 강세를 띠고 있다.

이런 점에서 향후에는 사업을 하든 투자를 하든 새로운 기술흐름에 민감할 필요가 있다. 새로운 기술 흐름에 따라 산업과 기업들의 명운이 갈릴 수 있고 그에 따라 나의 소득이나 일자리, 투자 성과가 영향을 받을 수 있기 때문이다.

예를 들어, 전기차와 자율주행차가 성장하면 한편으로는 기존의 자동차에 부품을 공급하는 업체들은 힘들어지거나 무너질 것이고, 기존의 석유업계도 중장기적으로는 어려워질 수 있다. 대신에 전기차 제조업체뿐만 아니라, 배터리 제조업체도 성장하고, 배터리를 충전하는 충전기 제조업체, 그리고 충전 인프라를 깔고 그것을 운영하는 사업체도 성장할 것이다.

인공지능은 특정 영역에 국한된 게 아니라 향후 모든 산업에 기초 인프라처럼 깔리는 기반 기술이 될 것이고, 앞으로 세계 산업의 융합을 선도할 기술이 될 것이다. 마케팅 측면에서는 빅데이터를 활용한 기법이 발달해 점점 더 정교해질 것이고, 이를 지원하는 클라우딩 서비스나 효율적으로 데이터를 처리해주는 시스템 개발 및 운영업체들도 성장할 것이다. 이처럼 새로운 기술흐름에 부합하는 사업이 성공할 가능성이 높고, 그런 기업에 동승하면 자신의 커리어도 발전할 수 있다. 당연히 그런 기업에 투자하면 수익률이 높아질 수 있다.

그런 흐름을 잘 활용한 사례로 국내 스마트팜 사업을 주도하고 있는 기업인 그린플러스를 예로 들 수 있다. 사실 그린플러스는 당초 사업의 모태인 알루미늄 제품의 생산 및 가공, 판매업에서는 크게 경쟁력이 있는 업체는 아니었다. 기존의 알루미늄 사업은 경쟁이 치열하고 이윤이 박한 저성장산업이었다. 하지만 그린플러스는 알루미늄 사업에 안주하지 않고, 첨단유리온실 제작 및 설치사업에 뛰어들었다. 국내외에서 친환경 스마트팜 사업이 점차 확대되는 흐름을 파고들었고, 2011년 이후 온실시공능력평가 1위 업체의 위치를 지켜왔다. 또한 몇 년 전부터 스마트팜 사업에서 익힌 기술력과 노하우를 바탕으로 장어를 대량 양식하는 그린피시팜이라는 자회사까지 설립했다. 이런 가운데 정부의 스마트팜 육성 정책과 맞물리면서 2019년 하반기에 상장한 그린플러스는 향후 꾸준한 성장이 기대되는 기업이다. 이처럼 저성장산업인 알루미늄 제조업체였던 그린플러스가 다른 동종 업체들과 다른 성장궤적을 보일 수 있었던 원천도 새로운 기술 흐름을 읽는 능력이었다.

물론 새로운 기술 흐름을 읽었다고 모두가 좋은 기회를 만드는 것은 아니다. 투자에서도 좋은 투자 기회를 포착할 수 있기 위해서는 더 많은 노력이 필요하다.

만약 전기차시장이 앞으로 유망하다면 테슬라에 투자할 수 있다. 또한 전기차시장이 확대되면 2차전지 산업이 어마어마한 규모로 커지게 된다. 이런 생각으로 2차전지 분야에서 배터리를 제조하는 삼성SDI나 LG화학, SK이노베이션과 같은 대기업에 투자하는 것을 생각해낼 수 있다.

하지만 2차전지가 어떻게 만들어지며 주요한 구성요소는 무엇인지 이해한다면 배터리에 필요한 주요한 소재나 장비를 만드는 기업에 투자할 수도 있다. 배터리 원가에서 가장 높은 비중을 차지하는 것은 양극재인데, 양극재 소재를 공급하는 대표적인 기업 가운데 하나인 에코프로비엠의 성장성에 주목할 수 있을 것이다.

또한 2차전지와 관련해서도 용량을 높이기 위한 연구 개발이 활발하게 진행되고 있다. 기존의 전해액 대신 고체를 사용하는 전고체 배터리나 배터리 양극재에서 니켈의 함량을 높임으로써 원가를 낮추면서도 배터리 용량을 높일 수 있는 하이니켈 관련 기술들이 주목받고 있다. 또한 2차전지 장비와 관련해서는 전극공정과 조립공정으로 나눠 피엔티나 씨아이에스, 엠플러스와 같은 업체들을 발견할 수 있을 것이다. 이처럼 2차전지 밸류체인을 따라 기술 흐름을 주목하고, 이와 관련한 소재 및 장비업체들의 사업을 이해하면 할수록 좋은 투자처를 찾을 수 있다.

　마찬가지로 5G 통신시장의 시기별 투자 흐름을 이해하면 시기별
로 적절한 투자대상을 선별할 수 있다. 통신사들의 경우 5G 통신망
을 구축하는 초기에는 막대한 자본투자CAPEX를 감행해야 하므로 이
시기에는 통신사들에 투자하기에 적절지 않다. 대신 통신사들의 자
본투자 대상이 되는 장비나 소재를 공급하는 업체들을 단계별로 투
자할 수 있을 것이다. 실제로 그런 관점에서 5G 통신망 구축 투자가
시작되기 직전이나 초기에 케이엠더블유나 오이솔루션 등 초기 수혜
기업들에 투자했던 사람들은 높은 주가 차익을 올릴 수 있었다. 물론
투자를 하기 위해 해당 분야의 엔지니어 수준으로 새로운 기술과 산
업들을 이해할 필요는 없다. 하지만 새로운 기술의 흐름들을 잘 이해
할수록 사업에서든 커리어에서든 투자에서든 더 많은 성공 기회를
포착할 수 있음은 분명하다.

4장

경제와 산업의 흐름을 이용한
주식 투자법

WEALTH RESTRUCTURING

다른 모든 것 집어치우고,
주식 투자를 권하는 이유

3장에서 '금융상품 가입자에서 직접 금융수익을 올리는 투자자로 변신하라'고 말했다. 그런데 이때 권하고 싶은 투자는 주식 투자다. 왜 주식 투자인가를 설명하기에 앞서 일반인들이 할 수 있는 다른 투자에 대해 설명하겠다. 금융수익을 올릴 수 있는 투자에 관해 말하는 것이므로 부동산 투자에 관해서는 생략하겠다. 또한 앞에서 다양한 금융업체들에서 파는 펀드와 보험상품 등에 대해서도 설명했기에 여기서는 생략하겠다. 여기서는 일반인들이 직접 투자할 수 있는 투자 대상으로만 국한하겠다.

선물 옵션 등 파생상품 투자

사실 일반인들이 하기에 적절한 투자 대상이 아니다. 옵션이든 선물이든 수익의 가능성도 크지만, 손실 가능성도 너무 크다. 그렇게 위험한 투자를 일반인들이 하는 것은 결코 바람직하지 않다. 그 시장은 외국인이나, 기관 또는 '선수'라고 불릴 만한 전문투자자나 하는 영역이다. 국내에서는 개인투자자들이 많이들 달려드는데 대다수 외국에서는 일반 개인투자자들이 이 시장에 직접 뛰어들지는 않는다.

외환 투자

일반인들이 할 수는 있으나 큰 부를 축적하기는 어렵다. 대표적으로 미국 달러로 환전한다고 생각해보자. 2018년 이후 1,070원 수준에서 코로나 사태 이후 1,240원 수준까지 오르기도 했다. 상승률로 따지면, 2년 반에 걸쳐서 15.9% 수준이다. 그것도 바닥에서 사서 고점에서 판다고 가정했을 때다. 저금리 시대에 이 정도가 어디냐고 할지 모르지만, 주식 투자를 잘하면 벌 수 있는 수익에 비해서는 매우 적은 편이다. 그냥 외국여행을 가거나 유학을 갈(또는 보낼) 상황에 대비해 환전을 해두거나 자산의 일부를 달러로 보유하는 정도로 만족하면 될 일이다.

금 투자

2008년 금융위기나 코로나 충격과 같은 상황이 벌어질 때 금의 가격은 치솟는 경향이 있다. 다른 자산에 비해 자산의 가치를 세계 어디서나 확고히 인정받을 수 있다는 이유 때문이다.

실제로 〈그림 4-1〉에서 보는 것처럼 2000년대 초반에 금 가격이 온스당 250~300달러 수준일 때 투자해서 계속 보유하고 있다면 지금쯤은 6배가량 큰 수익을 올릴 수 있었다. 큰 수익률이기는 하다. 하

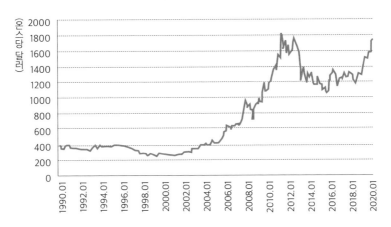

그림 4-1 금 가격 추이

출처: 인베스팅닷컴 자료를 바탕으로 선대인경제연구소 작성.

지만 같은 20년 동안에 삼성전자 주가는 10배가량 뛰었다. 20년 동안 장기투자할 요량이라면 삼성전자에 투자하는 것이 더 나았다는 뜻이다.

더구나 '안전자산'이라는 표현 때문에 많은 사람들이 잘못 알고 있지만, 금 가격의 변동성은 웬만한 주식들보다 훨씬 높다. 삼성전자의 경우 실적이 꾸준히 성장함에 따라 주가도 중간에 기복을 그리면서도 꾸준히 오르는 편이다. 하지만 금 가격은 세계경제에 예상치 못한 충격이 발생할 때마다 급등락한다. 그래서 개인투자자들이 금에 단기적 관점에서 투자하는 것은 바람직하지 않다. 또한 향후 몇 년간 금 가격이 크게 오를 수 있을지에 대해서 회의적이다.

사실 2000년대에 중국과 인도가 빠르게 경제성장을 하면서 공업용과 장신구용 금 수요가 급증한 데다 2008년 금융위기와 2011년 남

유럽발 재정위기까지 이어지면서 금 가격이 급등했다. 하지만 2012년 이후에는 중국과 인도 등의 금 수요가 줄고 달러가치가 안정되면서 금 가격은 하락하거나 안정세를 보였다. 그러다가 다시 금 가격이 올라간 것은 미국이 예상과는 달리 2019년부터 금리를 내리고, 코로나발 경제 충격이 덮쳤기 때문이었다. 그런데 코로나발 경제 충격으로 역사적 고점 수준으로 오른 금 가격이 여기서 추가로 오른다고 해도 그 상승폭은 제한적일 가능성이 높다. 오히려 코로나발 경제 충격이 어느 정도 진정되면 금 가격이 급락할 가능성도 상당히 있다. 그런 점에서 적어도 현재 시점에서 자산을 불려나갈 투자대상으로서 금은 그렇게 유망한 대상이 아니라고 본다. 달러와 마찬가지로 자신의 자산 가운데 일부를 금으로 보유하는 정도로 만족하는 게 맞다.

암호화폐

나는 암호화폐의 기반 기술인 블록체인 기술에 대해서는 상당히 중요하게 생각한다. 또한 암호화폐를 기반으로 한 다양한 산업의 성장 가능성이 있으며, 탈중앙화와 분산 저장 등 법정화폐가 갖지 못한 장점도 있다는 점을 인정한다. 하지만 암호화폐가 전 세계에서 범용적으로 쓰일 가능성은 매우 낮다. 암호화폐가 그토록 범용적으로 쓰인다면, 각국 법정화폐의 지위가 위협받을 것이다. 세계 각국이 법정화폐의 수급을 조절해 경제를 운용하는데, 암호화폐가 광범위하게 쓰이는 걸 허용한다면 세계경제는 무정부 상태가 된다. 이란, 러시아 등 일부 국가가 국영 암호화폐 도입을 검토하고는 있지만, 그 또한 정부가 발행과 수급을 통제하면서 법정화폐의 보조적 수단 정도로 사용될 가능성이 높다. 그런 점에서 암호화폐는 장기적으로는 금과 마찬가지로 제한적인 거래에 사용되거나 가치저장 수단의 하나로 사용되는 데 그칠 것으로 전망한다.

그 가운데서도 모든 암호화폐가 통용되는 것이 아니라 비트코인이나 페이스북의 리브라 등 몇몇 암호화폐만이 그런 역할을 하게 될 것이다. 더구나 이미 암호화폐 열풍이 불었던 초기와는 달리 가치 급등의 가능성이 크게 사라져서 과거처럼 '팔자 고칠 수 있는' 투자처도 아니다. 사실 암호화폐의 가치를 평가할 뚜렷한 근거가 없어서 실은 투자라기보다는 투기에 가깝다는 게 내 생각이다.

채권 투자

이 역시 개인투자자들이 큰 수익률을 올릴 수 있는 시장은 아니다. 주로 기관이나 외국인 등 큰손들이 자금을 운용하는 시장에 가깝다고 봐야 한다. 더구나 요즘 같은 저금리 시대에 채권 투자로 큰돈을 모으기는 어렵다.

그래서 나는 주식 투자를 권한다. 그 이유는 일반인들이 생각하는 것보다 배우기 쉽다는 것이다. 또한 잘 투자하면 몇 달 만에 100% 넘는 수익을 올릴 수도 있고, 몇 년간 몇 배에 이르는 수익을 올릴 기회도 있다. 물론 금방 그럴 수 있는 실력을 갖출 수 있는 것은 아니며 손실의 가능성도 분명히 있다.

하지만 잘 배워두면 평생 노후대비에 도움이 되고, 돈을 불리기도 좋다. 또 좋은 기업에 투자하면 해당 기업과 관련 산업의 발전에도 기여할 수 있게 되니 더욱 좋다. 또한 주식 투자를 위한 스터디 과정에서 경제와 산업에 대해 폭넓게 이해하고 배울 수 있는 것도 즐거운 일이다.

그런데도 여러 경제 방송이나 경제 관련 유튜브 방송 등에서 선물옵션이나 채권 투자, 상품 투자 등과 관련한 다양한 투자방법을 소개하는데 솔직히 정말 개인투자자들을 위한 내용인지 의문이 든다. 개인투자자들에게 적절하지 않은 투자 내용과 방법을 소개하는데, 경제전문가라는 나도 잘 하지 않는 방법들을 일반인들이 배워야 할까. 그냥 프로그램의 구색을 맞추기 위해서, 또는 그 프로그램에 출연한 전문가나 그 전문가의 소속 금융업체들이 팔고 싶은 상품을 소개하기 위한 것이라는 의구심을 지울 수 없다.

당신만 자본을 위해 일하지 말고, 자본도 당신을 위해 일하게 하라

이 책의 독자들을 포함해 경제활동을 하는 많은 사람들은 어떤 기업의 직원으로 일하고 있을 것이다. 이렇게 일해서 가족들의 생계를 꾸릴 소득을 얻고, 기업의 성장에 기여한다. 그런데 당신이 직원으로서 얻는 노동소득으로는 충분한 돈을 벌기 어렵다.

반면 어떤 사업을 시작해 큰 부를 일군 사람들을 우리는 잘 알고 있다. 마이크로소프트의 빌 게이츠나 페이스북의 마크 저커버그, 테슬라의 엘론 머스크, 알리바바의 마윈 회장, 네이버의 이해진, 다음의 이재웅과 같은 창업자들이 있다. 이런 사업가들 못지않게 부를 일군 사람들이 있는데, 워런 버핏이나 짐 로저스와 같은 투자의 대가들이다. 그런데 이들의 공통점은 자본가 또는 자본의 소유자라는 점이다. 흔히 말하는 대주주들이다. 자본주의 사회에서 결국 돈을 버는 사람들은 어떤 형태로든 기업의 지분을 가진 사람들이라는 뜻이다.

어떤 직원이 아무리 회사의 성장에 공을 많이 세웠다고 하더라도 그 사람이 지분을 가지지 못했다면 그가 열심히 일한 노력의 대가는 그 회사의 주주들이 챙기게 된다. 어떤 해에 그와 그의 동료들이 열심히 일해 그 회사의 매출이 30% 증가했고, 주가도 만약 30% 뛰었다고 생각해보자. 그해 연말 성과급으로 그는 몇 백만 원에서 많게는 몇 천만 원을 더 벌 수도 있다. 하지만 그 회사의 주가총액이 1,000억 원에서 1,300억 원으로 증가했다면 지분 1%를 가진 사람은 한 해에 3억 원의 지분가치가 늘어난다. 당신이 열심히 일해서 만든 결실을 자신보다 자본을 가진 사람들이 대부분 차지한다는 게 억울하지 않은가.

억울하다면, 그리고 부자가 되고 싶다면 할 수 있는 방법은 당신도 자본가가 되라는 것이다. 그 방법은 직접 사업을 하든가, 아니면 어떤 회사의 주주가 되든가 하는 것이다. 직접 사업을 할 수도 있지만, 대부분의 사람들이 당장 하던 일을 그만두고 사업을 시작하는 것은 어렵고 상당한 실패 위험도 감수해야 한다. 비교적 많은 사업자금도 필요하다. 그렇다면 이미 사업을 잘하고 있는 회사의 주주가 되면 어떤가. 그건 어렵지도 않고, 직접 사업을 하기 위해 일하던 직장을 나올 필요도 없다. 그냥 그 회사의 주식만 사면 된다. 자신이 직접 사업할 때처럼 처음부터 많은 자금이 있어야 투자할 수 있는 것도 아니다.

1주씩만 사도 그 회사의 주주가 될 수 있다. 그리고 이왕 주주가 될 것이라면 좋은 회사, 앞으로 잘 성장할 회사, 성장의 과실을 주주들과 잘 나눠줄 회사의 주주가 되면 된다. 돈이 생길 때마다 그 회사에 투자하는 자금 규모를 늘리고, 여러 좋은 회사들의 주주가 되면 당신이 일해서 번 노동소득과 별개로 자본소득이 발생한다. 소득원이 하나만 있는 것보다는 두 개, 세 개가 있으면 소득이 훨씬 늘어나지 않겠는가. 그리고 노후자금을 마련하기도 훨씬 쉬울 것이고, 투자를 오랫동안 잘하면 부자의 반열에 오를 수도 있다. 이렇게 생각하면 주식 투자는 자본주의 사회에서 선택이 아닌 필수에 가깝다. 당신만 자본을 위해서 일하지 말고 이제는 당신도 자본을 고용해 자본이 당신을 위해서 일하게 하라.

노동시간의 10분의 1만 투자하면 연봉 이상 번다

주 5일 근무하는 30대 직장인 A씨가 있다. 1년에 260일을 일하는 셈인데 휴가나 공휴일을 빼고 나면 대략 250일 정도로 어림해볼 수 있다. 그는 1년에 6,000만 원, 월 500만 원을 번다. 만약 A씨가 주식 투자를 하기로 마음먹었다면 얼마나 시간이 필요할까? 어떻게 익히느냐에 따라 다르겠지만, 1년에 열흘 정도만 온전히 쓴다고 하면 주식 투자를 잘할 수 있다. 투자 규모와 투자 실력에 따라 달라질 수 있지만, 일정한 시기부터는 연봉 이상을 벌 수도 있다.

여러 종목을 스크리닝해서 그 가운데 1년에 딱 2개의 종목을 고른다고 생각해보자. 한 종목당 5일을 할애해 그 기업에 대해 공부한다면 그 기업에 관한 한 해당 기업에 투자하는 사람들 가운데 가장 잘 아는 상위 1% 안에 들 것이라고 확신한다. 거꾸로 말하면 대부분의 사람들이 투자 대상 기업에 대해 잘 모르고 투자한다는 것이다. 그런데 '그 회사의 주인이 된다 또는 동업자가 된다'는 생각으로 투자한다면 그 기업을 잘 모르고 투자할 수 있겠는가?

내 경험으로는 한 기업에 대해 온전히 5일 정도의 시간만 공부하면 매우 잘 알 수 있다. 그렇게 해서 좋은 종목 2개를 고르는 데 10일만 쓰면 된다. 10일을 연속으로, 그리고 풀타임으로 할애해야 한다는 게 아니다. 퇴근 후 저녁 시간에, 또는 주말에 쓰는 시간을 합쳐서 10일이면 된다.

물론 처음에는 주식 투자에 접근하는 법도 어느 정도 배워야 하고, 종목을 고르는 방법도 배워야 한다. 좋은 기업을 판단하는 여러 기준이나 방법도 배워야 한다. 사실 어느 분야나 마찬가지이지만, 깊게 하자면 끝이 없다. 다만 주가가 오를 수 있는 좋은 종목을 선별하는 방법(이에 대해서는 5장에서 자세히 설명한다)만 익힌다면 그 다음부터는 실제로 투자 대상 종목에 대해 스터디하는 데는 10일이면 족하다. 처음에는 자신이 잘 알 수 있는 업종이나 자신이 쉽게 이해할 수 있는 기업부터 골라서 투자하면 된다. 만약 10일로도 시간이 부족하다면 1년 근무일의 10분의 1인 25일을 쓴다고 생각해보자. 노동시간의 10분의 1만 투자해서 1년 연봉만큼 벌 수 있다면 정말 수지맞는 투자가 아니겠는가.

물론 처음부터 그런 수익을 내기는 어렵다. 하지만 투자 경험이 쌓이고 노하우를 터득하게 되면, 그리고 일정한 규모로 투자금이 불어나면 연봉만큼 버는 일이 충분히 가능하다. 예를 들어, 근로소득과 투자소득을 합쳐 모은 투자자금이 어느 시점에 2억 원이 됐다고 치자. 1년에 약 25%의 수익률을 올릴 수 있으면 5,000만 원의 수익을 벌 수 있다. 매년 이렇게 벌기는 어렵고 해마다 기복이 있을 수 있지만, 노력하면 매년 평균 25% 정도의 수익을 올리는 것도 충분히 가능하다. 더구나 투자자산이 커지면 25%를 벌 필요도 없다. 10억 원의 투자자산이 생기면 1년에 10%만 수익이 나도 1억 원을 벌 수 있다. 처음 주식 투자를 시작하는 분들은 허황된 얘기처럼 생각할지 모르겠다. 하지만 우리 연구소가 매년 두 차례 발간하는 일부 특집보고서에서 소개하는 종목들의 수익률 평균이 5~6개월 안에 40~50%씩 난다. 더구나 나중에 어느 단계에 이르면, 자신이 정말 잘 아는 종목에서 2~3배 수익을 내는 경우도 생긴다.

실제로 나의 권유로 주식 투자를 시작한 지인이 1년도 안 돼 40% 넘는 수익률을 올리기도 했다. 우리 연구소가 소개한 종목이나 나의 조언들을 참고한 영향도 있겠지만, 바른 방법론을 익혀서 '잘 알고' 투자한 영향이 컸다고 생각한다.

그런데 두 종목만 투자하면 위험하지 않느냐고 묻는 분들이 있을 것이다. 일리 있는 말이다. 실제로 나는 일반인들에게 5~7개 종목 정도로 포트폴리오를 짜서 투자하는 게 바람직하다고 얘기한다. 서로 상관성이 낮은 종목을 분산해서 담아야 리스크도 줄어든다고 보는 게 일반적이다. 그건 무작위로 종목을 선별한다고 했을 때 리스크가 분산된다는 뜻이다.

만약 정말 해당 종목에 대해 샅샅이 파악해서 알고 투자한다면 얘기는 다르다. 정말 좋은 기업이고, 향후에 실적이 성장할 가능성이 높다고 판단했으면 오히려 한 종목에 투자했어도 안전할 수 있다. 정말 위험한 것은 자신이 잘 모르는 종목에 투자하는 것이다. 오죽하면 워런 버핏이 "리스크란 자신이 무엇을 하는지 모르는 데서 온다"고 했을까.

철저하게 분석하고 평가해서 앞으로 실적이 성장할 가능성이 높은 종목 2개를 선택하는 것과, 자신이 잘 모르는 10개 종목에 투자할 때 어느 쪽에 더 큰 리스크가 있을까? 또한 어느 쪽에서 수익을 볼 가능성이 높을까? 두 종목만 투자하는 것이 바람직하다는 것이 아니라, 정말 충분히 공부했다면 두 종목 정도만 골라서 투자해도 된다는 뜻이다.

한편 가능하다면 스터디모임을 만들어 여러 사람들과 함께 공부하면 큰 도움이 된다. 혼자서 다양한 자료를 바탕으로 공부해 나가면 실력은 향상될 것이다. 하지만 공부하다 보면 막히는 부분도 있고 이해하기 어려운 부분도 있다. 스터디모임은 이런 장애물을 넘어설 때 도움이 된다. 비슷한 원칙을 공유하고 있는 다른 투자자들과 만나고 이들과 서로의 생각을 나누면서 토론하는 과정은 안목을 넓히는 데 도움이 된다. 혼자 어떤 종목을 살펴보다 보면 긍정적인 부분에만 꽂혀서 리스크나 문제점을 놓치는 경우가 있다. 스터디모임은 발표와 토론 과정에서 다른 사람들의 의견을 들으면서 이런 문제들을 보완할 수 있다. 무엇보다 혼자서 하는 것보다 훨씬 많은 종목들을 검토해볼 수 있고, 당연히 수익률을 올려줄 좋은 종목을 발굴할 가능성도 높아진다.

인터넷에서 검색해보면 주식 투자 스터디모임들이 많이 있다. 그런 스터디모임들 가운데 올바른 투자접근법을 가지고 있다고 판단되는 모임을 찾는 게 좋다. 그런 모임을 찾기 어렵다면 자신이 다니는 직장 등에서 주식 투자에 관심 있는 사람들을 모아서 스터디를 시작해보는 것도 좋은 방법이다. 물론 가급적 성공적인 투자 이력이 있는 사람이 스터디에 참여하면 좋다. 그렇지 않더라도 여러 사람이 함께 하는 것만으로도 스터디할 수 있는 종목수가 늘어나고, 배울 수 있는 점들도 많을 것이다.

동학개미운동의 두 갈래 흐름:
반기면서도 걱정하는 이유

이런 측면에서 코로나 사태로 인한 주가 폭락을 계기로 많은 개인 투자자들이 주식 투자에 뛰어드는, '동학개미운동'이 일어났을 때 나는 반가웠다. 많은 개인투자자들이 이번 경험을 계기로 건전한 주식 투자자로 성장할 수 있기를 바랐기 때문이다. 한편으로는 시중의 유동성이 부동산보다는 주식시장으로 유입되면 주식시장뿐만 아니라 국내 산업과 기업의 활성화에도 도움이 된다고 봤기 때문이다.

하지만 개인투자자들의 투자 흐름을 살펴보면 아쉽거나 걱정되기도 했다. 첫째는 이른바 '대표주'에 투자하는 흐름이다. 특히 한국을 대표하는 기업인 삼성전자에 대한 투자가 몰렸다. 하지만 투자의 목적은 결국 수익이다. 그런데 삼성전자의 주가는 폭락했을 때의 저점과 비교했을 때 6월 1일까지 19% 오르는 데 그쳤다. 같은 시기에 반도체 관련 중소형주 가운데는 100% 이상의 수익률을 기록한 종목도 수두룩하다. 물론 이번 일을 계기로 주식시장에 뛰어든 개인들이 당장 좋은 중소형주를 고르기는 힘들 것이고, 누구나 잘 아는 대표 기업에 투자하는 것은 당연한 경향일 수도 있다. 20% 정도의 수익률도 요즈음 같은 저금리 시대의 금융상품 금리와 비교하면 훨씬 높은 수익률이므로, 이번 국면을 기회로 시야를 넓히고 성장 가능성이 높은 종목을 찾을 수 있는 공부를 한다면 앞으로 더 많은 수익을 올릴 수 있을 것이다.

아쉬움을 넘어 우려할 만한 모습은 테마를 뒤쫓는 투자다. 마스크나 진단키트, 코로나 치료제 또는 백신 관련 테마 등에 우르르 쫓아다니는 사람들도 많았다. 이 역시 해당 기업들에 대해 잘 모르면서도 주가가 급등하고 있는 흐름에 혹해서 추격 매수를 한 경우가 대부분이다. 이 가운데는 운 좋게 높은 수익률을 얻은 경우도 있지만, 고점 부근에서 매수해 손실을 본 사람들도 많을 것이다.

이렇게 투자하면 어느 경우든 장기적으로는 건전한 주식 투자법을 배우는 데 방해가 된다. 수익을 본 사람들은 주식은 요행이거나 테마를 잘 쫓는 기술 정도로 생각하기 십상이다. 또한 주식 투자가 만만하고 쉽다고 생각할 수 있다. 하지만 주식 투자는 그렇게 만만한 게 아니다. 주가 폭락 이후의 거센 반등장과 유동성 장세에서 오르는 종목들을 눈치 빠르게 쫓아다니면 된다는 식으로 주식 투자를 이해하면 당장은 통할지 모른다. 하지만 조금만 시장 상황이 악화되면 그런 사람들은 영락없이 나가떨어진다. 어쩌다 성공한 주식 투자는 실력이 아니다. 이번에 성공했어도 다음에 그 성공을 재연하기 어렵다. 실력이 아니라 운이 잘 따라줬거나 일정한 상황에서만 통하는 방법이기 때문이다. 반면 손실을 본 사람들은 쓰라린 경험 때문에 주식 투자를 접게 될 수 있다.

삼성전자에 투자한 투자자든 단기적으로 급등한 종목을 쫓아간 투자자든 이들의 공통점은 잘 모르고 투자했다는 것이다. 잘 모르는 상태에서 최대한 안전할 것 같은 기업에 투자한다면 삼성전자와 같은 대표 종목들에 투자했을 것이고, 고수익을 쫓는다면 테마주나 급등주를 추격 매수했을 것이다. 코로나 사태와 같은 위기가 가져다주는 기회를 살리려면 자금도 있어야 하지만, 투자 실력도 있어야 한다. 그런데 동학개미운동으로 갑자기 주식시장에 입성한 대부분의 사람들은 돈은 어떻게든 마련했지만 투자 실력이나 종목을 고르는 안목은 키우지 못했던 것이다. 그런 면에서 '동학개미운동'으로 주식 투자에 관심을 갖게 된 사람들이라면 평소에 돈과 함께 투자 실력과 안목을 함께 키워놓아야 한다는 것을 깨달았을 것이다.

코로나 주가 폭락과 반등에서 배운 7가지 교훈

코로나 사태에 따른 주가 폭락은 이미 주식 투자를 하고 있던 사람들에게는 매우 힘든 시간이었지만, 한편으로는 많은 것을 배울 수 있는 기회이기도 했다. 지금까지도 그래왔지만, 주식시장은 변동성이 매우 강한 시장이다. 그리고 2008년 경제위기 이후 많은 부분 돈의 힘으로 지탱해온 자산시장은 변동성이 더 커졌다. 앞으로도 한동안은 이번 경제 충격의 여진에 따라 주가가 급락하거나 급등하는 흐름도 자주 나타날 것이다. 코로나 주가 폭락과 반등이 상당히 예외적인 경우이기는 하지만, 여기에서 배울 수 있었던 교훈을 정리해두면 향후 주식 투자를 하는 데 큰 도움이 될 것이다. 특히 평상시에도 경제 흐름이나 시장 상황 때문에 일시적인 변동성이 발생할 경우 더 좋은 투자수익을 올리는 데 좋은 참고가 될 것이다. 다음은 코로나 주가 폭락 사태에서 챙겨야 할 7가지 교훈을 정리한 것이다.

교훈 1. 언제가 바닥인지 정확히 알 수는 없다. 하지만 변동성이 완화되는 시점을 노려라.

주식시장에서 돈을 많이 벌려면 바닥에서 사서 정점에서 파는 게 가장 이상적이다. 하지만 우리는 언제가 바닥인지, 언제가 정점인지 정확하게 알 수 없다. 하지만 바닥권에 근접했는지를 파악하기 위한 노력은 열심히 해야 한다. 그러다 보면 적어도 언제쯤 매수를 시작해야 하는지 어느 정도는 파악할 수 있다. 적어도 급락세가 진정되고 변동성이 줄어드는 시점이라면 조심스럽게 매수에 들어갈 수 있을 것이다.

〈그림 4-2〉에서 보는 것처럼 이번 폭락 사태에서는 주가가 바닥을

그림 4-2 S&P500 VIX 지수 추이

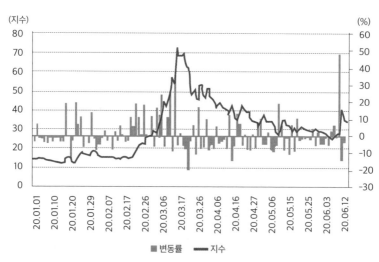

출처: 인베스팅닷컴 자료를 바탕으로 선대인경제연구소 작성.

기록한 3월 19일과 23일에 이른바 '공포지수'라고 불리는 변동성지수(S&P500 VIX 지수)가 정점을 기록하고 떨어지기 시작했다. 또한 주가가 3월 24일 큰 폭의 반등을 나타내면서 이후 주가 변동성이 점차 완화되기 시작했다. 급성 열병을 앓던 환자의 열이 내리면서 상태가 호전되는 기미를 보이기 시작하는 때로 비유할 수 있을 것이다. 나는 이때쯤부터는 조심스럽게 분할매수에 나서도 된다고 판단했다. 이후에도 추가적인 하락의 가능성이 없는 것은 아니지만, 거의 모든 기업의 주가가 너무나 싸졌기에 리스크를 어느 정도 감당하면서 투자할 수 있는 시기가 됐다고 판단한 것이다.

교훈 2. 빚내서 투자하면 안 된다. 현금도 투자 포트폴리오의 일부로 보유하라.

현금을 그냥 가지고만 있으면 저금리 국면에서 수익을 거의 올릴 수 없다. 그러나 투자 포트폴리오의 일부로 20~30%의 현금 여력은 가지고 가는 것이 좋다. 왜 그래야 하는지 가상의 예를 들어 생각해보자. 전체 금융자산 2억 원 중 1억 원은 주식으로, 1억 원은 현금으로 가지고 있다고 하자. 만약 주가가 폭락해서 반토막 났다면 주식에서 -50%의 손실을 보겠지만 과거 사례를 보면 시간의 문제일 뿐 주가는 언젠가 회복한다. 인내심을 가지고 기다리면 기존에 보유하고 있던 주식은 회복해서 손실이 0에 수렴할 것이다. 그런데 주식이 반토막 났을 때 가지고 있던 현금 1억 원으로 주식을 샀다면, 시장이 회복되었을 때는 100% 수익률을 기록하게 된다. 이 경우 전체적으로는 1억 원의 수익을 올릴 수 있으므로 총금융자산은 2억 원에서 3억 원으로 불어난다. 쉽게 설명하기 위해 정확히 바닥에서 매수하는 가상의 경우를 가정했는데, 주가 폭락기에 현금으로 적극적으로 매수하면 상당한 수익을 낼 수 있다는 뜻이다.

또한 과도한 빚을 내서 투자하는 것은 금물이다. 신용거래로 주식을 매수할 때 증권사에서는 일정한 수준의 담보비율을 요구한다. 예를 들어 1,000만 원을 주식담보대출로 증권사에서 빌렸고 요구하는 담보비율이 140%라면 내가 가지고 있는 주식의 가치가 1,400만 원 이상이어야 한다. 그런데 급락장에서는 주가가 크게 떨어지므로 담보비율이 급락한다. 주식담보대출 금액이 1,000만 원인데 주식의 가치가 1,500만 원에서 750만 원으로 반토막이 났다면 담보비율은 150%에서 75%로 급락하는 것이다. 그러면 증권사는 반대매매, 즉 담보로 잡고 있던 주식을 처분해서 담보비율을 맞춘다. 앞의 사례라면 모든 주식을 반대매매해도 주식담보대출 금액을 모두 채울 수 없으므로 주식을 모두 날리게 된다. 이렇게 되면 나중에 시장 상황이 회복돼도 소유 주식이 없으므로 손실을 회복할 수 없게 된다. 그래서 가급적 레버리지를 쓰면 안 된다는 것이고, 특히나 변동성이 커지는 상황에서는 더욱 그렇다.

교훈 3. 개별 종목의 가치 대비 가격에 집중하는 투자법이 옳다.

평소에도 시장의 흐름에 너무 연연하기보다는 개별 종목의 메리트에 집중해서 투자하는 것이 바람직하다. 그런데 변동성이 심한 장세에서는 시장의 흐름을 읽고 대응하기가 어렵다. 특히 시장 상황 때문에 주가가 무차별적으로 떨어진 상황에서는 더더욱 개별 종목의 기업가치에 비해 주가가 어느 정도인지에 초점을 맞춰 투자해야 한다.

주가 폭락 때는 많은 기업들의 주가가 터무니없는 가격 수준으로 하락한다. 특히 상대적으로 거래량이 적은 중소형주의 주가는 더 많이 하락하는 경향이 있다. 2008년 금융위기 때도 그랬지만 코로나 폭락장에서도 −50~−60% 이상 떨어진 종목들이 속출했다.

예를 들어, 반도체 중고장비를 거래하는 업체인 서플러스글로벌은 주가 폭락 전에 2,800원까지 갔는데, 주가 바닥이었던 3월 19일에는 903원까지 떨어졌다. 이렇게 주가가 하락해도 많은 이들이 주가가 더 떨어질까봐 겁나서 매수하지 못하는 경우가 많다. 공포에 질려 매수 버튼을 누르지 못하는 것이다. 하지만 길게 봐서 1년 후쯤에는 적어도 이 가격보다는 더 올라있지 않겠는가. 이렇게 생각하면 사실 그럴 때야말로 손실 위험을 최소화하면서 수익을 극대화할 수 있는 시점이다.

당연히 자금만 충분하다면 오히려 이렇게 주가가 떨어졌을 때 쓸어 담으면 주가가 반등했을 때 큰 수익을 올릴 수 있다. 실제로 이후 전개된 급반등 흐름도 이를 입증했다. 주식 격언에 있듯이 역시나 '공포에 사야 하는 것'이다. 정확한 바닥을 알 수 없더라도 여러 차례에 걸쳐 분할 매수한다는 생각으로 접근하면 된다. 물론 현실적으로는 자금이 무한정 있지 않기 때문에 제한된 자금을 최대한 효과적으로 투자하려면 고민이 많아지는 것은 사실이다. 내 경우에도 너무 좋은 기회인 줄 알면서도 이미 많은 자금이 주식에 투자돼 있어서 충분히 매수할 수 없는 게 아쉬울 뿐이었다. 내가 당시에 연락해본 여러 '슈퍼개미'들도 이미 기존에 투자돼 있는 주식자산이 많아 '물 반고기 반'을 넘어 고기가 거의 95%인 상황에서도 매수 자금이 충분히 없는 걸 아쉬워했다.

그런데 거꾸로 평소 주식 투자를 하지 않았던 많은 일반인들은 해당 기업의 가치를 잘 모르니 여유 자금이 있어도 선뜻 매수할 수 없었다. 그래서 그렇게 많은 개인투자자들이 주식시장에 유입됐음에도 불구하고 삼성전자와 같은 대기업에 투자하거나, 단기적인 테마주에 몰릴 수밖에 없었다. 위기 뒤에 오는 기회를 포착하려면 자금과 투자 실력을 함께 갖추고 있어야 한다. 낚시 도구가 있어도 낚시법을 알아야 물고기를 낚지 않겠는가.

교훈 4. 반등 시에 펀더멘털이 훼손된 종목들은 가급적 피하라.

시장이 반등할 때 기업가치에 비해 주가가 지나치게 떨어진 종목들을 찾는 과정에서 경계해야 할 종목들이 있다. 기업의 펀더멘털이 훼손된 종목들이다. 이런 기업들의 주가는 늦게 회복되기 때문이다. 최악의 경우 회복을 못하거나, 드물지만 위기를 돌파하지 못하고 회사가 상장폐지되기도 한다.

대표적인 업종이 금융이다. 실물경기가 얼어붙으면 부실채권이 증가하고 기업들의 부도 위험이 높아진다. 또한 경기 침체에 대응하기 위해 중앙은행은 기준금리를 낮추며 이에 따라 시장금리도 낮아진다. 특히 은행은 예금금리와 대출금리의 차이, 즉 예대마진이 수익에 중요한 역할을 하는데 시장금리가 낮아지면 예대마진도 줄어든다. 예대마진이 줄어들면 은행들의 실적은 좋아지기 어렵고, 주가 회복도 늦을 수밖에 없다.

코로나 사태 장기화로 엄청난 타격이 불가피해진 여행업계도 마찬가지다. 항공사들도 마찬가지 상황이었다. 여행 수요 감소로 매출은 주는데 리스 비용 지출이 엄청나기 때문에 시간이 지날수록 자금 흐름이 급격히 나빠진다. 다만 국가 기간산업이라는 이유로 정부의 지원책이 나오고, 5월 이후 화물운송 수요가 늘고 단가가 인상된 것으로 숨통이 트였을 뿐이다. 이처럼 주가 폭락 이후 매수 대상을 고려할 때는 주가 낙폭만 보지 말고 반드시 회복탄력성이 얼마나 좋을지를 생각해야 한다.

교훈 5. 위기가 지나면 산업이 재편된다.

큰 경제적 위기가 지나가면 산업의 구조적 재편이 일어난다. 잘 나가던 기존의 산업이 유탄을 맞아 추락하거나 쇠퇴할 수도 있고, 새로운 산업이 급부상하기도 한다. 2008년 금융위기 이후에는 이른바 '차화정', 즉 자동차, 화학, 정유 업종의 실적이 좋아지면서 강세를 보였다. 코로나 사태 이후에는 주식시장을 주도한 종목군을 지칭해 BBIG Bio, Battery, Internet, Game라는 신조어가 새로 탄생하기도 했다. 큰 경제적 충격파는 그만큼 산업의 구조적 재편을 초래하고, 새로운 흐름을 주도한 업종의 주가가 빠른 속도로 반등하거나 전고점을 돌파하는 현상이 발생하는 것이다.

한편으로는 바이오나 건강기능식, 2차전지 관련주들처럼 어차피 대세이던 흐름이 꺾이지는 않는다는 것을 확인할 수도 있었다. 시쳇말로 '어차피 갈 놈은 가게 돼 있다'는 것도 확인할 수 있다. 다만 성장의 지속성은 감안할 필요가 있다. 마스크나 진단키트 관련주처럼 코로나 사태가 진행되는 동안에만 주로 큰 수혜를 받는 종목들도 있지만, 로봇이나 자동화 설비 관련 기업들처럼 장기적으로 수혜를 받게 될 종목들도 있다. 이런 수혜의 시기와 지속성에도 주목할 필요가 있다.

교훈 6. 유동성의 힘은 막강하다. 하지만 분명히 끝이 있다.

주가 폭락 이후 급반등 흐름을 만들어낸 일등공신은 유동성의 힘이다. 1장에서 설명했지만, 2008년 금융위기 이후 돈의 힘으로 세계경제가 지탱되고 있는 경향이 더 강해졌는데, 그 무엇보다 주식시장에서 그런 경향이 강했다. 미 연준은 2008년 금융위기 이후 세 번의 양적 완화를 실시했는데, 1차 때는 107%, 2차 때는 76%, 3차 때는 46%의 미국 주가 상승을 끌어냈다.[1] 이런 유동성 장세가 코로나 폭락 이후 주가를 반등시킨 힘이기도 했다. 각국 정부와 중앙은행의 금리 인하와 통화 완화, 재정부양책 등의 힘이 강하게 작용했다. 이뿐만 아니라 과거 유동성의 힘으로 주가가 급등했던 것을 기억하는 많은 개인투자자들이 각국에서 주식시장으로 뛰어들었다. 그 어떤 나라보다 국내에서, 특히 코스닥시장의 개인투자자 유입이 대폭 늘어나면서 막대한 개인 매수자금이 유입됐다.

이런 유동성의 힘으로 주가가 반등한 이후에는 오르는 주식이 계속 더 오르는 현상이 생겼다. 실물경제 상황만 보면 '경기가 이렇게 나쁜데…'라고 의아해 할 수 있다. 하지만 유동성이 넘쳐나는 자산시장에서 자주 발생하는 자산 인플레 현상이기도 하다. 주식을 사려는 자금은 많이 몰렸는데, 코로나 충격으로 매수할 만한 실적 좋은 기업은 줄었다. 그러면 어떤 현상이 벌어질까. 당연히 실적이 좋거나 좋아질 것으로 기대되는 소수의 종목들로 자금이 쏠릴 수밖에 없다. 이렇게 실물경기 악화와 유동성 과잉 현상이 결합돼 '가는 놈이 더 가는 현상' 또는 '주가 양극화 현상'이 나타나기도 하는 것이다. 이런 시기의 핵심 리스크는 1) 경기가 유동성의 힘으로도 떠받칠 수 없을 정도로 다시 악화하는 것 2) 유동성의 힘으로 오른 종목들이 도저히 합리화할 수 없는 주가 수준에 이르는 것이다. 유동성장세에서는 이 두 측면을 주의하면서 대응하면 된다. 결국 이럴 때도 기본은 어딘가에 있을 '좋은 종목을 싸게' 사는 것이다. 그리고 일정한 현금 여력과 탄탄한 포트폴리오를 갖추는 일이다. 그것이 리스크를 경계하면서도 유동성 장세가 주는 수익의 기회를 포착하는 기본자세다.

교훈 7. 버블과 버블 붕괴의 주기를 이용해 부를 축적하라.

지금까지 이야기한 교훈들을 한마디로 요약하면 '바닥권에서 잘 대응하면 위기 이후 부가 늘어난다'는 것이다. 주식시장이 폭락하면 당장은 큰 손실이 발생할 수도 있지만, 위기 이후에는 그만큼 큰 기회가 온다. 어마어마한 바겐세일 기간이기 때문이다. 공포에 휩쓸리지 않고 이 시기를 기회로 보면 더 큰 부자가 될 수 있다. 실제로 오랫동안 투자해온 슈퍼개미들의 이야기를 들어보면 2008년 금융위기 초기에 주가가 폭락해서 아주 힘들었지만 오히려 이 위기 이후에 주식자산이 급증했던 분들이 많다.

코로나 폭락장은 위기를 어떻게 보고 대응해야 하는지 많은 교훈을 주고 있다. 이 교훈을 새겼다면 다음에 언제인가 닥쳐올 위기 때는 훨씬 좋은 성과를 얻을 수 있을 것이다. 코로나 사태의 여파로 주식시장에도 여진이 자주 발생할 것이고, 이후에도 막대하게 풀린 유동성 때문에 버블이 생겼다가 꺼지는 현상이 반복될 것이다. 즉 버블과 버블 붕괴의 주기가 반복될 것이다. 이런 흐름들을 주식 투자에 이용하면 위기를 기회로 전환할 능력이 커지고, 부를 더 빨리 축적하는 것도 가능해질 것이다.

직장인이 단타매매로 돈을 벌 수 없는 이유

국내 개인투자자들은 유난히 단타매매를 많이 한다. 한국거래소KRX의 분석에 따르면 2016년에 주식시장에서 데이트레이딩, 즉 당일에 주식을 사고 판 거래가 전체의 47.7%로 절반에 육박했다. 데이트레이딩 중에 개인이 차지하는 비율이 96.9%나 됐다. 주식 투자는 해당 기업의 주인이 되는 것인데, 단타매매는 주인 의식이 전혀 없는 거래를 하는 것이다. 해당 기업의 가치나 실적에는 관심이 없고, 주가 흐름에만 관심이 있는 것이다. 주가 흐름이 그렇게 패턴대로 움직여준다면 얼마나 돈 벌기가 쉽겠는가.

그런데 실제로는 차트를 분석해서 단타매매하는 방법은 성공 확률이 높지 않다. 서울대 컴퓨터공학부 문병로 교수가 쓴《문병로 교수의 메트릭 스튜디오》는 단타매매의 근거가 되는 기술적 분석이 실제로는 잘 들어맞지 않는 '현대판 점성술'에 가깝다는 것을 데이터 분석에 근거해 자세히 설명하고 있다.

또한 직장인이라면 단타매매할 시간도 여의치 않다. 단타매매를 하려면 주식시장이 개장되었을 때 차트를 열심히 들여다보고 타이밍을 찾아야 하는데 업무시간에 과연 가능한 일일까? 만약 업무시간에 단타매매에 열을 올리고 있다면 그만큼 일을 제대로 못할 것이다. 나는 주식 투자를 권하지만, 그에 앞서 자신의 업무 능력과 역량을 높이는 게 더 중요하다고 생각한다. 그래야 직장에서 밀려나지 않고, 혹여 직장에서 밀려나도 스스로 생존할 수 있는 역량을 키울 수 있다. 그런데 단타매매에 시간과 신경을 쓰다가 직장에서 밀려나거나 자신의 역량을 키우지 못하면 오히려 '제1의 소득원'이 사라지게 되는 셈이다. 투자실력을 키워 '제2의 소득원'에서 제1의 소득 정도나 그 이상을 벌기 전까지는 제1의 소득원인 자신의 직업에 소홀하면 안 된다. 설사 투자 수익을 충분히 올릴 수 있는 단계가 되더라도 원래 자신의 일을 소홀히 하지 않기를 바란다.

인생을 잘 살기 위해서 돈이 필요한 것이지, 돈을 벌기 위해 인생이 있는 것은 아니다. 자신의 역량을 발휘하고 가치를 실현할 수 있는 일은 소득이나 경제적 여유와 무관하게 지속하는 게 좋다고 생각한다. 그러기 위해서는 자신이 지금 하는 일에 결코 소홀해서는 안 된다. 지금 하는 일에 집중하면서도 얼마든지 주식 투자를 할 수 있고, 좋은 수익을 올릴 수 있다. 특히 투자 수익을 충분히 올릴 수 있을 때까지는 일해서 버는 제1의 소득이 있어야 심리적으로 안정감 있게 투자할 수 있다. 그래야 투자의 성공 확률도 높아진다. 또한 투자자금을 키우기 위한 자금도 제1의 소득으로 마련할 수 있다.

물론 단타매매를 통해서 돈을 버는 고수들도 분명히 있다. 허영만 화백이 주식 투자에 관한 경험을 그린 만화 《허영만의 3천만 원》에는 초단타매매로 큰 수익을 올린 '하웅'이라는 고수의 사례가 나온다. 이 사람은 단타매매 종목을 고를 때 그래프도 보지 않는다고 말한다. 영업이익이나 재무제표도 안 보고 이른바 '미인 종목' 중에서 고른다고 한다. 주식 투자를 좀 한다는 사람들에게 이야기하면 아! 하고 금방 아는 종목 중에서 고른다는데, 과연 다른 사람들도 그래프도 재무제표도 안 보고 미인종목 중에서 고르면 돈을 벌 수 있을까?

만화를 보면 이에 대한 답도 하웅이 직접 준다. 하웅은 사무실을 내고 친구들과 함께 단타매매를 하는데, 아예 자기 컴퓨터를 연결해서 친구들도 자신의 매매 동향을 실시간으로 볼 수 있게 해준다. 그런데도 친구들은 돈을 못 번다고 한다. 하웅은 "주식은 가르쳐준다고 되는 게 아닌가 봅니다"라고 말한다.

하지만 실제로 하웅이 가르쳐준 것은 별로 없다고 보는 게 맞다. 하웅은 분명 단타매매의 고수다. 그런데 단타매매의 실력은 축적된 경험을 통해 만들어진 감각과 타이밍을 재빨리 캐치하는 능력이 크게 좌우한다. 과연 그 '감'을 쉽게 전수할 수 있을까? 그 감을 가질 수 있는 사람들은 극소수다. 설사 그런 식의 고수가 되더라도 매우 피곤한 방식이다. 하루 종일 모니터 앞에서 긴장감을 갖고 앉아 있어야 하기 때문이다.

일반인들이 목표로 해야 하는 것은 현명한 투자자investor이지 하루 종일 모니터 앞에서 계속 신경을 곤두세워야 하는 트레이더trader여서는 안 된다. 대부분의 사람들이 노력하면 큰 시간 들이지 않고도

체계적으로 배울 수 있는 투자 방법들이 있다. 그런데 그런 방법을 외면하고 단타매매의 감을 배우려는 것은 대부분의 사람들에게는 어리석은 일이다.

그리고 단타매매로는 대부분의 경우 푼돈밖에 못 번다. 해당 기업에 대해 잘 모르면서 주가 흐름만 보고 투자할 경우 많은 돈을 투자할 수 있겠는가. 겨우 몇 백만 원 투자하는 경우가 대부분이고, 몇 천만 원 이상을 투자하는 경우도 드물다. 500만 원을 투자해서 하루에 5%를 벌었다고 해도 25만 원이다. 물론 매일 그렇게 벌 수 있다면 모르겠으나, 손실을 보는 날들도 많을 것이다. 그런 식으로 해서는 의미 있는 자산을 축적하기 어렵다.

정말 주식 투자로 돈을 불리려면 스스로 발굴한 좋은 종목에 상당한 비중을 실어 투자했는데, 그 종목이 2~3배 올라줘야 한다. 정말 자신이 잘 아는 종목에 5,000만 원을 투자해 2배가 되면 1억 원이 된다. 그런 경험을 하고 나면 단타매매를 하라고 해도 안 한다. 경제와 산업에 대해 배우고, 자신의 업무에도 충실하면서 충분히 투자 수익을 올릴 수 있는데, 푼돈을 벌기 위해 하루 종일 모니터 앞에 충혈된 눈으로 앉아 있을 사람은 없기 때문이다.

그런데 이렇게 개인들이 단타매매에 쏠려 있는 현상을 개인들 탓만으로 돌릴 수는 없다. 금융투자업계가 그렇게 몰고 가는 측면도 크기 때문이다. 당장 증권 관련 방송을 틀어보자. 정말로 차트 분석에 열심이다. 개인들은 주식 투자를 하려면 당연히 차트분석을 할 줄 알아야 하는구나, 하고 생각하기 쉬운 환경을 만들고 있다. 차트 분석에 기반한 주식 투자는 미국이나 일본에서 한참 전에 유행했지만 이미 효용성이 없다는 사실이 드러나면서 거의 자취를 감추었다. 그러나 한국에서는 여전히 현재진행형이다. 그 이유는 역시 증권사들이 돈을 버는 구조와 관련이 있다.

2015년 10월 주진형 당시 한화투자증권 대표의 '5가지 고백'이 화제가 된 적이 있었다. 그중 하나가 '증권사 전담 직원이 특별 관리해주는 고객의 수익률이 더 나쁘다'였다. 이게 무슨 소린가. 전담 직원이 특별 관리해주는 만큼 당연히 수익률이 더 좋아야 하는데 현실은 정반대라니? 그 이유는 매매 회전율에 있었다. 증권사는 거래가 이루어질 때마다 거래수수료를 챙긴다. 증권사 직원들이 단타매매를 부추기고 싶은 유혹을 받을 수밖에 없다. 전담 직원의 '특별 관리'라는 게 결국은 고객의 수익을 위한 관리가 아닌 증권사의 수익을 위한 관리가 되는 꼴이다.

국내 증권사들이 최근으로 올수록 해외주식을 적극적으로 밀고 있는 배경에도 비슷한 문제점이 있다. 증권사 간 경쟁이 치열해지고, 온라인 거래가 활성화되면서 국내주식 거래 수수료는 많이 낮아졌다. 아예 온라인 거래는 수수료를 안 받는 경우까지 등장했다.

그렇다면 증권사가 어디에서 돈을 벌어야 하나? 상대적으로 수수료가 높은 해외주식을 미는 것이다. 과연 개인투자자들 중에 미국이나 중국 기업들을 제대로 알고 가치를 따져볼 수 있는 사람이 얼마나 있을까. 상당수는 국내 기업의 가치도 평가하지 못하는데 하물며 외국기업을 잘 평가할 수 있을까. 그런데도 증권사들은 해외주식 투자를 부추긴다.

그렇다고 해외주식 투자가 무조건 나쁘다는 뜻은 아니다. 실제로 2008년 경제위기 이후 국내 증시가 박스권에 갇혀 있는 동안 미국 증시는 숨 가쁘게 올랐다. 그 가운데서도 FAANG 기업들로 대표되는 미국의 주요 ICT기업들은 상승세가 워낙 가팔랐다. 반면 국내의 대기업들은 같은 기간에 저성장 또는 성장 정체에 접어들며 주가가 뒷걸음질치는 경우도 많았다. 어차피 해당 기업들에 대해 자세히 모르는 상태에서 대표적인 우량주에 투자한다는 생각이라면 글로벌 우량주인 미국의 주요 기술주들에 투자하는 게 분명히 더 나은 선택일 수 있다. 실제로 같은 기간 미국의 대표 기업들에 투자한 경우에 상당히 높은 수익률을 올릴 수 있었다.

하지만 한편으로는 미국 기업들에 대해서는 국내 기업들처럼 속속들이 알고 투자하기는 어렵다. 관련 정보의 제한도 있지만, 국내 기업들처럼 주식담당자(IR담당자라고도 하며, 보통 줄여서 '주담'이라고 한다)와 통화하거나 기업탐방 등을 통해 자세히 알기는 어렵기 때문이다. 스스로 발굴한 국내의 좋은 기업이 잘 모르는 해외의 우량주식보다 좋은 투자 기회를 제공하는 경우가 여전히 상당히 많다.

저성장 시대에 성장하는 산업에
투자해야 하는 이유와 전략

지금까지 왜 다른 모든 투자들을 제쳐두고 주식 투자를 권하는지, 또 일반인들이 어떤 자세로 주식 투자에 접근해야 하는지에 대해 설명했다. 이제부터는 구체적으로 수익을 낼 수 있는 주식 투자의 방법을 살펴보자. 개인들이 스스로 종목을 골라서 투자하고 관리하는 방법은 5장에서 알아보고 여기에서는 경제와 산업의 흐름을 이용해 어떻게 수익을 낼 수 있는지 살펴보자.

3장에서 나는 '새로운 기술 흐름의 로켓에 올라타라'고 말했는데, 새로운 기술이 만드는 산업 흐름이 한국의 미래를 먹여 살릴 새로운 성장산업의 원천이기도 하다. 또한 한국이 이미 저성장 시대에 접어들었다고 하더라도 성장산업에 투자하면 과거 한국이 고성장을 구가하던 시절에 준하는 높은 투자 수익을 얻을 수 있다고 믿는다. 특히 고성장하는 산업 분야에서는 당연히 고성장하는 기업들도 다른 분야에 비해 상대적으로 훨씬 많이 쏟아져 나온다. 다만 고성장산업이라고 해서 무턱대고 투자해서는 안 된다. 특히 고성장 기업이라고 해서 주가가 한껏 부풀려졌을 때 덥석 매수하면 단기적으로는 손실을 볼 가능성이 더 크다. 면밀히 따져보고 자신이 충분히 이해한 상태에서 투자해야 한다. 과거 한국의 주력 산업들이 성장할 때 삼성전자, 현대차, SK텔레콤, 포스코와 같은 업종 대표주들에만 장기적으로 투자해도 높은 수익을 올릴 수 있을 때와는 상황이 크게 달라졌다. 삼성전자 정도만 제외하고는 과거 업종 대표주들이 견실한 성장을 이어가지 못하기 때문이다.

이제는 성장하는 산업에서도 알찬 기업들에 투자해야 하는 시대다. 그 기업들은 대기업이 아니라 실력 있는 중소형주인 경우도 많다. 그런 기업들에 투자하려면 과거 고성장기에 업종 대표주에 투자하는 것보다 더 많은 노력을 기울여야 한다. 하지만 그게 그렇게 어려운 일이 아니다. 앞에서도 말했지만, 한 종목당 5일 정도만 투자하면 상위 1%의 이해도를 갖고 해당 기업에 투자할 수 있다. 그러면 투자의 성공 가능성은 매우 높아진다.

한편으로는 경제와 산업의 큰 흐름에 대해 꾸준히 배우고 통찰력을 키워야 한다. 1장에서 설명한 돈의 힘이나 미중 간의 무역전쟁, 인구구조 변화 등은 경제와 산업의 흐름에 큰 영향을 미친다. 특히 4차 산업혁명과 디지털 전환 흐름은 세계적으로 마찬가지지만 한국의 미래 산업의 향방을 가름하는 매우 중요한 흐름이다. 이런 흐름들에 대해 충분히 이해하는 것이 투자에도 큰 도움을 주는 시대가 됐다. 미래에 성장하는 분야와 그 속에서 성장할 기업에 투자하겠는가, 아니면 성장이 정체된 기업에 투자하겠는가. 답은 자명하다.

이렇게 말하면 흔히 말하는 '성장주'에 투자하라는 얘기로 오해하기 쉽다. 나는 단순히 성장주에 투자하라고 하는 것이 아니다. 내가 말하는 것은 가치투자자도 중시하는 자본의 규모를 빨리 키울 수 있는 이익의 성장속도에 집중하라는 것이다. 흔히 말하는 고성장산업이 아닌 분야에서도 일시적으로든 지속적으로든 실적이 빠르게 성장하는 사례들이 많다. 하지만 고성장산업 분야에서는 그런 기업들이 훨씬 많다. 그런 점에서 경제와 산업의 메가트렌드를 주목하고 그 흐름 속에서 실적이 빠르게 성장할 기업들을 찾는 게 투자 성공확률이 높다는 것이다. 단순히 일시적으로 성장 기대감을 모으는 기업들에 투자하라는 게 아니다.

그런데도 오직 '전통적인 가치투자'의 관점에 매몰돼 세상의 메가트렌드를 읽지 못하고 고지식한 방식으로 투자하는 경우가 많다. 워런 버핏의 투자 성과가 시장수익률을 더 이상 능가하지 못하는 시기가 10년이 넘어간다. 가치투자의 바이블로 대접받는《증권분석》과《현명한 투자자》의 저자이자 워런 버핏의 스승으로 여겨지는 벤저민 그레이엄조차 과거의 증권분석 기법을 옹호하지 않았는데도 말이다. 그는 말년에 행한 인터뷰에서 다음과 같이 말한 적이 있다.

"이제는 탁월한 가치투자의 기회를 잡기 위해 증권 분석에 공들이는 기법을 더 이상 옹호하지 않습니다. (중략) 예전에는 숙련된 애널리스트라면 꼼꼼하게 분석해서 저평가된 종목을 쉽게 찾을 수 있었지만, 엄청난 양의 리서치가 행해지는 요즘도 큰 비용을 들여 찾을 만큼 저평가된 종목이 존

재할지 의문입니다."[2]

국내도 사정이 마찬가지다. 한국의 대표적인 가치투자 펀드를 운용하는 한국투자밸류자산운용이 출시한 각종 펀드들의 5년, 3년, 1년 수익률이 계속 중하위권을 기록하는 것만 봐도 그렇다. 그리고 내가 만난 슈퍼개미들 가운데 과거 방식의 가치투자가 더 이상 잘 통하지 않는다고 고백(?)하거나, 실제로 지난 몇 년간 자산 규모가 거의 늘지 않은 분들이 꽤 있다. 오히려 내가 만난 슈퍼개미들 가운데 최근에 가장 높은 수익률을 기록한 사람은 전통적인 가치투자와는 달리 미래 성장성이 강한 종목들에 과감히 투자한 사람이다. 상황이 이런데도 수십 년 전, 그것도 미국 주식시장에서 적용된 방법론을 그대로 적용하며 여전히 대표적인 저성장주인 은행주들을 저평가주라며 계속 사모으는 '교조적인 가치투자자'들이 많다. 그런 기업들의 주가는 잘 오르지 않는다. 가치주라고 생각할지 모르겠지만, 실은 성장 정체주이거나 저성장주이기 때문이다.

절대 오해하지 말기 바란다. 내가 가치투자의 가치를 절대 무시하는 것이 아니다. 가치투자는 지난 세월 그 어떤 투자 철학과 접근법보다 더 많은 투자의 대가들과 부자들을 양산한 접근법이다. 하지만 가치투자를 교조적으로 접근하지는 말자는 것이다. 저성장 시대에 성장의 가치가 중요하다면, 성장성도 가치의 일부로 받아들여야 한다. 그리고 큰 흐름에서 보면 주가는 해당 기업의 자본(순자산)의 크기만큼 상승하는데, 순자산은 가치투자자들이 가장 중요하게 보는 항목이기도 하다. 하지만 더 중요한 것은 그 순자산의 증가 속도를 결정하는 것이 기업의 실적 가운데서도 이익이다. 그러면 실적이 증가해서 자본의 누적 속도가 빠른 기업을 찾아야 하고, 그것은 데이터 분석을 해보면 충분히 입증되는 투자법이다. 5장에서 보겠지만, 나는 이런 데이터들에 근거해서 '실적 중심 투자법'을 권하는 것이다.

본론에 들어가기 전에 서두가 다소 길었지만, 그만큼 미래에 대한 통찰을 키우고 경제와 산업의 메가트렌드를 이해하는 게 중요하다. 각설하고 이제 이런 경제와 산업의 메가트렌드를 이해한 바탕 위에서 이를 어떻게 주식 투자에 활용할 수 있는지 알아보자. 지면의 제약상 향후 한국경제와 산업의 미래를 밝혀줄 많은 분야들 가운데 세 분야 '2차전지, 반도체, 바이오-제약 산업'의 현황과 전망을 살펴보고, 어떻게 투자할 수 있는지 정리했다. 이외에도 성장하는 산업은 얼마든지 있을 수 있으며, 또한 저성장 분야에서도 고속 성장하는 기업이 나올 수 있다는 점은 감안하면서 예시로서 읽어주길 바란다.

주요 성장산업 투자법 1:
향후 10년 이상 고속성장할 최고의 투자처, 2차전지

20년 전 삼성전자 주가는 지금 주가의 약 10분의 1에 불과했다. 만약 타임머신을 타고 그 시기로 돌아갈 수 있다면 여러분은 어떻게 하겠는가. 당연히 삼성전자 주식을 사지 않겠는가. 2억 원어치를 사두면 지금쯤 20억 원으로 불어 있을 테니 아무런 노후 걱정도 없을 것이다. 실제로 삼성전자 주식만 사모아서 수백억 원대 부자가 된 사람들 얘기도 언론 등을 통해 여러 번 들었을 것이다. 그런데 우리는 안타깝게도 과거로 돌아갈 수 없다.

그러면 지금 그와 가장 가깝게 할 수 있는 방법은 뭘까. 나는 2차전지 산업에 투자하는 것이라고 생각한다. 2차전지는 일시적 테마가 아니다. 또는 5G 통신 수혜주처럼 3~4년 수혜를 보고 말 종목들이 아니다. 반도체는 향후에 큰 흐름에서는 계속 시장이 커지겠지만, 뚜렷한 사이클을 그리는 산업이다. 더구나 성장 속도에서 2차전지는 향후 반도체시장 성장 속도를 능가한다. 빠른 성장을 기록하는 기간이 중간에 일정한 기복은 있겠지만, 큰 흐름에서는 최소 10년 이상은 간다.

지금 전기차 비중이 2.7% 수준인데 이 비중이 58% 수준까지 올라설 것으로 예상되는 2040년 정도까지는 매우 빠른 속도로 성장할 것이다. 지금 수소차가 함께 거론되지만 수소차는 기술의 특성상 대형 트럭 등에만 사용될 가능성이 높다. 따라서 미래차의 대부분은 지금도 그렇고 앞으로도 그렇고 대부분 전기차가 될 것이다. 그 시동을 중국이 걸었고, 미국 테슬라가 전기차 확산의 빅뱅파괴big bang disruption의 모멘텀을 만들었으며, 유럽시장이 2020년부터 본격적으로 성장하기 시작한다. 트럼프 행정부 기간에 주춤했던 미국도 2020년 11월 대선과 상원의원 선거 결과 민주당이 승리할 경우 전기차 확대를 위한 대대적인 정책 드라이브를 걸 것이다. 사실 대선 결과와 상관없이 미국 캘리포니아주를 중심으로 동부와 서부의 여러 주들이 여전히 강력한 친환경 규제를 실행하고 있다. 따라서 전기차와 2차전지는 지금 우리 앞에 놓여 있는 가장 확실한 산업의 메가트렌드다.

더구나 한국은 전 세계 배터리셀 공급 규모 1위로 올라선 LG화학을 필두로 삼성SDI, SK이노베이션 등 배터리 3사가 포진하고 있다. 이미 이들 3사가 확보한 배터리 수주 규모만 2020년 1분기 현재 260조~300조 원 규모로 예상된다. 이들 배터리 3사에 소재와 부품을 납품하고, 장비를 공급하는 업체들은 3사와 함께 향후 10년 이상 엄청나게 빠른 성장을 할 가능성이 높다. 그러면 개인투자자들 입장에서는 LG화학이나 삼성SDI와 같은 배터리셀업체나 2차전지의 핵심 밸류체인에 속하는 기업들을 골라서 장기적인 관점에서 투자하면 된다. 1~2종목만 담을 필요가 없다. 밸류체인의 핵심 종목 가운데 5~6개 정도를 비중이 큰 한 종목처럼 골고루 나눠 담으면 된다. 도중에 경쟁이 치열해져 뒤처지는 일부 종목들은 새로운 종목들로 교체하면 된다. 그러면 20년 전 삼성전자에 투자한 효과를 향후 10년 혹은 20년 후까지 누릴 수 있을 것이다. 아마 주가 상승폭은 더 클 것이다.

테슬라가 기업 공개를 시작한 이래 주가가 80배가량 상승했다는 것을 생각해보라. 2차전지 종목들 가운데 상당수가 테슬라 정도는 아니어도 10년 후 지금보다 상상할 수 없을 정도의 큰 기업으로 성장해 있을 가능성이 크다. 물론 2020년 초부터 2차전지 관련주들의 주가가 큰 폭으로 올랐다. 코로나 주가 폭락 이후에도 대부분 전고점을 돌파할 정도로 상승폭이 컸다. 하지만 지금도 길게 보면 여전히 초기다. 2차전지 관련주들을 충분히 매수해놓지 못한 사람들이라면 2차전지 핵심 관련주들의 주가 조정이 일어날 때마다 꾸준히 매수해서 전체 포트폴리오 안에서 상당한 비중을 채워놓는 게 좋다.

2차전지에 주목하는 이유

그러면 왜 이렇게 판단하는지 구체적으로 살펴보자. 기후변화에 대처하는 각국의 정책적인 움직임에 가장 큰 영향을 받는 산업 분야로 자동차산업을 꼽을 수 있다. EU의 경우 전체 석유 소비량의 48%를 육상 운송이 차지하고 있으며 이 중 거의 대부분은 자동차가 소비한다. 유럽 각국은 내연기관 자동차의 비중을 축소하고 최종적으로는 아예 퇴출시키는 정책을 추진하고 있으며, 목표 일정을 계속 앞당기고 있다. 특히 잇달아 불거진 디젤자동차 배기가스 조작 사건, 이른바 디젤게이트는 '그린 디젤'의 허상을 만천하에 드러내면서 내연기관, 특히 디젤기관 자동차 퇴출 움직임에 가속도를 붙였다.

내연기관 자동차를 대체할 선두주자는 단연 전기자동차다. 국제에너지기구IEA는 2040년까지 전 세계 전기차 대수 전망치를 기존의 3억 대에서 3억 3000만 대로 상향 조정했다.[3] 블룸버그 NEF도 〈2020년 전기자동차 전망Electric Vehicle Outlook 2020〉에서 전기차의 시장점유율이 2020년 2.7%에서 2025년에는 10%, 2030년 28%, 2040년 58%까지 상승할 것으로 예상했다.[4] 실제로 최근 2~3년간 글로벌 주요 완성차업체들은 경쟁적으로 미래 투자계획과 대규모 구조개혁 방안을 쏟아냈다. 당장 자금이 투입되는 단발성 투자부터 2030년까지 단계적으로 이뤄지는 장기 프로젝트까지 방식은 다양하지만 이들 업체들의 미래 전략의 핵심은 전기차 생산과 판매였다.

무엇보다 디젤게이트로 큰 홍역을 치렀고 테슬라의 부상에 위협을 느낀 독일의 폭스바겐그룹은 늦어도 2040년까지는 내연기관차 생산을 중단하겠다고 2018년에 이미 발표했다. 더 나아가 2019년 11월에는 향후 5년간 600억 유로(약 77조)를 투자해 순수 전기차 75종과 하이브리드차 60종을 생산하겠다고 밝혔다. 미국 GM도 2019년부터 4년간 30억 달러(약 3.6조 원)를 투자해 디트로이트의 햄트램크 공장을 전기차 전용 공장으로 바꿔 연 10만 대의 전기차를 생산하겠다는 계획을 밝혔다. 최근 배터리팩 가격이 하락하며 완성차업체의 전기차 부문이 조기에 흑자 전환될 수 있는 여건이 조성되고 있는 점도 전기차로 전환을 가속화하는 요인으로 작용하고 있다.

특히 유럽 전기차시장이 가속 페달을 밟고 있다. 중국과 미국에서 보조금이 축소되며 판매 증가율이 둔화하고 있는 반면, 유럽은 환경 규제가 본격화하고 각국의 세금우대 혜택과 보조금 지급이 강화되고 있기 때문이다.

구체적으로 유럽은 2020년부터 완성차업체 평균 이산화탄소 배출량 규제를 95g/km로 대폭 강화했고, 이산화탄소 배출량이 1g 초과할 때마다 대당 95유로의 과징금을 부과한다. 유럽 최대 자동차 생산국인 독일은 2030년까지 전기차 시대로 전환하기 위해 디젤차에 대한 대규모 구조조정을 실시하고 있으며, 현재 2만 대에 불과한 전기차 충전소를 2030년까지 100만 대로 늘릴 예정이다. 이에 따라 코로나 사태가 발생한 뒤 세계 다른 지역과는 달리 유럽 지역의 전기차 판매량은 오히려 늘어났다. 하나금융투자 리서치 자료에 따르면 2020년 5월 미국과 중국의 전기차 판매량은 전년동기 대비 −51%, −29% 감소했는데, 유럽은 25% 증가했다.[5]

이런 전기차 시대에 가장 유망한 산업 분야는 2차전지 산업이다. 전기차 생산원가의 37%는 배터리가 차지한다. 전기차의 무게, 출력,

수명, 안전성을 비롯한 대부분의 중요한 성능은 배터리에서 나온다고 해도 과언이 아니다. 특히 전기차의 가장 큰 단점으로 지적되는 주행거리와 충전시간도 모두 배터리가 관건이다.

그런데 전기차의 급속한 성장에 따라 배터리 수요가 급속도로 늘면서 한동안 공급이 수요를 따라가지 못할 것으로 보인다. SNE리서치에 따르면 전 세계 전기차 배터리의 수요는 2023년에 916GWh까지 성장하지만 공급은 776GWh 수준에 그쳐서 공급 부족이 심화되고 이러한 현상이 2029년까지 이어질 것으로 전망했다.[6]

수혜를 받을 수 있는 대기업과 밸류체인

한국 배터리업체들은 세계 배터리 시장에서 중국, 일본 기업들과 경쟁을 벌이고 있다. SNE리서치가 발표한 2020년 1분기 글로벌 배터리 사용량에 따르면 LG화학은 점유율 27.1%로 중국 정부의 보조금을 등에 업은 중국 CATL, 테슬라에 주로 공급해온 일본의 파나소닉을 밀어내고 1위에 올랐다. LG화학의 시장점유율은 전년도 1분기의 10.7%에 비해 1년 만에 2.5배 이상 약진한 것이다.[7] 이는 테슬라의 미국공장이 코로나 여파로 셧다운된 데 따른 일시적인 현상일 수도 있다. 하지만 LG화학은 테슬라 중국공장 생산물량에 배터리를 공급하고 있으며, 아우디와 르노 등 유럽 자동차 회사의 물량까지 계속 수주하면서 세계 1위에 올라설 수 있었다.

더구나 향후 가장 빠르게 성장할 것으로 예상되는 유럽 전기차시장의 성장으로 가장 큰 수혜를 볼 기업들 역시 한국의 2차전지업체들이다. 국내 2차전지업체들은 수년 전부터 유럽 생산시설 구축에 대

규모자금을 투입해왔다. LG화학은 2018년 1분기부터 폴란드 배터리 공장 가동을 시작해 폭스바겐, 아우디, 르노 등에 배터리를 공급하고 있고, 삼성SDI는 2017년부터 약 1조 원을 투자해 헝가리에 현지 생산라인을 구축했다. 후발주자인 SK이노베이션 역시 헝가리에 배터리 공장을 짓는 등 설비투자에 적극 나서고 있다. 이러한 선제적인 투자가 유럽 시장의 급성장으로 빛을 보고 있다. 중국의 CATL은 독일에 첫 해외공장을 건설하고 있으며, 북미 지역에도 배터리 공장 설립을 검토하고 있다. 그러나 독일 공장이 완공되고 양산에 들어가는 것은 2022년 이후일 것으로 예상된다. 향후 몇 년간 유럽 2차전지 시장은 거의 한국업체들의 독무대가 될 전망이다.

이런 흐름에 따라 국내 배터리 3사들의 수주잔고도 어마어마한 규모로 늘고 있다. 각 배터리업체들은 수주잔고를 공개적으로 발표하고 있지는 않지만 증권사의 리포트나 언론보도를 종합해보면 2020년 1분기를 기준으로 배터리 완성품 제조 3사의 수주잔고는 LG화학 150조 원, 삼성SDI 56조 원, SK이노베이션 50조 원 규모로 3사 합계 250조 원을 이미 넘어섰다.[8]

배터리 시장의 성장 속도도 무섭다. 해외시장 조사업체인 IHS마켓은 배터리 시장의 연평균 성장률을 25%로 추정했다. 배터리 가격의 하락을 판매량의 증가세가 압도하면서 시장 규모가 빠르게 성장하고 있다. 유진투자증권 한병화 연구위원의 추정에 따르면 2027년 전기차 배터리 시장은 1,694억 달러에 이르는 반면 메모리 반도체 시장은 1,645억 달러로 추정돼 배터리 시장이 메모리 반도체 시장 규모를 앞지른다.[9] 향후 2차전지 산업이 반도체를 추월하는 국내 대표

산업이 될 가능성이 높다.

　그런 점에서 투자 관점에서는 2차전지 산업의 주력 대기업들인 배터리 3사를 주목할 필요가 있다. 배터리 3사 가운데 SK이노베이션은 화학 및 소재 분야 사업 비중이 여전히 크고 배터리 사업에는 가장 후발 주자로서 아직은 손실이 나고 있어서 투자 시점은 잘 판단해야 한다. LG화학도 사업 분야가 여러 분야로 분산돼 있어서 배터리 사업 성장의 과실이 희석되는 효과가 있다. 반면 삼성SDI는 배터리 사업 비중이 70%가량으로 가장 크다. 2020년 들어 3사 가운데 삼성SDI 주가가 가장 많이 상승한 데도 이런 이유가 있는 것이다.

　그렇다고 이들 배터리업체들에만 투자하는 것은 현명치 못하다. 이들 대기업들보다 성장 속도로 보면 훨씬 더 클 수 있는 기업들은 후방의 관련 밸류체인 기업들이다. 현재 2차전지의 주류를 이루고 있는 것은 리튬이온전지다. 리튬이온전지를 구성하는 요소를 크게 나누면 각각 양극과 음극을 구성하는 '양극재와 음극재', 리튬이온이 양극과 음극을 오갈 수 있도록 하는 매개체인 '전해질', 그리고 양극과 음극이 전기적으로 붙지 않도록 분리해주면서도 리튬이온은 자유롭게 오갈 수 있도록 하는 '분리막'이 있다.

　따라서 2차전지의 밸류체인은 완성품 배터리를 만드는 LG화학, 삼성SDI, SK이노베이션을 중심으로 각각의 구성요소에 필요한 소재와 부품, 기타 부속품을 만드는 회사들, 각 공정에 필요한 장비를 제작하는 회사들로 이루어져 있다. 국내 배터리 3사 및 중국 및 유럽 배터리업체들에 소재와 부품, 장비 등을 공급하는 에코프로비엠, 일진머티리얼즈, 천보, 포스코케미칼, 씨아이에스, 피엔티, 신흥에스이

씨, 상신이디피, 대보마그네틱, 이노메트리 등이 관련해서 주목받는 회사들이다. 이들 기업들 가운데 5장의 종목 선별법과 분석법을 참고로 충분히 스터디한 다음 5~6개 정도의 종목을 포트폴리오에 담아 장기적으로 투자하면 높은 수익률을 올릴 수 있을 것이다.

다만, 일반적으로 소재와 부품업체는 배터리 시장 성장과 함께 계속 실적이 성장할 가능성이 높은 장점이 있는 반면 이미 2~3년 후에 실현될 실적을 이미 주가에 반영하고 있는 경우가 많다.

반면 장비업체들은 2차전지 생산설비를 구축할 때 주로 수혜를 보는 단점이 있다. 하지만 2차전지 산업의 경우 반도체나 디스플레이와 다르게 향후 4~5년 이상은 계속 가파른 설비 증설이 이어질 가능성이 높아 역시 꽤 긴 호흡으로 가져갈 수 있다고 판단된다. 또한 장비산업의 경우 수주잔고로 높은 실적 가시성을 보인다는 장점이 있다. 다만, 장비업체들은 설치한 장비에 대한 설치확인서를 해외고객사들로부터 받아야 매출로 인식할 수 있다. 따라서 코로나 사태로 매출 인식이 지연될 수 있다는 점에 유의해야 한다.

한편으로는 배터리 3사와 모두 거래하는 업체가 있는 반면 한두 군데만 거래하는 업체들도 있다. 전방 고객사의 수주 흐름이나 증설 투자 계획들을 살피면서 그 가운데 수혜를 받을 수 있는 기업들을 선별하는 노력이 필요하다. 예를 들어, 에코프로비엠은 배터리 3사와 모두 거래하는 기업이지만, 조립공정업체인 엠플러스는 SK이노베이션과만 주로 거래하고 있다.

관련주 전망과 투자 전략

그렇다면 코로나의 여파가 전기차와 배터리 시장의 성장세에 찬물을 끼얹지는 않을까? 코로나 사태 이후 유럽의 일부 자동차업계가 경기 부양을 위해 환경규제 완화를 요구하는 움직임을 보이기도 했다. 하지만 녹색당 계열 등 지구온난화 문제를 주요 의제로 생각하는 정치인들이 다수를 차지하는 유럽의회와 독일, 프랑스, 영국, 네덜란드 등 주요 국가들은 오히려 전기차 보급 확대를 위한 대규모 지원책과 내연기관차 퇴출을 촉진하는 '그린뉴딜' 정책을 오히려 더욱 가속화했다.

2020년 5월 프랑스 정부는 자동차산업 부양을 위해 80억 유로(약 1조 916억 원) 규모의 예산을 투입하는 계획을 발표했다. 구체적으로는 12월 말까지 승용 전기차 보조금을 대당 6,000유로에서 7,000유로로 상향했다. 또한 상용 전기차에도 5,000유로를 지원하고, 순수 전기에너지로 주행거리 50km 이상이면서 차량 가격 5만 유로 이하인 플러그인 하이브리드에도 2,000유로를 지원하기로 했다. 또한 노후 공해차량을 폐차한 후 전기차로 교체하면 총 1만 2,000유로의 보조금을 받을 수 있다. 이렇게 2020년 연말까지 모두 20만 대의 전기차에 보조금을 지급하기로 했다. 프랑스의 2019년 연간 전기차 판매량 6만 9,470대의 약 3배에 이르는 전기차 구매를 지원하겠다는 것이다. 프랑스 정부는 이러한 정책을 통해 향후 5년간 100만 대 이상의 전기차와 하이브리드차 생산 증가를 기대하고 있다.[10]

유럽 내 최대 자동차시장인 독일도 경기부양책의 일환으로 전기차에 대한 강력한 지원책을 발표했다. 독일은 차량 가격이 최대 4만

유로까지인 전기차를 대상으로 기존 보조금 3,000유로를 2배인 6,000유로로 대폭 인상하기로 결정했다.[11] 독일의 자동차업계는 내연기관차에도 지원책을 기대했지만 독일의 지원책은 철저하게 전기차에 맞춰졌다. 오히려 2021년 1월부터는 km당 이산화탄소 배출량이 95g이 넘는 모든 차량에 대한 세금을 인상하기로 했다. 특히 SUV와 같이 배출량이 많은 차량이 주요 대상이 될 것으로 보인다. 또한 독일 정부는 전기차 충전 인프라 확대를 위해 모든 주유소에 전기차 충전소 설치 의무화도 추진하기로 했다.

이런 흐름에 따라 유럽 자동차시장의 판매실적도 전기차시장의 성장세가 상당히 견고함을 확인해주었다. 카세일즈 스태티스틱스에 따르면 코로나 사태로 유럽의 2020년 1분기 자동차 판매는 -26.3% 감소했다.[12] 하지만 전기차 판매 실적은 대부분 유럽 국가에서 전년동기 대비 큰 폭으로 상승하면서 유럽 전체로는 오히려 81.7% 성장했다.[13] 코로나의 여파가 본격화한 4월에는 전기차 판매가 전년동기 대비 -16% 줄었지만, 전체 자동차 판매량이 무려 -78% 감소한 것에 비하면 감소폭이 매우 적은 편이었다.[14] 더구나 5월에는 유럽 주요국에서 전체 자동차 판매량이 여전히 대폭 감소한 상황에서도 전기차 판매는 전년동기 대비 증가했다. 예를 들어, 독일의 경우 5월에 전체 승용차 판매가 -49.5% 감소했으나, 전기차 판매는 오히려 5.0% 증가했다. 영국의 경우에는 더욱 극적이어서 전체 승용차 판매는 -89.0% 감소했으나 전기차는 13.7% 증가했다. 이런 흐름을 감안할 때 코로나 사태가 일시적으로 부정적 영향을 미칠 수는 있어도 전기차시장의 추세적 성장을 막지는 못할 것으로 보인다.

이처럼 전기차와 2차전지 산업은 가장 강력히 성장하는 산업이며, 이 흐름은 도저히 거스를 수 없는 상황이다. 몇 년 전까지만 해도 수소차를 내세웠던 현대-기아차도 어느새 미래의 생존을 위해 전기차를 오히려 주력으로 바꾸고 있다. 다행히도 현대-기아차의 전기차 경쟁력도 빠르게 향상되고 있다. 특히 현대-기아차는 소형차 위주의 전기차 출시로 EU 보조금 정책의 핵심 수혜주로 거론되고 있다. 그러나 이 흐름과 관련해서는 앞서 설명한 것과 같이 2차전지 산업이 훨씬 더 유망하다.

한편 2차전지 산업은 단순히 투자 관점에서 뿐만 아니라 향후 한국 경제의 발전을 견인할 중요한 산업이고, 미래지향적 일자리 창출의 핵심산업이 될 수 있다. 그럼에도 불구하고 한국 정부의 전기차와 2차전지 산업 지원정책은 지금까지 기대만큼 과감하지 않았다. 세계에서 중간 정도만 해왔다.

하지만 이미 현대차가 세계 5위 수준의 전기차 판매량을 기록하고 있고, 국내 배터리산업은 규모와 기술력 면에서 이미 세계 1위다. 그렇다면 한국 정부의 정책 의지와 지원 규모도 세계를 선도하는 수준으로 올라서야 한다. 그렇게 하면 국내 전기차시장 규모와 인프라가 약해서 유럽, 미국, 중국 등 해외 공장만 짓고 있는 배터리 3사들이 국내에서도 배터리 수요를 맞추기 위해 추가적인 증설을 진행할 수밖에 없다. 또한 이렇게 전기차와 배터리 산업이 커지면 이에 맞춰 급속충전업체들과 충전인프라 구축 및 운용업체들도 성장하게 된다. 당연히 관련 일자리도 늘어난다. 이렇게 해야 진정한 의미의 리쇼어링도 일어난다.

이렇게 관련 산업과 기업들이 성장하면, 여기에 투자한 투자자들도 과실을 나눌 수 있고, 국민들의 노후도 더 든든해질 수 있다. 과거에 반도체가 한국경제와 산업의 한 단계 도약을 이끌었듯이 전기차와 2차전지 산업이 국내 산업을 더욱 키울 수 있고, 국내 자본시장도 더욱 활성화할 수 있다. 이렇게 1석 4조 이상의 효과를 낼 수 있는 산업을 안 키울 이유가 뭐가 있는가. 그리고 이렇게 성장할 산업에 투자하지 않을 이유가 뭐가 있겠는가.

주요 성장산업 투자법 2·
4차 산업혁명의 쌀 반도체, 사이클에 맞춰 투자하라

잘 알다시피 반도체 산업은 국내 최대 산업이다. 삼성전자나 SK하이닉스와 같은 대기업들뿐만 아니라 소재와 부품, 장비 등을 공급하는 100개가 훌쩍 넘는 상장사들이 포진해 있는 산업이다. 또한 반도체 산업은 전형적인 사이클 산업이지만, 4차 산업혁명의 핵심인 데이터 기반 산업들이 계속 성장함에 따라 장기적으로는 실적이 꾸준히 우상향할 수밖에 없는 산업이다. 따라서 반도체 산업 사이클의 저점에서 산업 내 우량한 기업들에 투자하는 전략을 쓰면 성공 가능성이 매우 높은 투자가 될 수 있다.

그러면 어떻게 투자할 수 있을까? 반도체 산업처럼 경기 사이클을 그리는 산업은 일정한 시점이 지나면 다시 경기 회복기와 호황기를 맞게 된다. 이렇게 해당 업종의 경기 회복기 초기에 해당 업종이나 기업에 투자하게 되면 상당히 큰 수익을 올릴 수 있다.

그런데 어떤 기업에 투자하면 좋을까? 반도체 경기가 회복되는 국면에 삼성전자나 SK하이닉스 등에 투자하는 게 일반적이면서 가장 손쉬운 방법일 것이다. 그런데 문제는 이렇게 투자하면 수익률이 상대적으로 높지 않다는 것이다.

똑똑한 중소형주에 투자하면 더 높은 수익률을 올릴 수 있다

세계 1위 메모리 반도체 기업인 삼성전자를 예로 들어 설명해보자. 삼성전자는 2017년 11월 초에 고점인 5만 7,200원을 찍었다. 당시 삼성전자는 사상 최고인 11조 원이 넘는 순이익을 발표했다. 이후 삼성전자 당기순이익은 2018년 3분기에 13조 원에 육박했으나 향후 반도체 경기가 하락할 가능성이 높다는 전망이 확산되면서 주가는 계속 하락했다. 이후 미국발 금리 인상 우려 여파로 2019년 초에는 3만 7,450원까지 내려갔다가 반도체 경기 바닥이 가까워졌다는 신호들이 나오면서 이후 상승세를 그리기 시작했다. 이렇게 해서 코로나 사태가 닥치기 전인 2020년 초에는 6만 2,800원을 기록하기도 했다. 2018년 3분기에 기록한 실적 고점에 한참 못 미쳤는데도 주가는 오히려 더 높이 올라섰던 것이다. 다만 주가 폭락 이후 다시 큰 폭으로 하락하기도 했지만 말이다.

이처럼 반도체 관련 주가는 반도체 경기 사이클을 선반영해 움직인다. 과거 흐름을 보면 반도체 주가는 실적 개선이 나타나기 전보다 3~4분기가량 일찍 반응하는 경향이 있다. 또한 삼성전자나 SK하이닉스 등에 납품하는 반도체 관련주들 역시 이 무렵부터 주가가 반응하는 경우들이 종종 있다.

그런데 삼성전자 반도체 경기 회복기에 함께 수혜를 받게 되는 반도체 장비나 부품, 소재 관련 업체들의 주가 진폭은 삼성전자보다 대체로 더 크다. 예를 들어, 티씨케이는 반도체 기판 등에 사용되는 실리콘카바이드 제품을 생산하는 업체로 삼성전자와 SK하이닉스 등에 거의 독점적으로 공급하는 업체다. 2016년 말 3만 3,000원 수준이던 티씨케이 주가는 이후 2018년 3월 30일에 8만 3,000원을 넘기도 했다. 주가가 무려 2.5배가량 상승한 것이다.

같은 시기에 시작해 주가 고점을 기록한 2017년 11월 초까지 삼성전자 주가는 48%가량 상승하는 데 그쳤다. 사실 시간 범위를 더 확장해 티씨케이의 주가가 저점이었던 2014년 하반기부터 비교하면 티씨케이는 불과 4년 만에 약 10배 가까이 상승했다. 비슷한 기간에 삼성전자 주가도 2.5배가량 상승했으나 티씨케이에 비할 바는 아니다. 물론 티씨케이는 독보적인 기술력을 바탕으로 반도체 사이클에 크게 구애받지 않고 높은 성장성과 수익률을 기록해온 업체이긴 하다. 그럼에도 불구하고 반도체 산업의 사이클에 따라 밸류체인의 후방 업체들이 훨씬 더 크게 성장할 수 있다는 점을 보여준다.

이를 훨씬 더 잘 보여주는 업체로 서플러스글로벌을 들 수 있다. 반도체 중고장비를 거래하는 이 업체는 반도체 경기의 진폭이 일반적인 반도체 업체들보다 더 큰 편이다. 실제로 반도체 슈퍼 사이클의 정점이었던 2018년에 매출 1,461억 원에 순이익 204억 원을 기록했던 이 업체는 반도체 경기가 악화하면서 2019년에는 매출 1,103억 원에 순이익 15억 원으로 쪼그라들었다. 이에 따라 호황기에 4,500원을 넘보던 주가는 하강 사이클을 그릴 때 2,000원 초반 수준까지 떨어졌다. 하지만 2019년에 경기가 바닥을 찍고 회복하면서 2020년 들어서는 다시 개선된 실적을 보이기 시작했다.

그런데도 코로나 폭락 사태 때 한때 주가가 900원 아래까지 떨어졌다. 시간의 문제일 뿐 반도체 경기가 회복된다고 가정하면 너무나 싼 가격이었던 것이다. 주가 폭락 이후 이 회사의 주가는 2,000원대 초반을 다시 회복했으나, 여전히 반도체 경기가 본격 회복하면 향후 실적 성장에 따라 주가가 상승할 여지는 커 보인다.

이처럼 반도체 산업과 같은 사이클 산업의 경우 해당 업종의 경기 사이클을 이용해 경기 하강기에 투자해 1~2년가량 기다리면 여러 번에 걸쳐 상당히 높은 수익률을 올릴 수 있다. 또한 전방의 주력 기업들보다 실적 변동성과 그에 따른 주가 변동성이 큰 후방의 중소업체들에 투자하면 더 높은 수익률을 기대할 수 있다. 이런 점에서 개인투자자들은 조금 더 노력해서 중소형주에 투자하면 더 놓은 수익률을 올릴 수도 있는 것이다.

한편 국내 최대 산업인 반도체 산업에 투자하기 위해서는 반도체 밸류체인을 어느 정도 이해할 필요가 있다. 반도체 공정은 크게 원재료인 웨이퍼를 개별칩으로 분리하는 지점을 기준으로 전공정과 후공정으로 나뉜다. 전공정은 노광, 증착, 식각 과정을 거쳐 웨이퍼에 회로를 새기는 과정이며, 후공정은 최종적으로 칩을 만드는 조립단계로 웨이퍼 절단, 테스트, 패키징 등의 과정을 거친다. 일반적으로 전공정업체는 삼성전자 등 반도체업체가 대규모 신규 설비를 투자할 때 수혜를 입고, 후공정업체는 생산라인 완공 후 생산량이 본격적으로 늘어날 때 수혜를 입는다.

또한 반도체 밸류체인 안에서도 장비업체인지, 소재업체인지에 따라 각각 반도체 경기의 수혜를 받는 시기와 지속 기간이 다르다.

장비업체는 삼성전자나 하이닉스 등이 대규모 투자를 집행할 때 실적이 크게 증가했다가 투자 집행이 끝나면 실적이 급감하는 패턴을 보인다. 또한 삼성전자나 하이닉스가 대규모 투자를 집행하기 전에 주가에 선반영되는 경향이 강하다. 하지만 장비의 납품기한이 짧기 때문에 실적 성장의 지속 기간도 짧은 편이므로 장기간에 걸친 투자에는 적합하지 않다.

한편 소재업체는 반도체 경기 회복에 따라 생산량이 증가하면 생산과정에서 꾸준히 소재가 사용되므로 상대적으로 경기 사이클에 덜 민감한 편이다. 이에 따라 비교적 매출과 이익이 꾸준히 증가하는 경향이 있어 장비주에 비해서는 좀 더 장기적으로 투자할 수 있다. 다만, 반도체 이외의 산업 소재 비중이 높은 기업들도 있기 때문에 사업보고서 등의 자료를 통해 반도체 소재 비중이 높은 업체를 선별할 필요가 있다.

슈퍼 사이클의 과거와 현재

이제 국내 최대 산업인 반도체 산업의 현황을 살펴보자. 반도체 사이클 중 특히 수요가 큰 폭으로 증가하는 시기를 '슈퍼 사이클'이라고 한다. 역사적으로 슈퍼 사이클은 지금까지 모두 세 번 있었다. 먼저 1986년 컴팩사가 인텔의 80386 CPU를 도입한 시기를 기점으로 약 10년간 호황이 이어졌으며, 2002년에는 디지털카메라 보급 확산으로 메모리카드 수요가 증가하면서 낸드플래시 중심으로 약 5년간 슈퍼 사이클이 진행됐다. 최근에는 클라우드 수요의 급증에 따라 2016년부터 서버에 사용되는 고용량 D램과 SSD(솔리드 스테이트 드라이브)에 들어가는 낸드플래시 메모리가 2018년까지 슈퍼 사이클을 주도했다.

이처럼 서버 시장, 특히 클라우드 시장의 성장이 동력이었던 반도체 슈퍼 사이클은 2018년 하반기부터 D램 가격이 하락세로 반전하고 재고가 늘어나면서 막을 내렸다. 그러다 2020년 들어 반도체 시장이 다시 상승국면으로 접어들 것으로 전망됐으나 코로나 사태가 발생하며 불확실성이 커졌다. 하지만 코로나 사태에도 불구하고 반도체 경기에 대해서는 대체로 긍정적인 전망이 계속 이어지고 있다. 이같은 전망이 가능한 주요 배경으로는 세계적인 5G 수요의 본격 증가와 클라우드 시장 성장이 꼽힌다.

특히 2020년 들어 아마존과 마이크로소프트 등 주요 ICT 기업들의 데이터센터 투자와 서버 주문이 눈에 띄는 회복세를 보였다. 또한 코로나 사태로 인해 재택근무, 온라인수업이 활성화되고 사람들이 집에 있는 시간이 늘면서 동영상 시청, 온라인 쇼핑, 배달 플랫폼, 게임 등의 온라인 서비스 이용이 많아져 서버와 PC, 노트북용 D램의 출하량은 오히려 늘어났다. 메모리 시장에서 가장 높은 비중을 차지하는 스마트폰 출하량이 큰 폭으로 감소한 데 따른 메모리 수요 감소를 상쇄하고 남을 정도였다. 2020년 1분기 삼성전자 반도체 부문과 SK하이닉스가 코로나 사태에도 비교적 좋은 실적을 발표한 것도 이 때문이었다. 특히 SK하이닉스는 1분기 8,003억 원의 영업이익을 기

록, 5,000억 원대로 예상됐던 컨센서스를 넘는 '어닝 서프라이즈(영업
실적이 시장 예상보다 높아 기업의 주가가 큰 폭으로 상승하는 것)'를 거두었다.

관련주 전망과 투자 전략

이에 따라 코로나 사태 이후 세계 반도체 산업이 회복세를 나타낼
것은 분명하다. 다만 2016~2018년의 슈퍼 사이클보다는 회복의 강
도가 다소 약할 것으로 예상된다.

이 같은 사이클과 별개로 소부장(소재와 부품, 장비) 기업들을 키우
려는 흐름을 활용할 필요가 있다. 특히 새로운 기술개발 등으로 한
단계 더 도약할 잠재력이 있는 기업들은 주목할 필요가 있다. 일본
업체가 독점생산하던 배치형 ALD 증착장비 개발에 성공한 유진테
크나 그동안 국내에서 티씨케이가 독점생산하던 실리콘링 개발에 성
공한 하나머티리얼즈가 그런 예다. 또 삼성의 파운드리 사업부가 테
스의 GPE장비(건식 식각장비 가운데 하나)를 시험했는데, 결과가 좋을
경우 향후 삼성의 파운드리 투자 확대에 따른 수혜를 기대해볼 수 있
다. 일본의 수출규제 대상이 된 핵심 품목인 포토레지스트 관련 기술
력이 국내에서 가장 앞선 것으로 평가받는 동진쎄미켐도 주목할 필
요가 있다. 다만, 장비주들은 반도체 증설 사이클에 따른 실적 기복
이 크고, 단기적으로는 주가가 급등한 경우도 있어서 장기적 관점에
서 접근해야 한다. 이 밖에 피에스케이나 ISC 등도 주목할 만하다.

한편 삼성전자는 기존 주력사업인 메모리 이외에 파운드리 등 비
메모리 반도체 사업에도 본격적으로 투자하고 있다. 삼성전자는
2019년 '메모리 2030' 정책을 발표하면서 연구개발에 73조 원, 반도

체 생산에 60조 원을 투자하기로 했다. 이와 함께 삼성전자는 2030년까지 파운드리(반도체 위탁생산) 등 시스템 반도체 분야 세계 1위를 목표로 내걸었다. 삼성전자는 특히 시장 규모가 큰 파운드리 시장에서 점유율을 높이기 위해 적극 공략할 것으로 보인다.

파운드리 시장을 공략하기 위해서는 미세공정 기술 확보가 중요한데, 이를 위해 삼성전자는 새로운 방식의 노광장비인 극자외선EUV 공정을 도입해 TSMC와 미세공정 기술 경쟁을 벌이고 있다. 이에 따라 2020년 1분기부터 삼성전자 화성 공장의 극자외선EUV 공정이 가동되고 7나노 생산능력이 확대되면서 비메모리 관련 장비 업체들의 수혜도 기대된다. 이런 흐름에서 SFA반도체, 원익IPS, 네패스와 같은 관련 업체들의 실적이 꾸준히 성장할 것으로 보인다. 향후 국내에서 메모리 반도체 못지않게 비메모리 반도체 산업의 비중이 커질 가능성이 높으므로 이 같은 흐름을 주목할 필요가 있다.

주요 성장산업 투자법 3:
무한한 가능성과 거품의 사이, 바이오-제약

바이오-헬스케어 분야는 최근 몇 년간 국내 주식시장을 달궈온 가장 뜨거운 감자 중에 하나다. 평균수명 증가와 고령화, 건강한 삶에 대한 욕구 증가로 의료비 및 건강관리 지출이 늘어나는 것은 분명한 추세다. 따라서 이 산업 분야의 규모는 매우 빠르게 성장할 것이다.

그러나 한편으로는 바이오 및 신약 기업들을 중심으로 끊임없이 거품과 과대평가 논란이 일었다. 그럼에도 불구하고 세계적으로 상당히 빠르게 시장 규모를 확대해갈 영역이기에 절대 외면할 수 없는 산업이기도 하다. 또한 많은 논란에도 불구하고 국내 관련 업체들이 점점 기술력을 갖추며 해외 기술수출 License Out 실적을 쌓거나 단계별 임상에 성공하는 사례들이 늘고 있어 반드시 주목해야 하는 영역이기도 하다.

바이오-헬스케어 산업이 부상하고 있는 이유

바이오-헬스케어 산업이 부상하고 있는 이유는 기본적으로 전 세계가 급속히 고령화되면서 의료지출이 크게 늘고 있기 때문이다. 선진국뿐만 아니라 중국과 인도 등 10억 이상 인구대국들의 경제성장과 소득 증가에 따라 이들 나라 국민들의 건강에 대한 관심 또한 커지고 있다. 이는 수치로도 명확히 나타난다.

한국은 2018년에 GDP 대비 의료비 지출이 처음으로 8%를 넘어섰다. 세계 최대의 의료산업을 가진 미국의 1인당 헬스케어 분야 지출 규모는 2000년 4,855달러에서 2018년에는 1만 1,172달러로 130%나 증가했다.[15] 세계 최대의 인구대국 중국도 급속한 고령화에 따라 의료비 지출이 연평균 8.4% 증가할 것으로 전망되고 있다.[16]

이에 따라 바이오-헬스케어 산업의 가치는 급속히 커지고 있다. 한국 정부는 세계 의약품 및 의료기기 시장 규모가 2024년 2조 6,100억 달러로 한국의 3대 수출 산업인 반도체와 자동차, 화학제품을 합친 시장 규모(2조 5,900억 달러)보다 더 커질 것으로 전망한 바 있다. 또한 시장조사업체 모도 인텔리전스에 따르면 2018~2023년 5년 동안

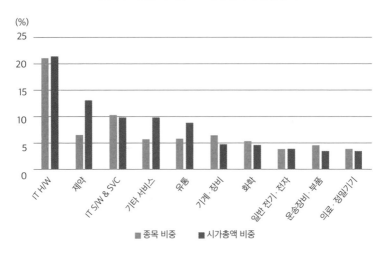

그림 4-3 시가총액 기준 코스닥 상위 10개 산업 분야

(%)

■ 종목 비중　　■ 시가총액 비중

출처: 한국거래소 자료(2020.05.25 종가 기준)를 바탕으로 선대인경제연구소 작성.

전 세계 바이오-제약 산업의 시장 규모는 연평균 8.5% 성장해 2023년에는 3조 4,116억 달러에 이를 것으로 추정했다. 이에 따라 시가총액으로 삼성전자에 맞먹는 시가총액 200억 달러 이상(2017년 기준)의 제약 기업만 세계적으로 4개나 될 정도로 제약산업의 규모가 커졌다.

〈그림 4-3〉에서 보는 것처럼 제약 산업은 2020년 5월 기준으로 코스닥 산업별 시가총액에서 IT하드웨어에 이어 2위에 올라 있다. 적어도 시가총액 기준으로는 이미 국내에서도 IT하드웨어 산업에 뒤이어 2위에 오를 정도로 산업이 커진 것이다. 그런데 IT하드웨어 산업은 코스닥시장 내에서 종목 수 기준 21.18%, 시가총액 기준 21.34%로 비슷한데 반해, 제약 산업은 종목 수로는 6.59%에 불과하지만 시가총액은 13.17%를 차지한다. 다른 산업에 비해 평균적으로 매우 높

은 시가총액을 기록하고 있는 것이다. 더구나 국내 바이오-제약 기업들 대다수의 특성이기도 하지만, 매출이나 이익 등 실적이 미미하거나 적자인 기업도 많다. 해당 기업이 보유한 기술의 상업적 성공 가능성을 미리 선반영한 것이라고는 해도 국내 바이오-제약 기업들의 평균 주가순이익비율PER이 100배를 넘는 것은 너무 과도하다. 미국 S&P500이나 S&P바이오 기업들의 대부분이 PER 10~20배 수준에 머물고 있는 것과 대조적이다.

2019년에는 바이오-제약 관련 기업들의 사기극에 가까운 행태들이 수면 위로 드러나기도 했다. 코오롱티슈진의 인보사 임상 3상시험 중단에 이은 성분조작 논란이 벌어지고 관련 임원이 구속되는 사태가 벌어졌다. 또한 신라젠의 펙사벡 임상시험 중단 권고에 이은 신라젠 임원들의 먹튀 논란도 검찰 수사 끝에 대표의 구속으로 이어지기도 했다. 바이오-헬스케어 투자 열기가 뜨거워질수록 더욱 신중하게 옥석을 가리고 해당 기업의 기술력과 사업 가능성을 충분히 점검한 뒤에 투자 판단을 내려야 함을 보여주는 사례들인 셈이다.

사실 바이오-제약 산업은 상당한 시행착오와 장기간의 연구개발 투자 등으로 막대한 비용이 드는 경우가 많아 성공률이 매우 낮다. FDA의 신약 승인을 받기 위해서는 1상(20~80명의 인원을 대상으로 하며 치료 효과보다는 안전한 물질인지를 평가한다), 2상(100명 단위 이상의 인원을 대상으로 하며 실제 약을 투여하는 실험군과 위약을 투여하는 대조군으로 나누어 실제 치료 효과가 있는지를 주로 살펴본다), 3상(1000명 단위 이상의 대규모 인원을 대상으로 하며 여러 인구집단과 다양한 투여량, 다른 약물과 함께 투여했을 때 미치는 영향 등을 종합적으로 테스트한다) 과정을 모두 통과해야 한다. 1상부터 모든 임상시험 과정을 통과해서 최종승인을 받을 확률은 9.6%에 불과하다. 특히 임상 2상 통과가 가장 어려운 것으로 나타난다. 전체 신청 신약 후보 중에 1상을 통과할 확률이 63.2%인데 비해, 그 63.2% 중에서 30.7%만이 2상을 통과한다. 3상 통과확률은 58.1%로 1상 통과확률 63.2%보다는 낮지만 절반은 넘는 수준이다.[17]

이러한 좁은 문을 통과하고 신약 개발에 성공한 기업에게는 막대한 보상이 돌아간다. 예를 들어 코로나 치료 효과 가능성으로 주목을 받고 있는 렘데시비르 개발사인 미국의 바이오테크 기업 길리어드 사이언스는 C형 간염 치료제 소발디 개발로 한 해에만 30억~40억 달러를 벌어들이고 있다. 바이오젠Biogen 역시 다발성 경화증 치료제인 부메리티로 수십억 달러를 벌어들였다.

관련주 전망과 투자 전략

국내에서도 이 분야의 신생기업들과 기존 제약 기업들 가운데 상당수는 매우 큰 성장을 이룰 것이며, 이미 상당한 성공 사례들도 나타나고 있다. SK바이오팜은 2019년 초 수면장애 치료 신약인 '수노시'의 FDA 시판 승인은 물론 유럽의약품청EMA의 판매 허가를 받았으며, 2020년 5월 뇌전증 신약 '세노바메이트'의 미국 판매를 시작했다. 후보물질 개발부터 글로벌 임상시험을 거쳐서 미국과 유럽의 승인까지 단독으로 받아낸 사례는 국내에서 처음이다.

다만 이러한 성과는 SK그룹이 가진 막대한 자금력의 뒷받침이 컸다. SK바이오팜의 연구개발비는 연결기준으로 2019년 말까지 4,794억 원이었는데, 이러한 대규모 자금을 외부조달 없이 SK그룹으로부터 지원받았다. SK그룹이 2020년 IPO(주식상장을 통한 기업공개) 최대어로 관심을 받고 있는 SK바이오팜을 삼성그룹의 삼성바이오로직스처럼 키우기 위해 그룹 차원에서 지원한 것이다. 이에 따라 SK바이오팜 상장을 앞둔 공모주 청약에서는 사상 최대의 청약 자금이 몰리고, 상장 이후에도 며칠 연속으로 상한가를 기록하기도 했다.

최근 국내 제약사들의 활발한 연구개발 활동과 일부 성과에 따른 기대감을 반영해 국내 관련 분야의 주가 지수도 최근 몇 년간 코스피나 코스닥지수에 비해 훨씬 큰 폭으로 상승했다. 또한 상품 및 수입품 판매에 치중하던 국내 제약사들이 최근으로 오면서 신약 개발에 뛰어드는 한편 2010년대 들어서는 세계시장 개척에 나서고 있다.

신약 개발을 위한 대규모 기술 수출에 성공한 한미약품과 동아ST 등 국내 다른 제약사들도 R&D 투자 규모를 대폭 늘리며 속속 성과를 내고 있다. 또한 바이오신약이나 세포치료, 유전자치료 등을 중심으로 한 신기술벤처들이 계속 생겨나 주식시장에 상장하는 사례가 잇따르고 있다. 한편 셀트리온과 삼성바이오로직스가 바이오시밀러(바이오 복제의약품) 제품 개발에 잇따라 성공하면서 큰 매출을 만들며 국내 바이오산업을 이끌고 있다.

이런 가운데 코로나 사태는 국내 바이오-제약 산업이 주목받는 계기가 됐다. 특히 한국은 사태 초기부터 신속하게 개발한 RT-PCR 검사키트의 우수성을 세계적으로 입증하면서 씨젠 등 관련 기업들의 수출이 급증했다. 급증하는 수출실적이 향후 매출에 반영될 것으로 기대되면서 단기간에 주가가 몇 배씩 뛰는 종목들이 속출했다. 대부분 산업들이 코로나 확산으로 큰 타격을 입었지만, 오히려 바이오-헬스케어 분야에는 큰 도약의 기회로 작용한 것이다.

다만 국내 바이오-제약 기업들 가운데 뛰어난 기술력으로 훌륭한 성과를 나타내는 기업들이 나오겠지만, 일반인들이 투자할 때는 어떤 분야들보다 더 많이 공부한 다음 투자해야 하는 분야라고 본다. 사실 관련한 분야의 전공자가 아니라면, 심지어 세부 전공자가 아니라면 관련 기업들의 사업 가치나 기술력을 평가하기가 상당히 어렵다. 설사 전공자라고 하더라도 해당 기업의 임상이 성공할지 말지를 어떻게 정확히 알겠는가. 그런 면에서 불확실성이 매우 높은 바이오-제약 기업에 대한 투자에는 신중한 편이다. 굳이 투자를 진행한다면 다른 어떤 기업들보다 더 많이 자료를 찾아보고 주담과 통화하거나 기업 탐방을 진행한 다음 투자하는 게 바람직하다.

그렇게 찾아낸 기업들 가운데 하나가 큐리언트라는 기업이다. 이 회사에 주목한 것은 노벨상 수상자를 수십 명 배출한 독일의 막스플랑크 연구소가 개발한 후보 물질을 우선적으로 심사할 권한을 가진 기술력 있는 기업으로 판단해서다. 또한 기술 수출 가능성이 상당히 높은 후보 물질들을 여럿 가지고 있으면서도, 슬림한 비용 구조와 바이오 기업들 가운데 상대적으로 낮은 시가총액(2020년 7월 3일 기준 2,100억 원)을 기록하고 있다. 한편으로는 일반적인 신약 개발 업체는 아니지만, 5장에서 소개하는 것처럼 비교적 쉽게 이해할 수 있는 사업으로 실적을 큰 폭으로 개선하는 종근당홀딩스와 같은 업체들에 투자하는 게 일반인들에게는 좀 더 적합한 접근이라고 생각한다.

가장 확실한 투자법,
실적 중심 투자의 모든 것

WEALTH RESTRUCTURING

주식 투자에 성공하는 가장 확실한 법

사실 주식 투자에 성공하는 방법은 매우 쉽다. 한 문장만 기억하면 된다.

'좋은 종목을 싸게 사서 오를 때까지 기다린다.'

얼마나 쉬운가. 사실 이 간단한 원리만 지키면 손실을 볼 가능성이 거의 없고, 시간이 지날수록 큰 수익을 올릴 수 있다. 그런데 이 간단한 원리를 대부분의 사람들이 무시하고 투자하기 때문에 손실을 보는 것이다.

이렇게 말하면, '그게 말이 쉽지 실제로 하면 쉬울까?'라고 되묻는 독자들이 있을 것이다. 물론 어떤 게 좋은 종목인지, 어떤 경우가 싼 것인지, 얼마나 올랐을 때 팔면 되는 것인지는 배워야 한다. 하지만 앞에서 말한 것처럼 1년 동안 직장에서 일하는 시간의 10분의 1 정도만 쓴다면 1년만 지나도 주식 투자에 대한 안목이 달라질 것이다.

그냥 하는 말이 아니라 선대인경제연구소 회원들이 주축이 된 투자 스터디 회원들의 성장을 지켜본 결과 하는 말이다. 그 회원들이 자신의 일과 병행하면서 꾸준히 투자스터디에 참여해 1년쯤 지나자 좋은 종목을 골라 수익을 내는 사람들이 많아졌다.

물론 배움에는 끝이 없어서 1년 동안 이렇게 배웠다고 해서 바로 투자의 고수가 된다는 뜻은 아니다. 하지만 1년 정도만 지나면 주식 투자 접근법의 기초를 다질 수 있고, 이 기초를 바탕으로 꾸준하게 투자활동을 하면서 실력을 늘려가면 된다. 그리고 제대로 된 투자 방법을 배워서 좋은 종목을 자신의 포트폴리오에 차곡차곡 쌓아가면 어느덧 자신의 계좌에 수익 또한 쌓여가는 것을 확인할 수 있을 것이다.

하지만 세상에는 초보자들이 올바른 방법을 찾아 배우는 것을 방해하는 수많은 노이즈들이 있다. 잘못된 노이즈에 혹해서 엉뚱한 방법으로 주식 투자를 배우면 대부분의 경우 절대 일정 수준 이상 실력이 늘지 않는다. 동네 개헤엄으로는 10년이 지나도 비슷한 수준의 수영 실력에 그치는 것과 마찬가지다. 그래서 5장에서는 어떻게 주식 투자에 접근해야 성공할 가능성이 높은지를 구체적이고 실전적인 방식으로 설명하겠다.

설명하는 순서는 앞에서 언급한 대로 세 부분으로 나눈다.
1) 좋은 종목을
2) 싸게 사서
3) 오를 때까지 기다린다.

이 가운데 가장 중요한 것은 '좋은 종목'을 고르는 것이다. 좋은 종목을 고르면 절반은 먹고 들어간다. 좋은 종목은 설사 조금 비싸게 샀더라도 일정한 시간이 지나면 주가가 오른다. 하지만 좋지 못한 종목을 골랐으면 시간이 지나도 주가가 오르지 않거나 하락할 수도 있다. 그때는 오랫동안 버틴다고 주가가 올라주지 않는다. 마른 고목에 물 준다고 싹을 틔우지 않는 것과 마찬가지다. 그래서 여기에서도 좋은 종목을 선별하는 방법, 그 가운데서도 '투자자의 성향에 따라 수익을 올리는 좋은 종목을 선별하는 방법'을 가장 큰 비중을 할애해 설명한다. 이어서 종목 유형별로 '싸게 산다'는 것의 의미와 그 핵심인 '길목을 지키는 투자 방법'에 대해 설명한다. 이어서 오를 때가지 기다려서 수익을 내기 위해 좋은 포트폴리오를 구성하고 투자로드맵을 세우며 모니터링하는 법 등에 관해 설명한다.

우선, 좋은 종목을 고르는 법에 대해 본격적으로 알아보자. 좋은 종목은 어떤 종목일까. 제일 간단한 방법은 자신이 동업하고 싶은 기업을 찾으면 된다. 어떤 기업과 동업하고 싶은가. 쉽게 안 망할 것 같은 우량한 기업, 재무구조가 좋은 기업, 돈을 많이 벌 것 같은 기업 등등 여러 가지 답이 나올 것이다. 모두 맞는 답이다. 다양한 관점에서 최대한 좋은 기업들을 고르면 된다.

막막하게 느껴진다면 여러분들이 실제로 동업하는 상황을 생각해보자. 여러분들의 지인 A와 B가 각각 동시에 음식점을 차렸는데, 1억 원의 투자를 요청하는 상황이라고 생각해보자. 한 군데만 투자할 여력이 있다면, 더 많은 수익을 올려줄 수 있는 쪽에 투자하려 할 것이다.

그러자면 A와 B가 운영하는 두 음식점을 방문해서 음식 맛은 어떤지, 매장의 분위기는 좋은지, 서비스는 훌륭한지, 그래서 실제로 손님들은 얼마나 오는지, 음식 재료비나 인건비 등 비용 관리를 잘 해서 수익을 내고 있는지, 음식의 스타일이나 서비스 방식이 수요자들의 니즈에 맞는지, 투자금을 받아서 향후 매장을 확대하거나 서비스를 개선하면 매출과 수익성은 얼마나 개선되겠는지 등을 따지지 않겠는가. 그러면 또 두 음식점을 경영하는 A와 B의 경영자로서의 자질이나 직원들의 실력과 성실성 등을 점검해야 할 것이다. 또한 음식점을 키우면 성장의 과실을 투자자인 여러분과 잘 나눌 것인지도 점검해야 한다. (실제로 국내 기업들 가운데 많은 기업들이 좋은 실적을 내면서도 그 과실을 주주들과 나누지 않고 자녀들에게 상속할 생각에 개인기업처럼 운영하는 기업들이 많다. 그런 기업들은 아무리 실적이 좋아도 주가가 대개는 잘 오르지 않는다.)

이런 여러 가지 측면들을 모두 점검해서 여러분들이 투자하면 된다. 이런 걸 모두 어떻게 확인하고 투자하느냐고 할지 모르겠지만, 1년에 1~2개의 좋은 기업만 발굴해도 주식 투자에 성공할 수 있다. 또한 모든 면에서 완벽한 기업을 찾을 필요가 없다. 좋은 기업의 요건을 최대한 갖춘 기업들을 찾으면 된다. 그리고 무엇보다 이런 좋은 기업들이 강력히 내보내는 시그널이 있다. 바로 실적이다. 앞에서 점검해야 할 여러 가지들이 잘 버무려지면 결국 기업의 실적이 좋아지게 마련이다. 기업은 무엇보다 이윤을 추구하는 조직이다. 이윤이 난다는 것은 흔히 실적이라고 불리는 매출과 영업이익, 순이익이 늘어나는 것을 의미한다. 그러면 투자자로서 실적이 좋은 기업을 강력한 시그널로 삼아서 그런 기업들을 추린 다음 자세히 들여다보면 된다.

실적 중심 투자가 답이다

이런 점에서 내가 권하는 종목 선별법의 핵심은 '실적 중심 투자'이다. 어떤 기업의 가치는 크게 과거 실적을 바탕으로 쌓아놓은 자산(정확히는 순자산)과 현재의 실적, 그리고 향후 기업의 성장성에 의해 결정된다고 볼 수 있다. 각각 '과거가치, 현재가치, 미래가치'를 대변한다. 주가가 결국 기업의 가치를 쫓아간다고 할 때 결국 주가는 그 기업의 실적이 움직이는 것이라고 볼 수 있다.

그러면 이 3가지 가치 가운데서 어떤 가치를 중시하겠는가. 이번에는 결혼할 배우자를 고른다고 해보자. 배우자를 고를 때 품성이나 자신과의 궁합 등 여러 기준이 있겠지만, 설명의 편의상 여기서는 배우자의 경제력만 따진다고 가정하자.

A는 건물주의 자식이지만, 현재 자신의 힘으로 버는 고정 수입도 없고 미래에 전도유망한 사업을 하거나 많은 수입을 올릴 가능성도 거의 없다.

B는 과거에 축적해둔 자산은 거의 없지만, 아파트 분양대행사에서 일하면서 최근 몇 년간 수도권 부동산 경기 호조로 돈을 잘 벌었다. 하지만 부동산 경기가 꺾이면서 미래를 걱정하고 있다.

C는 인공지능 분야를 전공한 박사과정 학생으로 축적해둔 자산도 없고 지금 당장 많은 돈을 벌고 있지는 않지만, 그를 고액 연봉으로

스카우트해가려는 회사들이 줄을 서 있다.

각각 과거가치, 현재가치, 미래가치를 대변하는 사람들이다. 이 가운데 당신은 어떤 사람을 고를 것인가. 물론 당신의 가치관이나 선호도에 따라 판단이 많이 다르겠지만, 내 강의를 들으러 온 수강생들에게 물어보면 C라고 답변하는 사람들이 가장 많았다. 그런데 실제 주식시장에서도 저성장 흐름이 고착화하면서 C에 높은 평가가치를 부여하고 있다. 이런 흐름이 조만간 바뀔 것 같지도 않다.

사실 현실에서는 이렇게 과거가치, 현재가치, 미래가치만 있는 경우는 거의 없다. 대부분 일정한 비율로 섞여 있고, 사실은 연결돼 있다. 현실에서도 현재 돈을 잘 버는 기업이 미래 성장성까지 겸비한 경우가 많다. 저성장 시대의 주식시장에서는 이처럼 현재가치와 미래가치를 겸비한 훌륭한 기업이 높은 가치평가를 받는 경향이 있다. 물론 3가지 가치가 모두 훌륭한 기업이면 금상첨화다. 반면 현재 수익성도, 미래 성장성도 없이 과거에 쌓아둔 자본의 규모가 크거나 그 비율이 우량하다는 등의 과거가치만으로는 제대로 평가받지 못한다.

그래서 나는 현재가치와 미래가치를 겸비한 종목들을 중심으로 투자하는 것이 맞다고 생각한다. 과거 주가 흐름을 보면 주식시장 전체로든 개별 기업 수준에서든 장기적으로는 자본(순자산)이 증가하는 속도에 맞춰 주가가 상승하는 경우가 많았다. 그런데 자본의 증가속도를 좌우하는 것은 바로 순이익의 증가 속도. 기업이 벌어들인 순이익 가운데 배당을 제외한 이익잉여금이 자본으로 계속 누적되기 때문이다. 이런 이유 때문에 나는 '실적 중심의 투자법'을 가장 확실하게 수익을 낼 수 있는 투자법이라고 본다.

실제로 유명한 투자 블로거이자 연세대 전기전자공학 박사 출신인 '호돌이'님의 분석에 따르면 연간 높은 상승률을 기록하는 종목 가운데 절반가량이 영업이익이 증가한 기업들이었다. 〈그림 5-1〉에서 보는 것처럼 2018년 3분기부터 2019년 2분기까지 1년 동안 실적이 증가한 상장사들의 평균 수익률이 전체 상장사 평균이나 지수 상승률보다 훨씬 높았다. 특히 영업이익이 20% 이상 증가한 기업들은 더욱 높은 수익률을 기록했다. 심지어 이미 과거 1년 동안 영업이익이 증가한 기업들에 투자해도 시장 수익률을 앞섰다. 실적이 증가한 기업이 이후에도 좋은 실적 흐름을 이어갈 가능성이 상당히 높기 때문이다. 이 같은 분석은 내가 실적이 지속적으로 성장할 기업들을 주로 선별해 투자한 결과 높은 수익률을 올렸던 경험과도 일치한다.

그림 5-1 종목군 및 지수 변동률(2018.3Q~2019.2Q)

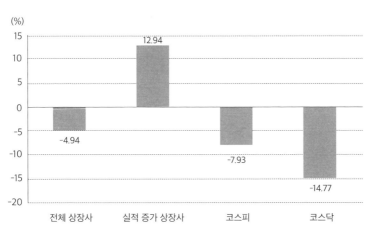

출처: 호돌이 님 강의 자료에서 인용.

물론 주식시장은 꼭 이성적인 판단에만 좌우되는 건 아니다. 기업의 실적이나 가치가 하루아침에 변하는 게 아닌데도 국내외의 경제 이벤트나 시장 심리에 따라 과도하게 주가가 출렁이기도 한다. 단기적으로는 실적과 주가의 흐름이나 수준이 꼭 일치하는 것은 아니다. 하지만 그렇기에 오히려 실적에 집중하는 투자가 고수익을 올릴 수 있는 기회가 생기는 것이다. 실적이 큰 폭으로 개선됐거나 지속적으로 좋아지고 있는데 주가가 이를 충분히 반영하지 못하고 있는 종목을 선점하듯이 투자하면 고수익을 올릴 수 있다.

그러면 여러분들이 할 일은 간단하다. 향후에 실적이 좋아질 기업을 찾으면 된다. 주가가 2~3배 오르는 종목을 찾고 싶은가. 그렇다면 향후에 실적이 2~3배 증가할 기업을 찾으면 된다. 특히 그동안 실적이 적자였거나 지지부진했다가 좋아지는 기업의 주가는 실적이 좋아지는 것보다 더 가파르게 반응하기도 한다. 이제 실적 중심 투자 관점에서 종목을 선별하고, 투자하는 방법에 대해 차례로 살펴보자.

실적전환주:
가장 빠르게 수익이 나는 주식 투자법

이제 실적 중심 투자법의 관점에서 고수익을 올릴 종목을 고르는 방법을 구체적으로 살펴보자. 그 가운데 가장 먼저 소개할 것은 실적전환주다. 실적전환주는 비교적 빠른 시일 안에 주가가 상승하고, 주가 상승률도 상당히 가파르다.

선대인경제연구소가 2019년 1월 초에 발간한 〈실적전환주 7선〉 특집보고서에 수록된 7개 종목의 평균 주가 상승률은 발간 5개월이 지난 시점에 52.5%를 기록했다. 같은 기간 코스닥과 코스피 지수의 주가 상승률 5.5%와 1.0%보다 훨씬 높았다. 2020년 새해에 발간한 〈실적전환주 7선〉 특집보고서에 소개한 종목들의 경우 코로나 사태로 당초의 투자 아이디어가 크게 훼손됐음에도 불구하고 연초 이후 2020년 6월 10일 기준으로 평균 주가 상승률이 13.8%였다. 그 사이에 각 종목들이 개별적으로 기록한 고점의 주가 상승률 평균은 35.9%에 이르렀다. 이 가운데 씨아이에스는 135.5%, 엠플러스는 47.8%를 기록하기도 했다.

상장기업들의 실적은 분기별로 1년에 4회 발표된다. 실적전환주 가운데 향후에 추가 상승 여력이 많이 남은 종목을 제외하고 분기별로 새롭게 선별한 유망한 실적전환주들로 교체한다면 평균 수익률은 1년에 50%를 거뜬히 넘길 수 있다. 또한 정말 매력적이라고 생각하는 소수의 종목들만 추리고, 그런 종목들에 상대적으로 집중적으로 투자한다면 평균 수익률은 더 올라갈 수도 있다.

그러면 실제 실적전환주의 사례를 바탕으로 고수익을 올릴 수 있는 실적전환주를 어떻게 선별하고 분석하는지 살펴보기로 하자. 우선 선대인경제연구소가 2019년 연초에 발간한 〈실적전환주 7선〉 특집보고서에서 소개한 에이치엘사이언스의 예를 살펴보자. 에이치엘사이언스는 건강지향식품과 건강기능식품 매출이 거의 95%를 차지

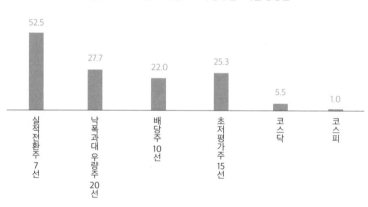

그림 5-2 2019 연초 특집보고서 종류별 5개월 상승률

하는 회사이다. 당시 갱년기 증상 개선 등에 효과가 있는 기능성 석류농축액이나 레드클로버 복합물, 퇴행성 골관절 증상 개선에 효과가 있는 개별 인정형 원료와 간 건강 기능식품인 닥터슈퍼칸 및 기능성 석류농축액인 레드클레오 등의 40여 개 제품라인에서 나오는 매출과 이익이 늘어나고 있었다. 이런 상황에서 2017년 유통채널 확대와 신제품 광고비 등에 많은 투자를 한 결과 〈그림 5-3〉에서 보는 것처럼 2017년 4분기부터 효과를 나타내며 실적이 빠르게 좋아지기 시작했다.

이에 따라 당시 확보할 수 있었던 최신 실적인 2018년 3분기 기준 매출액은 전년 같은 기간에 비해 77.4%나 증가한 165억 원을 기록했다. 영업이익과 당기순이익은 33억 원과 29억 원을 기록했는데, 2017년까지 흑자 규모가 작아 전년 같은 기간에 비해서는 각각 1000%, 383%라는 큰 폭의 증가율을 보였다. 에이치엘사이언스는 당시 추가

그림 5-3 에이치엘사이언스의 이익 추이(2017.1Q~2020.1Q)

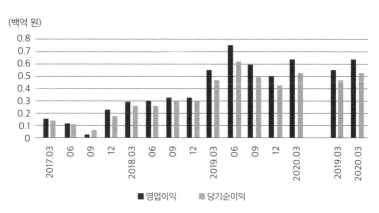

출처: 에프엔가이드 자료를 바탕으로 선대인경제연구소 작성.

적인 실적 성장에 보탬이 될 여러 새로운 사업들도 시도하고 있었다. 치은염 및 치주염 개선용 물질로 미국 특허를 취득해 제품 개발 및 글로벌 제약사에 기술 수출을 준비하고 있었고, 2018년 10월부터 중국 대형 TV홈쇼핑에 석류제품을 출시하는 등 추가적인 실적 성장을 기대하게 하는 재료들이 있었다.

그런데 이런 동안 에이치엘사이언스의 주가는 어떻게 움직였을까. 〈그림 5-4〉에서 보는 것처럼 실적 개선이 본격화한 2017년 4분기 이후인 2018년 2월 중순에 4만 5,600원까지 올랐던 주가는 2018년 10월 국내 증시가 전반적으로 가라앉으면서 3만 2,000원 근처까지 내려앉았다. 그러다가 증시 호전에 따라 주가가 상승하기 시작해 2018년 말 급등했다가 2019년 1월 4일 종가 기준으로는 3만 9,150원을 기

그림 5-4 에이치엘사이언스 주가 추이(2017.01.02~2020.06.18)

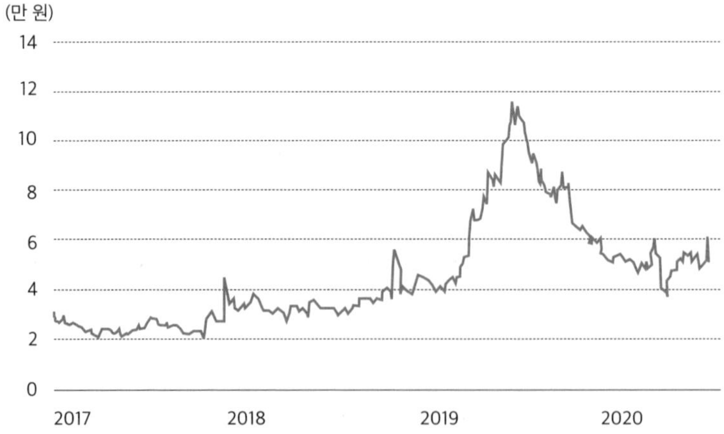

출처: 한국거래소 자료를 바탕으로 선대인경제연구소 작성.

록했다. 2017년 4분기 이후 실적이 큰 폭으로 성장한 것에 비하면 주가는 오히려 더 낮아진 것이다.

이렇게 실적이 빠르게 성장하는 기업의 주가는 보통 주가 프리미엄이 붙어야 정상이다. 그런데 프리미엄은 고사하고 실적이 더 안 좋았던 2017년 4분기 이후의 주가보다 2018년 3분기 실적 발표 이후의 주가가 더 낮은 수준이었다. 3분기까지 순이익 규모를 감안한 2018년 순이익은 100억 원을 넘을 것으로 예상됐다. 그 경우 2018년 추정 순이익을 기준으로 한 PER는 22 이하로 판단됐는데, 이는 일반적인 국내 평균 PER에 비해서는 높았지만, 건강기능식품 업종의 평균 PER 56.64배보다는 크게 낮았다. 또한 에이치엘사이언스가 매분기마다 최고 실적을 경신할 정도로 성장세가 매우 가파르다는 점, 그리고 여러 후속 사업 재료들 때문에 향후 성장 속도가 더욱 가팔라질 수 있다는 점 등을 고려하면 당시 주가는 고평가된 상태로 보기 어려웠다.

아니나 다를까. 2018년 4분기 매출도 전분기인 3분기에 비해 큰 폭으로 성장한 것으로 발표됐다. 다만 신규 시장 개척에 따른 일시적인 비용 증가로 영업이익과 순이익은 다소 주춤한 것으로 나타났다. 이어 2019년 1분기 실적 발표에서는 매출액과 영업이익, 순이익 모두 대폭 성장한 것으로 나타났다. 이 같은 실적 흐름을 반영해 주가는 폭발적으로 상승해 2019년 5월 한때 11만 9,600원을 기록하기도 했다. 2019년 1월 4일 종가에 비해 3배가 넘는 205.5%의 상승률을 기록한 것이다. 다만 2019년 2분기 이후 실적이 악화하면서 주가가 다시 하락세를 보였는데, 이 역시 주가가 실적에 반응함을 보여주는 것이다.

이처럼 기업 실적이 전환되는 초기에 주가가 급상승하는 경우가 많다. 이를 노려 실적 전환이 본격화하는 초기에 투자하는 것이 바로 실적전환주 투자법이라고 할 수 있다. 물론 실적전환주라고 해서 모두 단기간에 이렇게 주가가 급상승하는 것은 아니다. 하지만 상대적으로 다른 종류의 주식에 비해서 대체로 주가 반응 속도가 빠르고, 주가 상승폭이 크다는 것만큼은 분명하다.

실적전환주의 종류

실적전환주의 의미를 생각해보면 힌트를 얻을 수 있다. 선대인경제연구소가 정의하는 실적전환주는 크게 '흑자전환형'과 '실적대폭개선형'으로 나눌 수 있다.

• 흑자전환형

지난 몇 년 동안 적자 상태에 있다가 흑자로 전환(턴어라운드)하는 종목이다. 흑자전환형은 다음 〈그림 5-5〉에서 나타낸 2차전지 장비 업체인 씨아이에스의 이익 추이 그래프처럼 이익이 적자를 보이다가 흑자로 전환하는 흐름을 보이는 종목이 좋다. 실적 전환이 일회성이 아니라 지속될 가능성이 높기 때문이다.

• 실적대폭개선형

이전 몇 분기 또는 몇 년간 실적이 악화하거나 지지부진한 흐름을

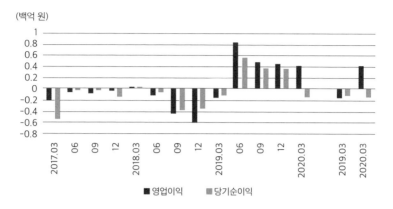

그림 5-5 씨아이에스의 이익 추이(2017.1Q~2020.1Q)

출처: 에프엔가이드 자료를 바탕으로 신대인경제연구소 작성.

보이다가 최근 2~3분기 동안 실적이 큰 폭으로 개선된 기업들이다. 앞에서 예로 든 에이치엘사이언스는 후자의 경우다. 이런 기업들은 매출과 이익 추이 그래프를 보면 직관적으로 확인할 수 있는데, 에이치엘사이언스의 경우 2017년 3분기 실적을 전후로 해서 실적이 감소하다가 증가하는 V자형 모양이 나타난다. 참고로, 실적전환주의 그래프를 그려서 주가 흐름과 비교해보면 실적 전환의 강도나 지속성, 실적의 주가 반영 정도를 시각적으로 확인할 수 있어서 대충의 모양이라도 그려볼 것을 추천한다.

실적전환주들은 과거 국내외 시장 상황의 변화나 경영상의 문제 등으로 실적이 크게 악화하면서 주가가 대폭 하락하거나 심지어 관리종목으로 지정된 경우도 있다. 또한 그 정도까지는 아니더라도 실적이 지지부진하면서 장기간에 걸쳐서 주가가 바닥을 기는 경우가 많다. 하지만 해당 업종의 호전이나 경영 효율화 및 공정 개선, 신사업 개척, 구조적인 비용 절감 등의 노력을 기울인 끝에 실적 전환을 달성한 기업들이라고 할 수 있다. 대부분의 투자자들이 이른바 '한 물 갔다' 또는 '별 볼 일 없다'고 생각했던 기업들이라 실적 전환이 이뤄지고 시장의 관심을 다시 받기 시작하면 그만큼 주가가 크게 반응하는 것이다. 따라서 실적전환주가 앞에서 말한 2가지 경우라면 다음과 같은 방법으로 '실적전환주를 선별'할 수 있다.

1) 엑셀 등을 활용하여 실적 데이터를 분석해 종목을 선별하는 조금 어려운 방법
2) 뉴스 검색이나 네이버 금융을 이용해 종목을 찾는 쉬운 방법

여기서는 조금 어려운 방법을 먼저 소개하고 쉬운 방법으로 넘어가자.

실적전환주 선별법

1. 엑셀 등을 활용하여 실적 데이터를 분석해 종목을 선별하는 조금 어려운 방법

• 흑자전환형 기업 선별법

우선, 한국거래소가 분기별로 상장사별 실적발표데이터를 집계해 공개하는 자료를 다운받아 가공하는 것이다. 모든 상장기업들은 한 해를 결산하는 재무제표를 포함한 사업보고서를 회계연도가 종료된

날로부터 90일 이내(연말 결산 기업들의 경우 3월 말까지)에 공시해야 한다. 이후 분기와 반기에는 45일 이내에 공시해야 한다. 공휴일이나 휴일 등 휴장일이 아니라면 매년 1분기 실적은 5월 15일, 2분기 실적은 8월 15일, 3분기 실적은 11월 15일 무렵까지 공시해야 한다. 이렇게 거의 모든 기업들의 실적 공시가 이뤄지면 한국거래소는 분기별로 이 데이터들을 정리해 한국거래소 사이트(KRX.OR.KR)에 보도자료 형태로 올린다.

예를 들어, 2020년 1분기 실적 자료는 〈그림 5-6〉에서 보는 것처럼 한국거래소 사이트 상단메뉴에서 KRX시장 → 보도자료로 들어간 뒤 검색창에 '1분기 실적' 등으로 검색하면 코스닥시장과 유가증

그림 5-6 한국거래소에서 제공하는 분기별 실적 자료 검색 페이지

출처: 한국거래소 사이트 캡처.

권시장(코스피시장)의 1분기 실적을 엑셀파일 형태로 다운받을 수 있다. 이 엑셀파일을 열어보면 상장기업들의 2020년 1분기 기준 매출액과 영업이익, 순이익이 정리돼 있고, 이들 실적의 전년동기 대비와 전 분기 대비 증감율이 정리돼 있다. 기본적으로 흑자가 유지되는 기업들이 많기 때문에 증감율이 표시되지만 드문드문 '적자지속'이나 '적자전환', '흑자전환'으로 표시되기도 한다.

이 가운데 실적전환주를 찾는 사람들이 주목해야 하는 것은 바로 '흑자전환' 기업이거나 전년동기 대비와 전분기 대비로 실적이 크게 증가한 기업이다. '흑자전환' 기업들은 자료에 따로 표시돼 있기 때문에 찾기 쉽다. 또한 한국거래소에서 다운받은 엑셀데이터 안에는 상위 흑자전환 기업들의 실적 증가액과 증가율이 별도의 시트에 정리돼 있어서 참고하기 좋다.

KRX와 더불어 민간 투자정보업체인 에프엔가이드 사이트에 들어가면 역시 상장사들의 분기별 실적이 정리된 엑셀데이터를 무료로 다운받을 수 있다. 에프엔가이드는 실적 발표 시즌에는 실적을 먼저 발표하는 기업들부터 바로바로 업데이트하기 때문에 좀더 빨리 실적 자료를 접하고 투자에 활용할 수 있는 장점이 있다. 또한 전년 동기의 데이터를 함께 정리해서 보여주기 때문에 스스로 분석해보기에는 더 편한 장점이 있다.

그런데 보통 전환된 실적이 발표된 종목들 가운데는 발표 당일이나 며칠 만에 주가가 크게 상승하는 경우가 종종 있다. 따라서 조금이라도 일찍 실적전환주를 찾고 싶다면, 실적 발표 시즌에 '전자공시시스템DART'을 부지런히 들여다보는 방법이 있다.

'전자공시시스템'은 상장 기업들의 각종 공시사항을 공시하는 사이트인데, 개별 기업별로 가장 먼저 실적 발표 공시가 올라오는 것도 이 사이트이다. 더구나 공식 실적 발표 이전에 좋은 쪽이든 나쁜 쪽이든 매출액 및 손익이 30%(대기업의 경우 15%) 이상 변동하면 공시하도록 되어 있다. 만약 실적이 30% 이상 좋아진 경우라면 실적전환주에 해당할 가능성이 높은데 그 경우엔 정식 실적 발표 때보다 더 빨리 알 수도 있다는 뜻이다. 반대로 실적이 크게 악화한 종목을 보유하고 있는 경우라면 주가가 하락하기 전에 좀 더 일찍 정리할 수도 있을 것이다.

다만 실적을 무조건 빨리 확인하는 게 좋은 것만은 아니다. 어떤 종목은 초기에 너무 과도한 반응이 일어나 나중에 주가가 조정받을 수도 있기 때문이다. 또한 실적 발표가 먼저 났다는 이유로 덥석 매수해서 자금을 소진하면 나중에 실적이 발표된 더 좋은 종목을 놓칠 우를 범할 수 있다. 따라서 이미 자신이 잘 알고 있거나 스터디를 충분히 해놓은 종목의 실적을 일찍 확인하고 투자에 활용하는 것은 좋다. 그렇지 않다면 수치상으로 좋아진 기업의 실적만 보고 덜컥 매수하는 것은 조심해야 한다. 대신 실적 발표가 마감된 뒤 상장기업들 전체에 대한 데이터를 분석해보고 그 가운데 가장 좋은 종목들을 선별하는 것이 좋을 수 있다.

요는, 실적 전환이라는 시그널을 통해 주가가 오를 수 있는 최선의 종목을 발굴하는 작업이 중요하다는 것이다.

· 실적대폭개선형 기업 선별법

실적대폭개선형 기업을 찾으려면 한국거래소나 에프엔가이드 데이터를 가공해 전년동기 대비 및 전기 대비 순이익과 영업이익 흑자 증가폭이 대체로 30% 이상인 기업을 보면 된다. 그 정도가 돼야 큰 폭의 실적 변동이라고 볼 수 있어서인데, 30% 실적 변동 공시기준을 준용한 것이기도 하다. 다만 그 기준은 불변이 아니다. 경기가 좋지 않아 상장사들의 전반적인 실적 증가폭이 크지 않을 때는 20% 수준으로 기준을 조금 낮출 수도 있겠다. 하지만 그 이하로 낮춰서는 실적 전환의 폭이 크지 않고, 주가 상승폭도 제한될 수 있기에 실익이 크지 않다. 이런 가운데 매출도 가급적 20% 이상 증가한 경우면 좋고, 적어도 매출이 감소하지 않은 기업을 찾는 게 좋다. 영업이익이나 순이익이 증가해도 매출액이 감소한다면 일시적으로 비용을 절감하거나 투자를 줄임으로써 이익을 남긴 경우일 수 있다. 이 경우라면 이익 증가가 지속되기 어려우므로 주가 상승도 지속되기 어렵다.

반면 매출액과 영업이익은 증가했는데 일회성 요인에 의해 순이익이 줄어든 경우도 있다. 만약 어떤 기업이 장사를 잘해서 돈을 많이 벌었지만, 향후 더 빠르게 성장하기 위해서 공장을 증설하는 등 설비 투자를 해서 순이익이 줄어들었다면 이런 경우는 좋게 봐야 한다. 향후에 더 큰 성장을 위한 투자 때문이므로 오히려 실적 전환이 지속되거나 가속화할 시그널로 봐야 한다. 더구나 이런 경우에는 단지 순이익이 줄었다는 이유로 주가가 약세를 보이는 경우가 많아 오히려 좋은 매수 기회가 될 수도 있다.

이런 기준에 따라 종목을 선별하면 세부적인 판단 기준에 따라 다르겠지만, 2000여 개 상장사 가운데 1차로 종목수를 대체로 100개 이내로 추릴 수 있다. 이들 종목들 가운데 실적 전환 또는 개선 정도가 주가에 충분히 반영되지 않은 경우를 다시 찾아야 한다. 실적 전환이 주가에 상당폭 반영됐다면 당장 매수하는 것에는 신중해야 한다. 이미 주가에 상당폭 반영됐다면 향후 주가가 상승할 여지가 그만큼 많지 않을 수 있고, 주가가 단기적으로 조정을 받을 수도 있기 때문이다. 매수 후에 주가가 조정받으면 그만큼 손실이 발생하는 것이다. 여전히 개선된 실적이 주가에 충분히 반영되지 않아 향후 주가 상승 여지가 많은 종목들이 있는데, 굳이 이미 충분히 주가에 반영된 종목에 투자할 필요가 없기도 하다. 하지만 그대로 잊어버리라는 뜻은 아니다. 그런 종목들이 나중에 주가가 충분히 조정됐는데도 여전히 실적 전환 흐름이 지속되고 있다면 그때 매수할 수도 있기 때문이다. 예를 들어 앞에서 소개한 에이치엘사이언스의 경우 2019년 1분기 실적이 발표된 뒤 알게 됐다면 그때는 주가가 이미 큰 폭으로 상승한 상태라 매수하는 게 적절치 않을 수 있다. 하지만 이후 주가가 큰 폭으로 조정된 가운데 2020년 1분기처럼 실적이 다시 개선되면 재매수를 고려해볼 수도 있을 것이다.

요는, 실적 전환이 일어나도 가격이 맞지 않는다면 섣부른 매수는 피하고, 적절한 가격 범위 안에 들어왔다고 판단될 때 매수하는 것이 좋다. 야구로 비유하자면 자신이 원하는 공이 들어올 때만 방망이를 휘두르라는 것이다.

개선된 실적이 주가에 크게 반영되지 않은 경우를 고른 다음, 가급적 PER이나 PBR 등 가치지표상으로 저평가돼 있는 기업들을 다시 골라내면 된다. 이때 적용하는 PER이나 PBR 등의 저평가 기준이 명확히 정해져 있는 것은 아니다. 그 기업이 속한 업종이나 해당 기업의 실적 개선폭 및 향후 성장가능성 등에 따라 달리 판단할 여지는 얼마든지 있다.

한편 PER의 기준을 최근 분기 실적을 기준으로 합리적인 수준의 추정 PER를 구해서 판단해보는 작업도 매우 유용하다. 흑자전환형 기업의 경우 전년의 연간 순이익이 적자였을 가능성이 높아 순이익이 흑자 상태인 것을 전제로 구하는 PER를 산출할 수도 없다. 따라서 이런 경우에는 흑자로 전환한 뒤 이어진 실적 흐름이 향후에도 지속될 경우를 가정해 PER를 구해보면 해당 기업의 주가가 고평가 상태인지 여부를 어림해볼 수 있다.

예를 들어, 2019년 2분기까지 누적된 순이익이 −60억 원의 적자 상태였다가 2019년 3분기부터 10억 원 흑자로 돌아서 2019년 4분기에 20억 원, 2020년 1분기에 30억 원, 2020년 2분기에 40억 원 흑자로 전환한 기업이 있다고 하자. 이 기업의 경우 2019년 연간 순이익은 −30억 원으로 적자다. 이런 경우에 2019년 순이익 기준으로는 PER를 구할 수 없다. 하지만 흑자로 전환한 2019년 3분기부터 2020년 2분기까지 최근 4개 분기까지의 순이익은 100억 원이 된다. 그런데 이 당시 해당 기업의 시가총액이 400억 원 정도라고 하자. 그러면 최근 4개 분기를 기준으로 한 PER는 4에 불과하다. 더구나 실적 개선폭이 분기별로 더욱 증가할 것으로 예상된다면 2020년 연간 추정 PER는 4보다 더 낮아질 가능성이 높다. 그러면 이 주식은 실적 개선

정도에 비해서는 상당히 저평가돼 있는 국면이라고 볼 수 있다.

반면에 이 기업의 개선된 실적이 이미 주가에 상당폭 반영돼서 시가총액이 2,000억 원이라고 하자. 그러면 이미 PER가 20 정도이므로 일반적으로는 저평가됐다고 보기 힘들다. 흑자전환형뿐만 아니라 실적대폭개선형의 경우도 비슷하다. 실제로 씨아이에스의 경우 2018년에 연간 순손실을 기록해 2018년 실적을 기준으로는 PER를 산출할 수 없었다. 씨아이에스는 2019년 1분기에 적자를 기록한 뒤 2분기와 3분기 연속으로 흑자를 냈다. 2분기(55억 원)와 3분기(36억 원)의 흑자 흐름이 계속 이어진다면 100억~150억 원 가량의 연간 순이익을 내는 기업으로 평가할 수 있었다. 그러면 당시 PER 기준으로는 10~15배 정도이고 흑자로 전환한 기업이면서 고성장 섹터로 분류할 수 있는 2차전지 장비주라는 점을 고려하면 매력적인 기업으로 평가할 수 있었다. 그래서 실적전환주로 선택할 수 있었던 것이다.

여기까지 오면 이미 실적데이터 기준으로만 30~40개 정도의 종목으로 압축할 수 있을 것이다. 실적전환주를 고르기 위한 스트라이크존을 크게 좁힌 것이다. 물론 스트라이크존을 벗어난 종목들 가운데도 실적전환주로 볼 수 있거나 다른 유형의 좋은 종목들은 얼마든지 있을 수 있다. 하지만 적어도 앞에서 말한 기준에 따라 30~40개 정도로 종목수를 줄였다면 좋은 실적전환주가 포함됐을 가능성은 매우 높아진 셈이다.

2. 뉴스 검색이나 네이버 금융을 이용해 종목을 찾는 쉬운 방법

이런 수고가 부담스러운 분들을 위해 이제 좀 더 편한 방법을 알아보자. 앞서 말한 것처럼 상장기업들은 일정한 시한까지 분기별로 실적 공시를 해야 한다. 분기별로 실적 공시 마감이 다가오는 시점에 네이버와 같은 인터넷포털에서 '흑자 전환', '실적 개선' 등의 검색어를 넣어 보라. 그러면 흑자로 전환하거나 실적이 개선된 기업들이 검색어에 걸릴 것이다. 그 가운데 흑자 전환의 내용이 좋아 보이거나 실적 개선의 폭이 커 보이는 기업들을 중심으로 앞에서 설명한 것과 같은 작업들을 거쳐서 실적전환주를 선별할 수 있다. 실적 공시 이전에 이런 검색을 하면 실적전환 가능성이 높은 종목들에 대한 전망 기사들이 나오기도 한다. 이런 기사들에 언급된 종목들을 사전에 스터디해둔 상태에서 실적 발표가 실제 전망치에 부합하면 좀 더 빨리 해당 종목에 투자할 수도 있다.

다만, 이 방법을 쓰면 앞에서 소개한 것처럼 전체 상장사들을 대상으로 체계적으로 필터링해 분석하는 작업을 거치는 게 아니므로 가장 좋은 실적전환주 후보들이 제외될 수 있다. 전자의 방법이 전국 맛집 리스트에서 최고의 맛집을 찾는 방식이라면, 후자의 방법은 그런 맛집들 가운데 우연히 알게 된 맛집을 찾아가는 것과 비슷하다.

1차 선별 후 꼭 해야 할 추가 작업들

어려운 방법이든 쉬운 방법이든 여기까지 왔으면, 이 다음부터는 실적데이터나 가치지표와 같은 수치가 아니라 직접 다양한 자료와 정보들을 활용하면서 추가로 종목을 압축해야 한다. 해당 회사에 대한 뉴스를 검색하거나 전자공시시스템DART에 들어가 가장 최근의 사업보고서와 분기 또는 반기별 보고서를 꼼꼼이 살펴봐야 한다. 또한 관련한 기업이나 업종에 대한 증권사 리포트가 있으면 이들 자료도 참고하는 게 좋다. 이때 살펴야 할 가장 중요한 2가지는 '실적 전환이 일회성에 그치지 않고 향후에도 최소 몇 분기 이상 지속될 것인가'와 '실적 전환 이전의 실적 부진 또는 악화요인이 충분히 해소됐는가' 하는 것이다. 만약 이 2가지 측면에서 불안요인이 남아 있다면 그 불안요인이 해소된 것을 확인할 때까지는 투자를 미루는 것이 낫다.

이런 작업들을 거쳐서 정말 여러모로 괜찮은 실적전환주 후보들을 몇 개 이내로 압축했다고 하자. 그러면 필수적으로 해야 하는 작업은 주식담당자와 통화해서 뉴스나 공시자료, 증권사 리포트 등에서 미심쩍었던 부분을 확인하고 추가적인 정보를 얻는 것이다.

예를 들어, 코로나 사태가 발생한 이후에는 코로나 사태에 따라 업황이 어떻게 영향을 받는지, 일회성 손실이나 이익이 발생한 경우라면 자세한 이유를 물어볼 수 있다. 이런 것은 뉴스나 공시자료에 잘 나오지 않는 경우가 많고, 증권사 리포트에서 짚는다고 해도 중소형주의 경우에는 다뤄지지 않는 경우가 많다. 이럴 때 주식담당자와 통화하면 투자에 관한 좋은 힌트를 얻을 수 있다. 패션기업인 에스제이그룹의 경우 주담과 통화한 결과 오프라인 판매는 크게 줄었지만, 온라인 판매 비중을 늘려 실적 감소를 최소화하고 있었다. 그에 반해 코로나 사태로 인한 주가 낙폭은 매우 큰 시기여서 좋은 매수 기회로 삼을 수 있었다.

지금까지는 일정한 종목수로 포트폴리오를 짜서 분산투자하는 것을 전제로 설명했다. 그런데 가끔씩은 종목을 찾다보면 큰 수익의 가능성이 보여서 가슴이 두근거리는 종목을 만날 수 있다. 그러면 이런 종목들에는 투자금액 가운데 상당히 큰 비중을 두고 투자하고 싶은 욕구가 생길 것이다. 그렇다면 이런 기업들은 반드시 기업을 탐방해서 구체적인 내용들을 꼼꼼히 확인해야 한다. 사실 내가 만나본 슈퍼개미들 가운데는 투자하기 전에 거의 예외 없이 기업탐방을 거치는 경우가 많았다. 매번 늘 그렇게까지 할 시간과 여유가 없더라도 상당한 비중을 실어 투자할 만한 좋은 기업이라고 판단되면 기업탐방은 꼭 하기 바란다. 정말 좋은 투자 기회라고 판단한다면, 연차를 내서라도 꼭 기업을 탐방하는 것이 좋다. 확신할 수 있는 만큼 투자 금액과 비중을 키울 수 있기 때문이다.

실적 전환이 기대된다고 적자 기업에 미리 투자하는 것은 신중하라

끝으로 실적전환주 이외에 대폭적인 실적 전환이 기대되는 기업들을 골라 투자하는 문제에 대해 생각해보자. 실적전환주가 실적 전환이 확인된 뒤에 투자하는 것이라면, 실적 전환 가능성이 높아 보이는 기업들을 파악해 실제로 실적이 전환되기 전에 투자하는 것을 말한다. 전환된 실적이 발표된 뒤에는 주가가 단기간에 큰 폭으로 오르는 경우들이 많기 때문에, 그럴 가능성이 높은 종목들을 선취매해두면 높은 수익률을 기대할 수 있다.

하지만 그 경우에는 그만큼 위험성도 따른다. 내 경우에도 실적 전환 가능성을 높게 보고 몇 년간 연속 적자를 낸 한 IT기업에 투자했다가 큰 코 다친 적이 있다. 사실 이전까지는 그 기업처럼 몇 년 연속 적자가 난 부실 기업에는 원칙적으로 투자하지 않았다. 예전 같으면 처음부터 쳐다보지도 않을 회사였다.

하지만 우연한 기회에 알게 된 해당 기업의 대폭적인 실적 전환 가능성에 이끌려 욕심을 낸 것이 화근이었다. 이 회사는 2017년 전까지는 상당히 잘나가던 스마트폰용 지문인식솔루션 기업이었지만, 싸드 갈등 이후로 중국업체들과 줄줄이 거래가 끊어지면서 실적이 급감했다. 그 과정에서 삼성과도 거래가 끊겼다. 이런 기업이 2019년부터 삼성전자에 납품을 재개하게 됐고, 전환사채 형식이기는 했으나 거액의 투자를 유치하기도 했다. 그 전까지 분기당 수백억 원의 적자를 내다가 2019년 들어서는 분기당 적자폭을 20억 원대 이하로 줄이기도 했다. 재무구조도 개선해 회계상으로는 부채비율도 크게 낮춘 상태였고, 주가도 액면가 이하로 떨어져 기존 주주들을 괴롭혀온 유상증자의 가능성도 없어 보였다. 더구나 실현된다면 실적 전환을 대폭 가속화할 신사업도 추진하고 있었다. 한마디로 실적 전환을 목전에 둔 기업으로 보였고, 한 번 실적 전환이 일어나면 큰 폭의 성장을 이어갈 가능성도 엿보였다.

하지만 지정감사법인제도에 따라 기존 회계법인이 마지막으로 감사한 2019년 결산감사에서 수백억 원의 재고자산 평가손실과 투자자산 평가손실을 회계상으로 반영하면서 이 회사는 관리 종목으로 지정됐다. 당연히 주가가 급락했고, 개인적으로도 이 종목에서는 상당한 손실도 입었다.

투자자로서는 다소 부끄러운 이야기인데도 공개하는 이유는 그만큼 이런 기업들에 투자할 때는 신중해야 한다는 것을 강조하기 위해서다. 나름대로 사업보고서도 꼼꼼하게 읽었고, 여러 번의 주담 통화나 기업방문을 통해 의문나는 점들을 충분히 체크했는데도 그렇게 됐다. 사실 회사가 밝히지 않는 이상 기존에 쓰이지 않고 있는 재고자산이 한꺼번에 수백억 원어치씩 평가손실로 기록될 것으로 생각하기는 어렵다. 해당 기업 스스로도 그렇게까지 평가받은 것을 이해하지 못했고, 억울해했다.

수년간 적자 상태를 이어온 기업의 경우 그만큼 리스크가 많을 수 있으므로 더 꼼꼼히 따져야 한다. 특히나 지정감사제도가 도입되면서 감사법인이 바뀌는 시점을 전후해서는 회계감사가 매우 엄격한 기준에 따라 진행된다. 이에 따라 최근에는 결산감사 발표시점이 되면 관리 종목으로 지정되는 기업들이 무더기로 등장하기도 한다. 이런 점에서 실적 전환을 미리 기대하고 적자 기업에 성급히 투자하는 것은 정말 신중해야 한다.

특히나 아직 주식 투자 초보 단계라면 원칙적으로 이런 종목들에는 접근하지 않는 게 좋다. 실적 전환이 일어나고 기존의 리스크가 충분히 해소된 것을 확인하고 투자해도 충분한 수익률을 올릴 수 있으니, 과욕을 부리지는 말았으면 한다. 이는 이런 종목들에만 해당하는 이야기가 아니다. 좋은 수익을 내기 위해서는 어떤 종목이든 그만큼 상응하는 리스크 요인들에 대해서도 점검하는 자세가 필요하다.

최고의 수익률을 올려주는 333종목 찾는 법

실적 성장이 얼마나 큰 수익률을 올려주는지를 가장 잘 보여주는 종목들이 333종목이다. 내가 만든 조어이기 때문에 다른 곳에서는 못 들어봤을 것이다. 이 333종목은 '3년 내 3배 이상의 수익률을 올릴 잠재력을 가지되 하락할 경우에도 최대 하락폭이 -30% 이내일 만한 종목'을 지칭한다. 3년 안에 3배 이상 오를 정도로 고성장의 잠재력이 있는 반면 현시점에서 대체로 저평가돼 있어서 주가가 크게 하락할 가능성이 적은 종목이라고 할 수 있다. 대체로 향후 고속성장이 예상되는 기업의 초기에 투자하는 것을 말한다. 이런 기업들은 속성상 실적전환주가 많고, 뒤에서 소개하는 성장형 우량주 가운데 빠르게 성장하는 종목들도 포함될 수 있다.

일반적인 개인투자자가 평소에 충분히 모니터링하면서 동시에 리스크를 일정하게 분산할 수 있는 적절한 종목수로 나는 대략 5~7종목 정도를 권하고 있다. 그런데 333종목처럼 큰 폭으로 주가가 뛰는 종목을 한 종목이라도 포함하면 포트폴리오 전체의 수익률이 수십 %를 쉽게 넘는다. 1~2종목에서 손실이 나도 그렇다.

실제로 우리 연구소가 2018년 9월에 발간한 〈333종목 10선〉 특집 보고서에서 소개한 종목들이 10개월 내 기록한 주가 상승률 고점의 평균이 77%에 이르렀다. 이 보고서에서 소개했던 에코마케팅, 테스나, 코엔텍 등은 이후 이미 3배 이상의 주가 상승을 달성했고, 함께 소개했던 크린앤사이언스, 아프리카TV, 케이아이엔엑스 등도 2배 이상의 주가 상승을 기록했다.

또한 2019년 9월에 발간한 〈333종목 7선〉에 수록된 종목들도 2020년 6월 10일까지 개별 종목별로 달성한 주가 상승률 고점 평균이 75.6%에 이른다. 이들 가운데 세경하이테크는 한때 172.3%, 에코프로비엠은 116.7%의 주가 상승률을 기록하기도 했다. 333종목으로 소개한 것은 아니지만, 우리 연구소가 그동안 소개한 종목들 가운데 에이치엘사이언스나 메가스터디교육, 디지털대성, 티씨케이, 경동나비엔, 휴온스, 원익큐앤씨, 더존비즈온 등도 주가가 3배 이상을 기록하거나 이에 준하는 수준으로 상승하기도 했다.

물론 이런 종목을 찾는다는 것이 쉽지는 않다. 다만 10개의 후보를 찾아서 1개 이상이라도 3배 이상의 수익률을 달성하면 평균 수익률을 확 끌어올릴 수 있다. 또한 333종목의 잠재력을 지닌 기업들을 공들여 찾다 보면 상대적으로 더 좋은 종목을 찾을 수 있는 안목을 키울 수 있다. 그런 점에서 333종목의 잠재력을 발굴하는데 많은 노력을 기울이기 바란다. 이왕 투자하는 것이라면 큰 수익을 내는 종목을 찾는 것이 좋지 않겠는가.

그러면 333종목은 어떻게 찾을 수 있을까. 과거 일정한 시기에 실제로 3배 이상의 주가 상승을 기록한 종목들의 특성을 살펴보면, 향후에 333종목의 잠재력을 지닌 종목들을 찾는 데 훨씬 수월할 것이다. 이와 관련해서는 선대인경제연구소 회원 한 분이 우리 연구소가 그동안 소개한 종목들을 중심으로 333종목 23개에 대해 매출과 이익 등 주요 지표별로 주가와의 상관성을 분석했는데, 그 결과를 요약하면 이렇다.

1) 〈그림 5-7〉에서 보는 것처럼 333종목들은 실적, 그 가운데서도 영업이익이 큰 폭으로 증가할 때 주가가 큰 폭으로 상승하는 경향이 있고,

2) 실적 증가가 고점을 찍을 때까지 주가는 계속 높은 수준까지 상승하는 경향이 있었다.

3) 초기에 개인들이 해당 종목을 주로 순매수하다가도 해당 기업의 실적이 좋아지면 외국인이나 기관 둘 다, 또는 적어도 한 주체가 지속적으로 해당 종목을 순매수하면서 주가를 끌어올리는 경향이 있다.

따라서 333종목을 발굴하려는 사람들은 지금까지 실적이 부진하다가 실적이 큰 폭으로 좋아질 것으로 예상되는 기업들을 찾으려는 노력을 기울일 필요가 있다. 앞에서 소개한 실적전환주를 주목하는 이유도 이 때문이다. 또한 이처럼 실적이 큰 폭으로 좋아질 것으로 예상되는 종목들의 주가가 본격적으로 상승하기 전에 상대적으로 저

그림 5-7 333종목의 이익과 수급 추이에 따른 주가 흐름

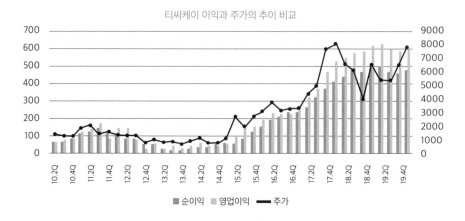

티씨케이 이익과 주가의 추이 비교

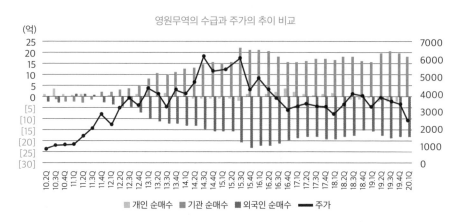

영원무역의 수급과 주가의 추이 비교

출처: 선대인경제연구소 회원 문성찬 님 자료 인용.

평가된 상태에서 '길목을 지키는 투자'를 해놓으면 높은 주가차익을 누릴 수 있다.

이때 주의할 것은 향후 이 기업의 성장성이 한동안 지속될 것으로 예측된다면, 해당 기업의 실적이 꺾이지 않는 한 섣불리 매도하지 않는 우직함이 필요하다. 일시적인 주가의 기복이 있더라도 이들 333종목은 실적이 증가하는 동안은 대체로 주가가 우상향했기 때문이다. 한편으로는 그렇게 해야 333종목을 발굴한 수고가 온전히 수익으로 이어질 수 있기 때문이다.

한편 실적이 좋아질 것으로 예상되는 기업들 가운데 기관이나 외국인들의 순매수가 유입된다면 주가 상승의 중요한 모멘텀이 될 수 있으며, 이때부터 본격적인 시세 분출이 일어날 수 있다는 점을 인식할 필요가 있다. 그런 점에서 주식담당자와 통화하거나 기업을 탐방했을 때 해당 기업에 대한 기관의 IR 또는 NDR 요청이 잇따르고 있다면 기관매수세가 유입될 수 있는 매우 긍정적인 신호임을 인식할 필요가 있다.

참고로 앞에서 소개한 분석에 사용한 23개 기업의 리스트를 〈표 5-1〉에 나타냈다. 주식 투자를 하는 사람들은 과거의 333종목이 어떤 경우에 주가가 올랐는지 기업별로 스터디를 해보고, 그와 유사한 조건이나 특성을 가진 종목들을 찾아보면 높은 수익률을 올려줄 종목을 찾는 것이 훨씬 수월해질 것이다. 분석의 결과에는 나타나지 않았지만, 23개 기업들을 보면 빠르게 성장하는 산업 분야에서 주요한 위치를 점하거나 독점적 사업을 펼치고 있는 경우가 많다. 이런 점들을 감안해 늘 빠르게 성장하는 산업 분야를 살펴보고 그 가운데서 실적

표 5-1

No.	회사명	코드번호	업종
01	F&F	007700	의류
02	영원무역	111770	의류
03	메디톡스	086900	화장품
04	아모레퍼시픽	090430	화장품
05	휴젤	145020	화장품
06	에이치엘사이언스	239610	제약
07	한샘	009240	가구
08	경동나비엔	009450	보일러
09	하나투어	039130	여행
10	코엔텍	029960	환경서비스
11	아프리카TV	067160	미디어
12	케이아이엔엑스	093320	인터넷 서비스
13	더존비즈온	012510	소프트웨어
14	에코마케팅	230360	광고
15	메가스터디교육	215200	교육
16	피앤이솔루션	131390	2차전지
17	피엔티	137400	2차전지
18	네패스	033640	반도체 부품
19	티씨케이	064760	반도체 부품
20	삼화콘덴서	001820	콘덴서
21	오이솔루션	138080	통신장비
22	케이엠더블유	032500	통신장비
23	크린앤사이언스	045520	기타 자동차 부품

증가로 이어질 기업들을 초기에 투자하면 매우 높은 수익률을 올릴 수 있다.

예를 들어, 폐기물처리업체인 코엔텍의 경우 호주 금융투자자본인 맥쿼리가 투자해 생산 시스템을 체계화하면서 실적이 급상승했는데도 주가에 반영되지 않았던 2017년에 투자했다면 높은 수익률을 올릴 수 있었다. 이 같은 기회를 포착하려면 해당 기업들의 실적 흐름 등을 꾸준하게 추적하면서 적절한 매수 타이밍을 잡는 노력이 필요하다.

성장형 우량주:
2~3년간 안정과 성장을 함께 가져갈 수 있는 주식

실적전환주가 실적의 변곡점을 노려서 높은 주가 수익률을 추구하는 방법이라면 성장형 우량주는 고성장이 지속될 가능성이 높은 기업을 공략하는 방법이다. 실적전환주가 1~2년 안에 많게는 2~3배 이상 수익을 올리는 것을 노리는 종목이라면, 성장형 우량주는 2~3년 이상에 걸쳐 1년에 평균 20~30% 수준의 수익률을 꾸준히 추구하는 것을 목표로 하는 종목들이다.

물론 성장형 우량주 가운데 고속성장을 해서 실제로는 잘 고른 실적전환주 만큼의 고수익을 올려주는 경우도 적지 않다. 반도체 소재주인 티씨케이나 폐기물처리업체 코엔텍, 퍼포먼스 마케팅업체인 에코마케팅, 필터 제조업체로 미세먼지 관련주의 대명사인 클린앤사이언스 등이 그런 경우다. 성장형 우량주는 상대적으로 사업구조가 안정된 상태에서 비교적 지속적으로 높은 성장세를 보이는 종목이라는 점에서 실적만 계속 좋게 나와준다면 2~3년 이상 긴 호흡으로 투자할 수 있다는 장점이 있다.

성장형 우량주는 말 그대로 지금도 잘 성장하고 앞으로도 성장할 가능성이 크면서 우량한 종목들이라고 생각하면 된다. 종종 시장에서 소외돼 있는 종목들이 많은 전통적인 가치주에 비해 성장의 속도가 빠르기 때문에 저성장 시대에 시장에서 꽤 주목하는 경우가 많다. 이 때문에 투자에 많은 시간을 내기 어려운 사람들도 비교적 발굴하기 쉬운 편이다.

다만 성장형 우량주는 그 특성상 밸류에이션이 높은 경우가 많고, 성장성이 꺾이면 가치주에 비해서 주가 낙폭이 큰 단점이 있다. 하지만 성장형 우량주를 상대적으로 저평가된 구간에서 중장기적 관점에서 투자하면 상당히 좋은 수익률을 올릴 수 있다.

예를 들어, 국내 대표적인 클라우드서비스 사업체인 더존비즈온의 주가는 2015년 6월에 1만 3,000원대에 그쳤는데, 그동안 기복을 그리면서도 주가가 꾸준히 상승해 2020년 6월 5일에는 주가가 12만 3,500원까지 올랐다. 5년 동안 주가가 거의 10배가량 오른 것이다. 또한 케이아이엔엑스의 경우에도 최근 몇 년간 꾸준히 실적이 증가하면서 주가가 상승했는데, 2017년 하반기에 1만 4,000원에도 미치지 못했던 주가가 2020년 5월 15일에는 7만 1,500원을 기록하기도 했다. 3년도 안돼 주가가 5배 이상 오른 것이다.

물론 이들 사례는 성장형 우량주 가운데서도 모범적인 사례들이다. 하지만 그렇다고 희귀한 사례들도 아니다. 더존비즈온이나 케이아이엔엑스처럼 큰 흐름에서 성장하는 섹터에서 주요한 플레이어인

기업들의 실적은 지속적으로 좋아질 가능성이 높다. 실적이 꾸준히 우상향한다면 주가도 그에 맞춰 장기적으로 꾸준히 우상향할 가능성이 높다는 점이 투자의 핵심 포인트다. 이런 성장형 우량주 종목들을 잘 골라 포트폴리오를 짜서 2~3년 이상 보유한다는 관점에서 투자하면 일반인들도 안정성과 고수익이라는 두 마리 토끼를 잡을 수 있다.

그림 5-8 기업의 라이프사이클

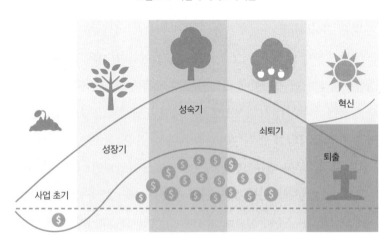

왜 성장형 우량주에 투자하는 것이 좋은지 기업의 라이프사이클의 측면에서 살펴보자. 기업도 살아 움직이는 생명체처럼 라이프사이클이 있다. 일반적으로는 '사업 초기 → 성장기 → 성숙기 → 쇠퇴기 → 혁신 또는 퇴출'과 같은 단계를 거친다.

물론 애플이나 마이크로소프트처럼 혁신을 통해 재도약하는 기업들도 많다. 하지만 여기서는 설명의 편의상 기업이 한 번의 라이프사이클만 거치는 것으로 가정하자.

기업의 매출은 사업 초기부터 상승세를 나타내고 성숙기에는 둔화되지만 그래도 성숙기 중기까지는 어느 정도 괜찮은 성장세를 유지한다. 그러다가 정체기에 들어서면 성장세가 확연히 꺾이기 시작한다.

그런데 이익 곡선은 조금 다르다. 초기에는 기업들이 투자를 많이 하는 반면 투자에 따른 비용 지출을 상쇄하지 못해 손실을 낸다. 그러다가 성장기에 들어서면 비용을 상회하는 이익이 기업 내부에 쌓이기 시작한다. 매출과 더불어 이익이 쌓이고 가파르게 성장하는 시기가 성장기 중기에서 성숙기 중기 사이라고 볼 수 있다. 성장형 우량주는 이익이 많이 쌓이고 가파르게 성장하는 이 시기의 기업을 주로 말한다. 즉 실적이 가장 가파르게 성장하는 시기에 투자하는 것이다. 그때가 주가가 가장 많이 오르는 시기이기도 하다. 그보다 이전에 투자하면 초기 투자에 따른 리스크가 크고, 이보다 뒤로 가면 성장이 정체하거나 쇠퇴해 주가도 대체로 힘이 빠진다.

그러면 성장형 우량주는 어떻게 고를까. 앞에서 데이터를 활용해 실적전환주를 선별하는 방법을 활용하되 기준만 약간 다르게 적용하면 된다. 실적전환주가 실적이 전환되는 초기에 투자하는 것이라면 성장형 우량주는 개선된 실적이 최소 몇 분기 이상 지속되면서 장기적인 성장이 가능할 것 같은 종목을 일컫는다. 대체로 최소 1년 이상 성장이 지속되는 것을 확인해야 하기 때문에 가급적 '최근 1~2년 이상 지속적인 성장세를 보여준 기업'을 찾아야 한다. 따라서 분기별로뿐만 아니라 연간 기준으로도 성장세를 보이고 있는 기업을 찾는 게 좋다.

이런 관점에 맞춰 종목들을 걸러내는 기준을 바꿔주면 된다. 이익

성장률의 기준은 실적 전환의 변곡점에 있어서 이익 증가율이 높은 실적전환주보다는 상대적으로 조금 낮춰도 좋다. 내 경우에는 최근 연도 및 최근 분기의 전년동기 대비 및 전기 대비 순이익과 영업이익이 20% 이상 증가하는 기업을 기준으로 삼는다. 대신 실적전환주보다는 이익 성장 지속기간이 길어야 한다.

또한 가급적 최근 연도 및 최근 분기의 매출이 10% 이상 증가한 기업을 찾는다. 실적전환주의 경우에는 구조조정이나 비용 축소 등을 통해 매출은 크게 늘지 않아도 이익이 큰 폭으로 성장하는 경우가 있지만, 성장형 우량주의 경우에는 매출로 대표되는 외형이 함께 성장하는 경우를 찾아야 하기 때문이다. 이 같은 성장형 우량주는 빠른 성장속도 때문에 일반적으로 PER나 PBR 등이 다소 높을 수 있다. 하지만 지나치게 높은 경우만 아니라면 성장형 우량주로서 투자할 수 있다고 본다.

다만, 가급적 PER도 25 미만이고, 최근에 주가가 급등하지 않았어야 한다. 성장형 우량주라고 해도 주가가 단기적으로 급상승했거나 PER가 너무 높아져 있다면 주가가 조정되는 경우가 많기 때문이다. 한편 실적전환주와 마찬가지로 성장형 우량주 역시 향후에도 실적 성장성이 이어질 수 있을 것인지 확인하는 작업이 매우 중요하다. 그래야 주가 상승도 지속될 수 있기 때문이다.

실제로 〈그림 5-9〉에서 보는 것처럼 성장형 우량주로 볼 수 있는 노바렉스는 약간의 기복이 있었지만 최근 몇 년간 매출과 이익이 지속적으로 우상향하는 모습을 보였다. 그런데 향후 고령화 추세가 가속화함에 따라 건강기능식품 산업도 꾸준히 성장할 가능성이 높은

그림 5-9 노바렉스 매출 추이

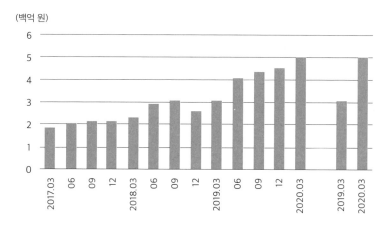

노바렉스 이익 추이

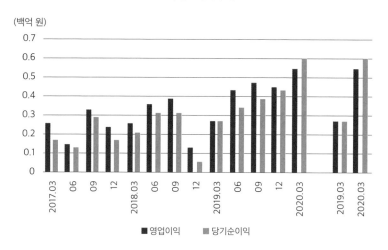

출처: 에프엔가이드 자료를 바탕으로 선대인경제연구소 작성.

것으로 전망된다. 그런 흐름 속에서 국내 건강기능식 ODM업체인 노바렉스의 실적도 비교적 빠르게 성장해온 것이다. 또한 고령화 추세 및 건강하게 살고 싶은 욕구가 쉽게 꺾이지 않을 것을 감안한다면 노바렉스의 실적 성장세도 한동안 지속될 가능성이 높다. 그런 점에서 노바렉스를 성장형 우량주로 꼽을 수 있는 것이다.

실적성장형 고배당주:
노후대비를 위한 마음 편한 선택

해당 종목에 대해 충분히 스터디한 뒤 투자한다면 실적전환주나 성장형 우량주 투자가 다른 투자대상이나 방법에 비해 더 위험한 방법이라고 생각지 않는다. 오히려 비교적 안전하게 고수익을 올릴 수 있는 방법이라고 생각한다. 그럼에도 불구하고 모든 다른 투자와 마찬가지로 일정 수준의 리스크가 수반된다는 것은 부인할 수 없다.

이런 이유 때문에 투자성향상 주식 투자를 꺼리거나 겁을 내면서도 자신들의 노후나 자녀들의 미래를 위해 안정적으로 수익을 올릴 투자방법을 찾는 사람들도 있다. 그런 사람들을 위해 연간 4~5% 수준의 안정적인 수익을 챙기면서 경우에 따라서는 꽤 높은 수익률을 올릴 수 있는 투자 방법이 있다. 바로 고배당주 투자다. 다만 국내 자산운용사들이 운용하는 고배당주 펀드와는 실제로는 상당히 다르다. 어떤 종목들을 골라 담느냐에 따라 고배당주 투자의 수익률은 확연히 달라질 수 있는데, 내가 말하는 고배당주는 '실적성장형'이다. 고배당주도 실적 성장을 중심으로 선별하자는 것이다.

그럼 실적 중심의 고배당주란 어떻게 고르고 투자하는 것인지 살펴보자. 배당주투자는 주가차익을 노리기보다는 매년 꾸준한 배당수익을 주로 추구하는 주식 투자 방법이다. 부동산에 비유하면 향후 집값이 뛰어 시세차익을 올릴 것을 추구하기보다는 꾸준한 임대수익을 올려주는 수익형부동산에 투자하는 것과 비슷하다. 그런데 이 같은 실적성장형 고배당주 투자가 수익형부동산에 투자하는 것보다 훨씬 낫다.

수익형부동산의 경우 공실 기간을 감안하고, 중개수수료 및 유지보수비용, 임대소득세 등을 떼고 나면 실제 수익률은 3%를 올리기도 어렵다. 그것도 세입자를 구하고 유지보수를 하고 세금 신고를 해야 하는 등 이런저런 신경과 시간을 쓰면서 올리는 수익률이다. 그런데 평균 배당수익률 4% 이상인 건실한 고배당주를 골라 장기적으로 투자하면 요즘 같은 저금리 시대에는 매년 시중 금리의 2~3배 가까운 수익률을 기본으로 올릴 수 있다. 또한 배당을 많이 하려면 탄탄한 실적이 뒷받침돼야 하기 때문에 장기적으로는 주가가 상승할 가능성이 높아 주가차익까지 누릴 수 있다.

가장 대표적인 고배당주로 꼽히는 맥쿼리인프라를 예로 들어보자. 맥쿼리인프라는 한국의 잘못된 민자사업구조 때문에 '무위험·무세금·고수익'을 누리는 대표적인 투융자펀드다. 정부와 지자체의 보조금까지 받아가면서 민자도로 운영업체들이 통행료 수입을 거둬들이면, 맥쿼리인프라는 자회사인 이들 운영업체들에 고금리 이자를 물려 수익을 고스란히 챙겨간다. 그런데 이런 잘못된 국내 민자사업구조가 향후 20여 년 동안 맥쿼리인프라의 안정적인 고수익을 보장해준다. 맥쿼리인프라는 조세 특례를 적용받기 위해 매년 수익의 95% 이상을 배당하는데, 이 때문에 매년 배당수익률 5~8% 수준의 고배당을 실시해왔다. 물론 배당소득세를 빼면 실제 배당수익률은 조금 더 낮아지지만, 은행 예금금리의 2~3배에 이르는 배당수익을 매년 투자자에게 안겨줬다.

더구나 지난 10년 동안 맥쿼리인프라 주가는 꾸준히 상승했다. 10년 전에는 3,000원 수준이었던 맥쿼리인프라의 주가는 2019년 5월에는 1만 2,000원을 넘겼다. 10년 만에 주가가 4배나 상승한 것이다. 다만 최근으로 올수록 주가 상승폭은 둔화돼 2015년 6월부터 5년 동안에는 주가가 50%가량 상승했다. 그럼에도 이 기간 동안 주가가 크게 흔들림 없이 꾸준히 상승한 것이다. 이는 경기와 상관없이 지속적으로 실적을 낼 수 있는 사업구조 때문에 가능했다. 이런 점에서 보면 맥쿼리인프라는 높은 배당수익률+주가차익+경기변동에 휘둘리지 않는 주가 안정성 등 3박자를 고루 갖춘 종목이다.

물론 국내에서 맥쿼리인프라와 같은 매력적인 고배당주가 널려 있지는 않다. 하지만 맥쿼리인프라를 비롯해 리스크를 분산할 수 있는 수준의 5~6종목을 찾는 것이 불가능하지는 않다.

예를 들어, 선대인경제연구소가 2020년 새해에 발간한 〈장기투자 유망종목 7선〉 특집보고서에서 소개한 또 다른 고배당주인 고려신용정보의 경우를 보자. 고려신용정보는 2015년 이후 탄탄한 사업실적을 바탕으로 2016년 6.1%, 2017년 6.3%, 2018년 5.8%, 2019년 5.06%

의 배당수익률을 기록했다. 더 중요한 것은 그 사이에 주가가 꾸준히 상승하는 가운데도 이렇게 높은 배당수익률을 기록했다는 점이다. 일반적으로 주가가 높아지면 주가 대비 배당수익의 크기를 나타내는 배당수익률이 떨어지기 마련이다. 실제로 2018년 이후 주가 상승세가 본격화하면서 배당수익률이 다소 떨어진 감이 없지 않다. 그럼에도 불구하고 2019년까지 5% 이상의 배당수익률을 기록한 것이다. 고려신용정보에 투자했다면, 이 같은 배당수익률은 기본이고 상당히 높은 주가 차익도 누릴 수 있었다. 고려신용정보의 주가는 실적 전환 초기의 기대감이 선반영돼 주가가 한껏 부풀었다가 하락한 이후인 2016년 중반 2,500원 수준에서 2020년 5월 한때 7,110원까지 상승했다. 약 4년 만에 주가가 2.8배 이상 상승한 것이다. 만약 투자자가 주가 고점에 팔 수 있었다고 한다면 지난 4년간 고려신용정보에 투자한 사람은 연평균 50%가 넘는(이자소득세를 제한 배당수익률 평균 4.3%+연평균 주가 상승률 46%) 수익률을 올렸을 것이다.

사실 맥쿼리인프라나 고려신용정보는 고배당주의 모범생들이다. 거꾸로 말하면 모든 고배당주의 주가가 이런 식으로 늘 우상향하지만은 않는다. 배당수익률이 높다고 해서 아무런 주식이나 덜컥 사서는 안 된다는 것이다. 그러면 고배당주이면서도 중장기적으로 주가 상승까지 가능한 종목을 어떻게 고를 수 있을까. 그 기준이 바로 실적이다. 맥쿼리인프라나 고려신용정보의 꾸준한 고배당과 주가 상승의 원천도 바로 좋은 실적(맥쿼리인프라의 경우 수익) 흐름이다.

실제로 〈그림 5-10〉에서 보는 것처럼 고려신용정보의 비교적 꾸준한 실적 증가가 저금리 시대의 고배당 메리트와 합쳐져 주가 상승

그림 5-10 고려신용정보 매출 추이

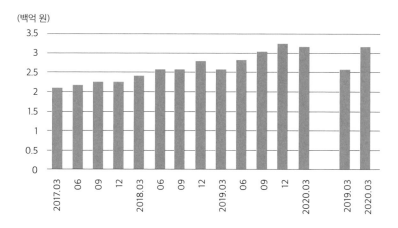

고려신용정보 이익 추이

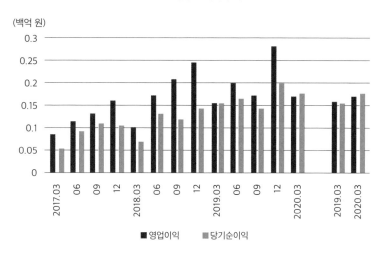

출처: 에프엔가이드 자료를 바탕으로 선대인경제연구소 작성.

을 이끌어낸 것이다. 이 밖에 한국기업평가, 이크레더블, NICE 등과 같은 신용평가회사들은 꾸준한 실적 증가와 고배당을 겸비한 종목들이라고 할 수 있다.

그런데 거꾸로 실적 흐름이 썩 좋지 못한 고배당주는 주가 흐름 역시 좋지 않다. 대표적으로 자동차부품업체인 네오티스는 최근 몇 년간 6~7% 수준의 배당수익률을 기록하고 있지만, 전방산업인 자동차 시장의 부진으로 매출은 제자리걸음을 하고 이익은 하락했다. 네오티스를 포함해 일진파워 등 고배당주라고 하더라도 실적이 좋지 않은 기업들의 주가는 하락세를 보였다. 5% 이상의 배당수익을 올릴 수 있다고 하더라도 주가가 −10% 하락한다면 전체적으로는 오히려 손해다. 따라서 고배당주에 투자하더라도 탄탄한 실적 흐름이 지속될 수 있는지 충분히 확인하고 투자하는 것이 매우 중요하다.

이처럼 실적이 꾸준한 고배당주 4~5개를 주가가 고평가된 구간만 피해서 매수한 다음 장기적으로 보유하면 웬만한 펀드나 수익형부동산 이상의 수익률을 안정적으로 얻을 수 있다. 이에 더해 고배당주는 대표적인 경기방어주로 경기변동에도 주가가 크게 변하지 않는다. 이 때문에 고배당주 투자는 안정추구 성향이 강한 사람도 얼마든지 실행할 수 있는 주식 투자법이다. 특히 저축한다는 생각으로 꾸준히 실적이 좋은 고배당주에 투자하면 노후대비로도 매우 유효한 투자법이다.

만약 어떤 가정이 자녀 한 명당 초등학교 4학년부터 고등학교 3학년까지 9년 동안 월 100만 원을 사교육에 쓰지 않고 내가 말한 방식으로 고배당주에 투자한다고 생각해보자. 그러면 대략 연 5%의 복리

효과로 1억 3,000만 원이 넘는 자금을 모을 수 있다. 이에 더해 이들 고배당주의 주가 상승에 따른 차익까지 누릴 수 있다고 생각해보라. 노후가 한결 든든해질 것이다. 더구나 향후 세계적인 저성장 기조에 따라 저금리가 고착화될 가능성이 높다. 저금리 시대에 은행금리보다 2배 이상의 배당수익률을 제시하는 고배당주의 메리트는 계속 부각될 가능성이 높다.

참고로, 그냥 고배당주 펀드에 가입하면 되는 것 아니냐는 사람도 있을 것이다. 하지만 별로 권하고 싶지 않다. 고배당주 펀드들은 가입자들이 맡긴 대규모 자금을 어디엔가는 투자해야 하기 때문에 실적이 정체된 대형주들까지 배당주로 포함해 수십 종목씩 담고 있는 경우가 허다하다. 심지어는 배당수익률이 2%대에 그치는 종목들도 다수 편입하고 있다.

예를 들어, 상당수 자산운용사들이 고배당주 펀드에 담고 있는 현대차의 배당수익률은 2015~2017년 3년간 2.6% 수준에 그쳤다. 실적 정체로 주가가 하락한 덕(?)에 2018~2019년에는 배당수익률이 3%대 초반을 기록했지만, 진정한 의미의 고배당주와는 거리가 멀었다. 그리고 잘 아는 것처럼 2014년 이후 현대차의 실적은 대체로 부진했기 때문에 투자하기 좋은 종목도 아니었다. 이런 식으로 상당수 자산운용사들이 고배당주라는 명목으로 저성장주 또는 성장 정체주를 잔뜩 담고 있으니 몇 년이 지나도 수익률이 마이너스인 고배당주 펀드도 있는 것이다.

그러니 그냥 본인이 스스로 고배당주 펀드를 구성한다는 생각으로 5~6개의 고배당주 종목을 골라 장기적으로 가져가면 된다. 그렇게 하면 펀드수수료를 안 내도 될 뿐만 아니라 대체로 고배당주펀드에 드는 것보다 훨씬 더 좋은 수익률을 올릴 수 있다. 물론 다른 모든 종류의 주식과 마찬가지로 틈틈이 실적 흐름을 체크하고 필요하다면 실적이 악화된 종목을 더 좋은 종목으로 바꾸는 등 포트폴리오를 조정하기는 해야 한다. 하지만 고배당주 투자는 어떤 유형의 종목들보다 안정적이고 마음 편하게 주식 투자를 할 수 있는 방법이다.

전통적 가치투자를 버려라!
성장성을 가미한 실적 중심의 가치주 투자법

 나는 전통적인 방식의 가치투자 접근법은 그다지 선호하지 않는 편이다. 과거에는 그 같은 가치주들이 비교적 빨리 빛을 발할 수 있었고 빛을 발하면 비교적 짧은 기간에 2~3배씩 주가가 오르는 것이 가능했다. 하지만 지금과 같은 저성장 시대에는 실적 성장이 동반되지 않는 저평가 가치주는 안타깝게도 '밸류트랩'에 갇혀 오랫동안 저평가 상태로 머무는 경향이 강해졌기 때문이다.

 요즘에는 데이터로 분석해보면 가치투자의 기준에 부합하는 종목들을 매우 많이 찾을 수 있다. 특히 은행주들 대부분은 하나같이 가치주라고 할 수 있을 정도다. PBR이 0.5 미만인 은행주들도 수두룩하다. 하지만 그 같은 종목들이 과거처럼 소외되거나 사람들이 잘 몰라서 주가가 안 오르는 게 아니다. 사람들이 알면서도 쳐다보지 않는 것이다. 대부분의 가치주들이 실은 저성장주이거나 성장 정체주이기 때문이다. 많은 기업들이 성장하지 않지만 과거 고성장기에 번 돈으로 많은 자산을 축적하고 있기에 가치주처럼 보이는 것이다. 저금리 시대에 예대마진이 주요 실적 기반인 은행들의 실적이 인상적으로 성장하기는 어렵다. 2008년 금융위기 이후 이런 흐름이 지속되고 있는데도, 여전히 가치투자를 한답시고 은행주들을 사 모은다면 답답한 노릇이다.

다른 예로 노루페인트라는 종목을 살펴보자. 노루페인트는 건설, 철강, 금속, 선박, 자동차 등 광범위한 사업에서 사용되는 각종 도료를 생산하는 업체다. 도료업계는 군소 업체까지 포함하면 200개가 넘지만 일정한 기술력을 갖고 경쟁하는 업체는 노루페인트와 함께 KCC, 조광페인트, 강남제비스코, 삼화페인트 등 5개 업체이며, 이들이 시장의 80%를 과점하고 있다. 그 가운데서도 노루페인트는 꾸준하게 매출과 시장점유율을 늘리고 있는 편이다. 하지만 이익은 매출 증가와 상관없이 계속 정체 상태다. 2020년 6월 10일 기준으로 PER는 7.46배에 PBR은 0.48배로 가치지표상으로는 매우 저평가돼 있다. 또한 2019년 기준으로 3.37%에 이르는 배당도 지급했다.

더 중요한 게 남아 있다. 바로 보유 부동산의 가치다. 노루페인트 부지 일대는 '친환경 테크노밸리' 건설사업의 사업지로 포함돼 있다. 노루페인트의 시가총액이 1,500억 원 정도인데, 해당 공장부지의 장부상 가격만 2,113억 원이다. 이 토지의 가격만으로도 시가총액을 넘어서는 것이다. 더구나 실제 개발이 진행되면 토지의 가격은 장부가액보다 2배 이상 상승할 수도 있다. 설사 최악의 경우 개발이 진행되지 못하고, 회사가 망한다고 하더라도 이 토지가 장부상 가격으로만 팔려도 가치투자에서 중시하는 '안전마진'이 확보돼 있는 것이다.

하지만 주가 흐름을 보면 답답하기 짝이 없다. 2018년 한때 잠시 주가가 반등하기는 했으나 2015년 이후 5년째 계속 주가가 내리막길이다. 물론 기다리면 언젠가는 개발사업이 본격화하면서 노루페인트 주가가 뜀박질할 날도 올 수 있을 것이다. 하지만 그렇게 주가가 뜀박질할 때까지 몇 년씩 걸린다면? 당장 몇 달 또는 몇 분기 안에 주가가 크게 움직이는 종목들이 많은데, 몇 년씩 기다릴 필요가 있을까. 노루페인트 역시 사람들이 몰라서 매수하지 않는 게 아니다. 알면서도 가치주라고 분류된 성장정체주에 투자하지 않는 것일 뿐이다.

반면 가치주의 특성을 갖고 있는 데도 실적이 성장하는 기업에 대한 시장의 대우는 다르다. 그래서 나는 굳이 가치투자 관점에서 종목을 찾는다면 실적성장형 가치주를 찾으라고 한다. 그래야 '밸류트랩'에 갇히지 않고 저평가 상태를 비교적 빨리 벗어날 수 있다.

대표적으로 2019년 초에는 가치주로 볼 수 있었던 종근당홀딩스를 살펴보자. 종근당홀딩스 주가는 2019년 1월 초에는 6만 원 수준이었다. 그런데 그해 6월 7일에는 종가 기준으로 12만 9,000원까지 상승했다. 수익률로 환산하면 111%였다. 불과 5개월 정도 만에 주가가 2배 이상 상승한 것이다. 이후에 다시 주가가 크게 빠졌지만, 큰 흐름에서는 상승세가 지속돼 2020년 6월에는 다시 12만 원대로 올라섰다.

종근당홀딩스의 주가가 이렇게 상승한 이유는 바로 실적 성장이 뒷받침됐기 때문이다. 종근당홀딩스는 종근당, 경보제약, 종근당바이오 등 3개 상장사와 종근당건강 등 10개의 비상장 계열사의 지주회사다. 주요 자회사들의 실적 성장에 힘입어 이 회사의 연결 기준 매출은 〈그림 5-11〉에서 보는 것처럼 지속적으로 증가했고, 영업이익과 당기순이익도 최근 2~3년 동안 증가하는 흐름을 보였다.

그런데도 2019년 1월 초에 PER는 6.5배, PBR은 0.76배에 그칠 정도로 저평가돼 있었다. 더구나 주가 프리미엄이 가장 많이 붙는 바이오-제약 업종이 아닌가. 아마 바이오-제약 업종 가운데 가장 저평가된 종목 가운데 하나였을 것이다. 이런 상태에서 종근당건강과 종근당바이오 등 자회사의 실적 개선으로 종근당홀딩스의 실적 증가 가능성이 매우 높은 상태였다.

특히 비상장 자회사인 종근당건강이 2017년 출시한 유산균 프로바이오틱스 제품 '락토핏'의 매출 증가에 따른 연결실적이 증대될 것으로 기대되고 있었다. 아니나 다를까. 2019년 1분기에 종근당건강의 실적이 대폭 성장하면서 종근당홀딩스의 실적도 크게 증가했다. 당연히 이 같은 실적 증가가 주가를 띄운 것이다.

이처럼 노루페인트와 다르게 종근당홀딩스의 주가가 저평가 상태에서 벗어나 큰 폭으로 상승할 수 있었던 근원은 바로 '실적 성장'이었다. 지속적인 실적 성장에 따른 주가 상승으로 종근당홀딩스는 이제 가치주보다는 성장형 우량주에 더 가깝게 변모했다. 이처럼 이제는 가치주를 찾더라도 실적 성장 가능성이 높은 가치주에 투자해야 한다.

그런 면에서 기업 인수합병 등을 통해 새로운 성장 동력을 마련하는 가치주도 주목할 필요가 있다. 2차전지의 필수소재인 전해액을 생산하는 파낙스이텍을 인수해 새로운 성장동력을 마련한 동화기업이 대표적이다. 동화기업은 건설목재 사업을 주로 하고 있는 기업인

그림 5-11 종근당홀딩스 매출 추이

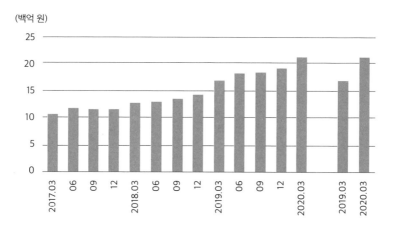

(백억 원)

종근당홀딩스 이익 추이

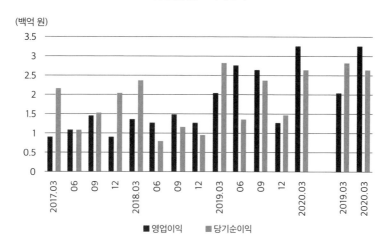

(백억 원)

■영업이익　■당기순이익

출처: 에프엔가이드 자료를 바탕으로 선대인경제연구소 작성.

데, 부동산 호황이 마무리되면서 주가가 하락하고 있었다. 그런데 우리 연구소가 2020년 2월에 동화기업을 '2차전지 자회사를 품은 저평가 가치주'로 소개했을 당시에는 PER 8.5배에, PBR 0.64배 수준으로 저평가돼 있었다. 그런데 동화기업이 그동안 비축한 자금력으로 2019년 하반기에 인수한 파낙스이텍의 소재 사업을 대폭 키우는 움직임을 보이자 2차전지 테마와 맞물리면서 주가가 3년 내 최고점 수준까지 큰 폭으로 상승했다. 이처럼 가치주라고 하더라도 실적 성장이 뒷받침되거나 새로운 성장동력을 장착한 기업이어야 주가가 상승할 수 있다.

이와 같은 실적성장형 가치주를 찾으려면 어떻게 할까. 우선 가치주의 기준에 부합하는 종목을 찾아야 한다. 따라서 PER나 PBR 수준이 낮은 종목을 걸러내야 한다. 보통 PER 10 미만, PBR 1 미만이 적당한 것으로 판단된다. 네이버금융 등의 포털이나 증권사 HTS 등에서 조건검색을 하면 이런 기준에 부합하는 종목들만 골라낼 수 있다. 보통 가치주의 경우에는 PER보다는 PBR값을 우선으로 보는 게 좋다. 따라서 PBR값이 낮은 순서에 따라 PER값이 낮은 순서대로 정렬해 차례로 훑어가면 좀 더 가치주의 특성에 가까운 종목들을 걸러낼 수 있다. 여기에 더해 실적 성장이나 전환이 일어나는 가치주라면 최근 2~3분기 동안 실적(주로 이익)이 증가한 기업들을 추가 기준으로 삼아 골라내면 된다.

주식은 언제 사야 하나:
길목을 지키는 투자가 핵심이다

지금까지 '좋은 종목'을 어떻게 고를 수 있는지 살펴보았다. 이제는 주식 투자에서 '싸게 산다'는 말의 의미를 살펴보자. 앞에서 소개한 종목별로 '싸게 산다'는 의미가 조금씩 다를 수 있지만, 그 핵심은 주가가 상승하기 전 길목을 지켜서 사는 것이다.

왜 싸게 사는 것이 중요한지, 왜 길목을 지켜서 투자하는 것이 중요한가. 캐나다의 전설적인 아이스하키 선수 웨인 그레츠키가 어떤 다른 선수도 깨기 힘든 득점 기록을 세운 비결에서 힌트를 얻을 수 있다. 우리나라에서는 별 인기가 없지만 아이스하키는 북아메리카와 북유럽에서는 큰 인기를 누리고 있는 스포츠다. 특히 캐나다에서는 단연 최고의 인기를 누리는 국민스포츠다.

캐나다의 아이스하키는 실력도 최고여서 캐나다 국가대표팀은 국제아이스하키연맹 랭킹 1위를 단골로 차지해왔고 동계올림픽에서 금메달을 여덟 번 땄다. 그런 캐나다에서 역대 최고의 아이스하키 선수로 꼽히는 인물이 바로 웨인 그레츠키다. 그가 현역 시절 달았던 등번호 99는 북미지역 아이스하키 경기 리그인 내셔널하키리그NHL 전체를 통틀어 영구 결번일 정도다. 20년 동안 NHL에서 활동하면서 그레츠키는 득점왕만 10번을 차지했고 수많은 기록들을 세웠다. 여기에는 통산 최다 득점(894골), 한 시즌 최다 골(92골), 통산 최다 어시스트(1,963회), 한 시즌 최다 어시스트(163회), 최다 공격 포인트(2,857포인트)와 같은 가장 중요한 기록들도 포함돼 있다. 이런 기록들은 앞으로도 깨지기 힘들 것으로 보는 사람들이 많다. 아이스하키 선수 치고는 키와 덩치가 작은 그가 어떻게 이렇게 엄청난 기록들을 세울 수 있었을까? 그는 그 비결을 이렇게 표현한 적이 있다.

"좋은 하키 선수는 퍽이 있는 곳에서 플레이한다. 위대한 하키 선수는 퍽이 있을 곳에서 플레이한다."

즉, 퍽이 지금 있는 곳이 아니라 퍽이 지나갈 길목을 지켜서 득점을 올렸다는 뜻이다. 그의 말을 주식 투자에 적용해보면 '위대한 주식 투자자는 오를 만한 주식의 길목을 지켜서 투자한다'로 바꿀 수 있을 것이다.

주식만이 아니라 모든 투자에서 돈을 버는 비결은 간단하다. 쌀 때 사서 그보다 비싼 가격에 팔면 된다. 그런데 현실에서는 많은 투자자들이 비쌀 때 주식을 산다. 주식이 쌀 때는 쳐다보지도 않는다. 백화점에서 언제 옷을 사는가? 많은 분들이 바겐세일 기간을 기다렸다가 산다. 정상가에 사면 왠지 바가지 쓴 느낌이 든다. 그런데 주식은 바겐세일할 때에는 신경도 안 쓰다가 주식이 올라서 주가가 비쌀 때 우르르 몰려가서 산다. 뭔가 이상하지 않은가?

물론 옷을 살 때 돈을 벌기 위해서 사지는 않는다. 옷은 소비고 주식은 투자라는 차이가 있다. 하지만 옷도 주식도 쌀 때 사는 게 좋다. 그런데 주식은 그러지 않는다. 그 이유를 꼽아 보라면 옷은 언제 바겐세일을 하는지 알아도 주식은 언제인지 대부분 사람들이 잘 모르기 때문일 것이다. 백화점은 바겐세일 기간에 요란하게 현수막을 내걸고 홍보에 열을 올리지만 주식은 바겐세일 기간에 오히려 조용하다. 기업으로서는 주가가 떨어졌다는 것은 기업의 가치가 떨어졌다는 뜻이니 자랑할 이유도 없다. 하지만 위대한 투자자들, 즉 투자의 고수들은 그렇게 주가가 떨어졌을 때 즐거운 마음으로 주식을 매수한다.

그러면 주식의 바겐세일 기간을 어떻게 알 수 있나. 기업의 실적이 악화되지 않았고 성장 가능성도 있는데 외부 상황이나 일시적인 요인에 의해서 주가가 떨어졌다면 그때가 대표적인 세일 기간이다. 가장 최근에는 코로나 사태 때 주가가 폭락했을 때가 세일 기간이다. 2019년 7월 말~8월 초처럼 미중 무역전쟁과 일본 수출규제 사태가 겹치면서 주가가 급락했을 때도 그렇다. 2008년 금융위기나 코로나 사태로 인한 주가 폭락 사태 때는 시기나 자신의 자금 사정에 따라 다소 달리 판단해야 할 수 있다.

하지만 대체로는 외부 상황 때문에 좋은 종목들의 주가가 급락했을 때는 주식 투자를 위한 좋은 매수기회가 된다. 위기가 지나고 나면 기회가 찾아오기 마련이다. 4장에서 설명했듯이 시장 상황만 보면 리스크가 최고조인 것 같지만, 개별 종목의 가치를 잘 아는 눈 밝은 투자자에게는 그런 시기가 바로 리스크 없이 큰 수익을 올릴 수 있는 주식 매수 기회다. 길어도 1년만 기다리면 그보다 높은 가격에, 그것도 훨씬 비싼 가격에 주식을 매도할 수 있다고 생각하면 이때만큼 리스크 없이 투자할 수 있는 기회가 어디 있겠는가.

반대로 주가가 한껏 올라 평소 주식 투자를 하지 않던 많은 사람들이 주식 투자에 달려들 때는 오히려 투자하기에 리스크가 많은 때다. 당장은 그런 시점에 주가가 오를 수 있겠지만, 그렇게 전반적으로 주식이 고평가된 국면에서는 시장 상황이 흔들리면 언제든 주가가 다시 하락할 수 있기 때문이다. '공포에 사고, 환희에 팔라'는 주식 격언이 그냥 생겨난 게 아닌 것이다. 그러나 대다수 투자자들은 그런 세일 기간에 사지 않는다. 그러다가 그 종목이 다시 각광을 받아서 올라가면 산다.

웨인 그레츠키의 이야기를 다시 떠올려보자. 아이스하키 선수가 퍽이 있을 곳을 예측하고 먼저 가 있으려면 어떻게 해야 할까? 퍽의 움직임은 주로 선수와 선수 사이 패스로 이루어진다. 퍽의 움직임을 관찰한다는 것은 단지 퍽만 뚫어져라 보고 있는 게 아니다. 경기장을 넓은 눈으로 보고 상대의 플레이를 관찰하면 상대의 패스가 어떤 패턴으로 이루어지는지 보이기 시작한다. 그러면 예측할 수 있다. 상대편 A선수가 퍽을 가지고 있다면 평범한 선수는 A에게 달려가겠지만 이미 A는 B에게 패스한 뒤다. 훌륭한 선수는 A가 B에게 패스할 것이라고 예측하고 A에서 B로 가는 길목으로 달려가 퍽을 낚아챌 수 있다.

주식 투자에서도 주가가 오르는지 내리는지만 보는 사람은 퍽의 움직임만 쫓아다니는 아이스하키 선수나 마찬가지다. 뛰어난 투자자는 왜 오르는가, 왜 내리는가, 즉 주가라는 퍽을 무엇이 움직이고 있는지를 본다. 예를 들어 어떤 기업이 추가 성장을 위해 생산설비 증설을 시작하면서 비용을 지출하면 이익이 줄어드는 것으로 나타난다. 이 경우 주가가 떨어지는 경우가 많다. 하지만 몇 분기 후에 설비 증설에 따라 실적이 증가할 것으로 전망된다면, 눈 밝은 투자자에게는 염가에 매수할 수 있는 기회가 된다. 이런 것이 바로 주가가 쌀 때 길목을 지켜서 투자하는 것이라고 할 수 있다. 이처럼 뛰어난 투자자는 좋은 종목을 주시하고 있다가 주가가 하락한 구간에서 낚아챈다. 오른 주식을 사는 게 아니라 오를 주식을 사는 것이다. 이렇게 하면 수익을 올릴 가능성이 매우 높다.

그러면 앞에서 본 투자 종목의 특성별로 언제가 주식이 쌀 때인지를 정리해보자.

1. 기업의 가치나 성장 잠재력을 시장에서 잘 모를 때

실적 흐름을 보면 매출과 이익은 계속 상승하고 있는데, 주가는 여전히 낮은 상태인 경우가 종종 있다. 단, 이런 경우에는 혹시 사업보고서의 재무제표 등에 나타나지 않는 다른 이유가 있는지 알아볼 필요가 있다. 분식회계 의혹이 있을 수도 있고, 경영진이 도덕적으로 비난받는 행위를 했다든가, 아니면 기업이 성과를 주주들과 나누려 하지 않는 경우 등 다양한 이유가 있을 수 있다. 이런 이유 중에는 근거 없는 악성루머에 불과한 것도 있으므로 충분히 확인해봐야 한다.

또한 경영과 기업 실적에 직접적인 영향을 주지 않는 경영진의 도덕적 문제 등으로 주가가 하락한 경우에는 그 또한 염가 매수의 기회일 수 있다. 실제로 앞서 소개한 종근당홀딩스 주가가 한동안 저평가됐던 이유 가운데 하나가 이장한 종근당 회장의 '갑질 발언' 때문이었다. 하지만 이후 종근당홀딩스 실적이 큰 폭으로 개선되면서 주가는 껑충 뛰었다.

2. 개선된 실적이 주가에 충분히 반영되지 못했을 때

좋지 못한 실적을 기록하다가 실적 전환에 성공한 기업들 중에는 이러한 성과가 빠르게 주가에 반영되는 기업이 있는가 하면 그렇지 못한 기업들도 있다. 지표상으로 실적이 분명히 반전하고 계속해서 상승세를 보이고 있는데 주가는 실적이 나빴을 때 상당히 하락한 이후로 실적만큼 회복세를 보이지 못하는 경우다. 그러나 시간의 차이는 있지만 주가는 결국 실적의 흐름으로 수렴하는 경향을 보인다.

예를 들어, 퍼포먼스마케팅이라는 독특한 광고대행 방식을 개발한 에코마케팅의 경우 2016년 상장 후 실적 성장이 시장의 기대에 못 미쳐 주가가 한동안 하락했다. 이후 2018년부터 실적이 빠르게 개선됐음에도 불구하고 여전히 시장의 관심에서 밀려나 주가가 크게 오르지 못했다. 상장 이전부터 이 회사에 관심을 갖고 꾸준히 지켜보던 우리 연구소는 2019년 하반기에 이 종목을 '333종목'으로 소개할 수 있었다. 이후 주가는 6개월도 안돼 4배 이상 치솟았다. 이처럼 실적이 크게 개선됐는데도 주가에 제대로 반영되지 않은 종목에 투자하면 좋은 수익을 올릴 수 있다.

3. 성장형 우량주가 과도한 조정을 받았을 때

성장형 우량주라고 해도 항상 오르는 것은 아니다. 어느 정도 상승한 후에는 조정을 거치고 다시 상승하는 식으로 주가가 움직이는 패턴이 일반적이다. 그런데 이런 조정기에 상대적으로 조정의 폭이나 조정기간이 과도한 종목들이 있다. 예를 들어 개별기업의 실적은 분명 좋은데 업종의 시장 분위기가 안 좋아서 덩달아 과하게 조정을 받을 수 있다. 실적 자체가 좋고 성장세도 흔들리지 않는다면 조정기에서 빠져나올 때 상승폭도 더 클 것으로 기대할 수 있다.

대표적인 사례는 아프리카TV를 들 수 있다. 아프리카TV는 큰 기복 없이 매 분기 실적이 증가할 정도로 탄탄한 기업이었다. 다만 유튜브의 위협이나 유명 BJ들이 물의를 일으킨 데 따른 우려로 주가는 비교적 큰 폭으로 상승하락을 반복했다. 2017년 중반에 2만 원 수준이던 주가가 2018년 중반에는 5만 원을 넘기다가 다시 2018년 10월에는 3만 원 수준까지 밀려나기도 했다. 이후 다시 주가가 회복해 2019년 11월에는 한 때 8만 4,500원을 찍기도 했다. 해당 기간 동안 아프리카TV의 실적 성장 흐름이 대체로 지속됐다는 점을 감안하면, 아프리카TV의 주가가 과도하게 조정받았던 구간에서 분할 매수했다면 꽤 괜찮은 수익을 올릴 수 있었던 것이다.

4. 일회성으로 실적이 나빠졌거나 나빠 보이는 착시를 일으킬 때

계속 좋은 실적 성장세를 보이던 기업이 일시적으로 실적이 나빠지거나 나빠 보이는 착시를 일으킬 수 있다. 예를 들어 대형 입찰에 실패하는 경우를 생각해볼 수 있다. 수주에 실패하면 그 기간에 실적이 나빠질 수는 있다. 하지만 과연 계속 실패하겠는가? 입찰이란 경쟁이므로 어떤 때는 실패할 수도 있다. 기본적으로 경쟁력이 좋고 해당 업종의 시장 전망도 좋은 편이기 때문에 앞으로 새로운 수주에 성공할 가능성이 충분하다면 일시적인 실적 악화로 주가가 빠졌을 때를 매수 타이밍으로 노려볼 수 있다.

예를 들어, LNG선에 필요한 보냉재를 생산하는 한국카본은 2018년에 수주했던 저가 수주물량에 대한 재고자산 평가손실을 2019년 2분기에 반영하면서 당시 실적이 상당히 저조하게 나타났다. 하지만 이는 일회성 손실이었고, 악재가 해소된 측면도 있어서 향후 실적 흐름에는 오히려 도움이 될 수 있었다. 이후 실제로 제값을 받을 수 있는 수주물량이 본격적으로 실적에 반영되면서 2019년 4분기에는 매출액과 이익이 대폭 증가했다. 이 때문에 2019년 8월경 6,500원 전후까지 밀렸던 주가는 2020년 초에는 9,300원을 넘어서기도 했다. 아쉽게도 코로나 사태에 따른 경기 악화와 LNG선 발주 지연으로 이후 주가가 추가 상승을 기록하지는 못했지만, 정상적인 흐름이었다면 주가 상승률은 상당히 높았을 것이다.

수익의 절대 규모를 키우는 타이밍을 잡아라

이와 같이 주가가 해당 기업의 가치나 개선된 실적만큼 평가를 받지 못하고 싼값에 거래되는 여러 상황들이 있다. 이런 때를 노려 좋은 종목을 싸게 매수하면 주식 투자 성공 가능성은 매우 높아진다.

그런데 주식을 싸게 사는 것이 중요한 것은 매수 타이밍의 관점에서뿐만 아니라 수익의 절대 크기를 키우는데 매우 중요하다. 왜냐하면 길목을 지켜 주식을 싸게 살 수 있으면 그만큼 주가 하락에 대한 우려가 줄어들므로 해당 종목에 투자 비중을 실어서 투자할 수 있다. 그런데 주가가 어느 정도 오른 상태에서 주식을 매수하려고 하면 매수 버튼을 누르기가 망설여지기 마련이다. 어떤 경우에는 여전히 주가가 오를 가능성이 높다고 생각하면서도 망설이다가 매수 기회를 놓치기도 한다.

내 경우를 소개하면, 2019년 8월 초에 일본의 수출규제 조치로 주식시장이 하락세에 있을 때 나는 두 종목을 노려보고 있었다. 2차전지 장비업체인 피엔티와 스마트폰용 데코필름 제조업체인 세경하이테크였다. 당시 둘 다 실적에 비해 매우 저평가된 상태였고, 향후 2차전지와 삼성전자 폴더블폰 출시가 시장의 주목을 받으면 우호적인 시장흐름이 형성될 수 있다고 판단했다.

당시 피엔티에 대해서는 이미 스터디를 마친 뒤 기업 IR행사에도 다녀온 상태였다. 그래서 해당 기업에 대한 확신을 가지고 적극적으로 매수할 수 있었다. 실제로 거의 주가가 바닥권일 때 상당한 규모로 매수할 수 있었다.

반면 세경하이테크의 경우 일정한 스터디를 끝내고 주담과도 몇 차례 통화한 상태였지만, 직접 기업 탐방을 다녀오지 않은 상태여서 피엔티만큼 적극적으로 매수할 수 없었다. 일단 계획했던 목표의 절반 정도만 매수한 상태에서 기업 탐방을 마치면 절반가량을 더 매수할 생각이었다. 그런데 하필이면 기업탐방을 가기로 한 날에 다른 급한 일이 생겨 몇 주 후에나 기업을 탐방할 수밖에 없었다. 그런데 그 사이에 주가는 이미 상당폭 급등한 후였다. 주가가 더 오를 수 있다고 생각하면서도 주가가 급등한 데 따른 부담으로 결국은 추가 매수를 거의 하지 못했다.

이후 세경하이테크는 최초 매수시점에 비해 최고 2.7배까지 상승하기도 했다. 만약 기업탐방을 미루지 않고 주가가 쌀 때 저점 매수했다면 2배가량의 비중을 실어 투자했을 것이고, 수익의 절대 규모 또한 더 컸을 것이다. 이처럼 주가가 쌀 때 매수하는 것은 단순히 수익률에만 영향을 미치는 것이 아니라 수익의 절대 규모를 키우는 데도 매우 중요하다.

주식 종류별 투자법과 투자기간

이제 앞에서 소개한 주식 유형별로 적절한 투자기간과 접근법을 정리해보자.

1. 실적전환주

실적전환주는 대체로 몇 달에서 몇 분기 정도로 상대적으로 짧게 보유하면서 높은 수익률을 추구하는 것을 기본 전략으로 한다. 실적 전환 흐름이 지속되면서 주가가 상승할 때는 조금 더 길게 가져갈 수 있다. 하지만 실적 전환 흐름이 지속되지 못하면 주가가 곧바로 꺾일 가능성도 있기 때문에 어떤 종목들보다 실적 흐름에 주의를 기울여야 한다. 또한 실적전환주의 경우 과거의 문제점이 여전히 남아 있거나 언제든지 재발될 수도 있으므로 이런 잠재적 위험이 남아 있는지 여부를 계속 확인해야 한다.

예를 들어 2차전지 장비업체인 씨아이에스의 경우 2018년까지 중국 배터리업체들에 납품하면서 장비 인도 후 매출 인식 및 수금 지연 등의 문제로 시달렸다. 이 때문에 2018년까지 중국 매출 비중이 90%에 육박했던 씨아이에스 실적은 2019년 1분기까지 적자를 기록했다.

하지만 2018년부터 스웨덴 배터리업체인 노스볼트로부터 33억 원, 13억 원의 수주를 받은데 이어 2019년 7월 140억 원, 그리고 2019년 12월 24일에는 240억 원 규모의 물량을 수주하는 데 성공했다. 또한 2019년 11월에는 LG화학 폴란드공장에 납품하는 물량으로 추정되는 428억 원 규모의 수주를 공시하기도 했다. 이런 흐름은 기존에 문제가 됐던 중국 수출 비중이 줄고 이익률이 높은 유럽이나 국내 기업들의 물량 비중이 대폭 늘어났음을 의미한다. 더구나 유럽 2차전지 시장이 빠르게 성장하기 시작했고 노스볼트향 납품은 지속될 가능성이 높아서 기존의 문제점은 거의 해소된 것으로 판단됐다.

반면 나이키와 아디다스 등의 신발에 사용되는 합성피혁을 주로 공급하는 백산의 경우 여성 니트를 생산하는 최신물산을 인수해 매출 증대가 기대됐고 실제로 2019년에 3분기 실적도 크게 개선됐다. 하지만 백산의 주요 거래처인 스포츠 의류라인과 연결해 시너지 효과를 낼 것으로 기대됐던 최신물산의 정상화가 지연되면서 오히려 실적 개선폭이 줄어들었다. 이후 코로나 사태에 따라 글로벌 아웃도어 수요가 대폭 감소하면서 향후 실적에 대한 불안감에 주가는 더욱 짓눌렸다. 이처럼 실적 전환이 예상됐음에도 불구하고 실제로 그렇지 못한 경우에는 오히려 주가가 빠르게 빠질 수 있으므로 주의해야 한다. 하지만 그런 기업들도 계속 모니터하면서 문제가 해결되는 가운데 실적이 다시 개선되는 흐름을 보인다면 좋은 투자 기회가 될 수 있다는 점은 기억하자.

2. 성장형 우량주

성장형 우량주의 투자기간은 대체로 2~3년 정도를 기본으로 잡고, 기업의 실적 상승이 지속되는지 여부에 따라 그보다 짧거나 길게 투자할 수 있다. 투자대상 기업의 분기별 실적이 발표되는 시기마다 예상했던 대로 실적 증가가 이루어지고 있는지, 재무제표에서 특별히 문제될 것은 없는지를 살펴보고 계속 유지하거나 추가 매수하거나 축소거나 하는 판단을 내려야 한다.

예를 들어, 의료용 디지털 영상솔루션업체인 뷰웍스의 경우 국내에 경쟁자가 없는 상태였으나 이후 국내외에서 경쟁자들이 등장하면서 이익 구조가 악화됐다. 이 경우에는 일시적인 흐름이 아니었기 때문에 뷰웍스의 실력을 믿고 그대로 갈지, 아니면 일단 정리하고 추후 경쟁력이 회복되는지를 다시 봐야 할지를 판단해야 한다.

3. 실적성장형 고배당주

고배당주는 수익의 구조가 다른 주식들과는 차이가 있다. 대체로 다른 종류의 주식들은 주식 양도 차익을 노리는 반면 고배당주는 주식을 장기간 보유하면서 꾸준히 들어오는 배당 수익을 노린다. 물론 중장기적으로는 실적성장형 고배당주의 주가도 오를 것이라고 기대할 수 있다. 따라서 고배당주는 투자 대상의 성격과 투자 목적에 맞춰 고배당과 실적 성장이 지속되는 동안에는 계속 보유하는 것이 정상이다. 상황에 큰 변화만 없다면, 장기간 저축하듯이 5~10년 이상 장기간 보유하는 것도 괜찮다. 다만 한두 종목만으로는 여전히 리스크가 있을 수 있으므로 안정적인 투자를 원한다면 5~6개 종목으로 포트폴리오를 짜서 장기적으로 들고 가는 것을 권한다.

4. 실적성장형 가치주

원래 가치주는 해당 주식의 가치가 시장에서 제대로 인식될 때까지 장기간 보유할 각오를 하고 매수하는 게 보통이다. 하지만 정말 몇 년간의 시간이 걸리는 경우라면 '시간의 횡포'에 휘둘려 대부분의 투자자들이 중간에 포기하는 경우가 많다. 따라서 전통적인 가치주보다는 성장성을 장착한 가치주를 찾으라고 하는 것이다. 이 경우 새로운 성장동력이 실적 증가와 주가 상승으로 이어질 때까지는 보유한다는 생각으로 투자하는 것이 좋다. 다만 생각보다 오래 기다려야 한다면 다시 검토해봐야 한다.

반면 새로운 성장사업이 과도한 주가 급등으로 이어질 경우에는 단기적인 관점에서 수익을 실현할 것인지, 더 길게 보고 계속 보유할 것인지를 판단할 필요가 있다. 그런 판단에 자신이 없다면 절반 정도는 급등한 상태에서 수익을 실현하고, 절반 정도만 계속 들고 가는 것이 마음 편한 선택일 수 있다(나는 이를 '반반전략'이라고 부른다).

예를 들어, 종근당홀딩스나 동화기업의 주가는 새로운 성장동력이 실적으로 이어지거나 주목을 받으면서 주가 급등으로 이어졌다. 이 경우 단기적으로는 실체 이상의 과도한 시장 평가로 주가가 급등한 것일 수도 있지만, 해당 기업들의 사업 내용이나 전방시장의 성장을 고려한다면 실적 성장이 지속될 여지도 크다. 이런 판단이 가능할 경우 반반전략을 실행해볼 수 있을 것이다. 사실 반반전략은 모든 다른 종목들에 대해서도 적용할 수 있는 방법이다.

5. 333종목

333종목은 실적전환주나 성장형 우량주가 대부분을 차지한다. 따라서 앞에서 소개한 실적전환주나 성장형 우량주 투자를 종목별로 준용하면 된다. 다만, 333종목은 3배 이상 수익이 날 잠재력을 보고 투자하는 것이기에 도중에 기존 투자 아이디어가 훼손되지 않는다면 목표 수익에 도달할 때까지 기다리는 진득함이 필요하다. 아무리 수익이 많이 날 수 있는 종목도 중간에 매도한다면 수익을 온전히 누릴 수 없기 때문이다.

효과적인 주식 투자 관리와 대응의 기준점, 투자로드맵 짜기

종목의 유형별로 대략적인 투자기간과 투자법을 살펴봤지만, 실제로는 개별 종목별로 투자로드맵을 마련해야 한다. 투자로드맵을 짠다는 것은 '해당 종목을 투자할 때부터 이 종목의 실적이 언제 어떻게 증가할지, 언제 매수를 해서 어느 정도 비중으로 투자할지, 목표주가는 어느 정도의 기간에 걸쳐 얼마 정도로 설정할지' 등에 대해 미리 큰 틀의 계획을 갖고 있어야 한다는 것이다.

예를 들어, 피엔티나 씨아이에스와 같은 2차전지 장비 관련주의 경우 2019년 하반기부터 실적이 좋아지는 반면 주가는 여전히 비교적 저평가돼 있었기 때문에 적절한 매수 구간으로 보였다. 앞서 말했듯이 보통 소재에 비해 장비 관련주들은 시장 확대 초기에 설비 증설이 급증할 때 수혜를 받는다.

이미 성숙산업인 반도체나 디스플레이와 달리 2차전지의 경우 향후 10년 이상은 지속적인 설비 증설이 필요할 것으로 보인다. 그런 예상에 따라 최소 3~4년 이상 보유하면서 시장 확대에 따른 수혜를 누릴 수 있다는 계산도 가능하다. 또한 그런 흐름에 따라 이들 기업의 실적이 향후 크게 증가한다고 생각하면 2~3년 안에 최소 3배 이상의 주가 상승을 기대할 수 있다. 또한 2차전지 시장의 확대 흐름이 확실하고, 시장기회도 매우 크다고 판단했다면, 투자 포트폴리오 안에서 이들 기업들의 비중을 높일 수 있다. 이런 식으로 해당 종목의 로드맵을 대략적으로 사전에 설정할 수 있다는 것이다.

이런 로드맵을 짤 때 해당 종목의 유형을 감안해서 짜면 상당히 도움이 된다. 예를 들어, 노바렉스나 씨에스윈드와 같은 성장형 우량주로 분류할 수 있는 종목들은 처음부터 2~3년 이상에 걸쳐 투자한다고 생각하는 것이 좋다. 그런데 이런 종목들을 몇 달 투자하고서 주가가 안 오른다고 매도하면 이들 종목들의 메리트를 충분히 살리지 못하게 된다.

한편 당초 투자로드맵을 세웠다고 하더라도 이걸 공식처럼 그대로 따라야 하는 것은 아니다. 상황이 바뀌면 얼마든지 달리 판단하고 수정할 수 있다. 예를 들어, 코로나 사태 이후 '그린뉴딜' 정책이 발표될 가능성이 높아지자 풍력타워 건설이 주요한 사업 부문인 동국S&C를 매수한 바 있다. 나는 국내외 풍력발전 시장 규모가 커질 수 있어서 이미 해당 업체를 매수할 시점을 가늠하고 있었다. 하지만 국내 풍력발전과 관련한 본격적인 사업 발주는 2021년은 돼야 시작될 가능성이 높다고 봤다. 따라서 본격적인 투자를 미루고 있었다. 하지만 코로나 사태 이후 '그린뉴딜' 정책의 발표가 임박함에 따라 이 업체의 주가가 뜀박질할 가능성이 높다고 봐서 투자를 당초보다 앞당겨 실행했다.

또 다른 예로, 2차전지 조립공정 장비업체인 엠플러스의 경우를 들수 있다. 엠플러스는 그동안의 수주잔고 흐름이 매출로 인식되는 기간을 감안했을 때 당초 2020년 2분기부터 실적이 크게 개선될 것으로 예상됐다. 따라서 당초에는 2020년 2분기 실적이 발표되기 두세 달 전부터 매수할 계획을 세우고 있었다. 하지만 2020년 연초부터 2차전지 섹터의 주가들이 본격적으로 움직일 조짐이 보이자 좀 더 서둘러서 매수를 하게 됐다.

이는 어떤 테마를 따라서 해당 종목에 대해 잘 모른 채 부랴부랴 투자하는 것과는 다르다. 이미 충분히 스터디한 상태에서 상황 변화에 따라 매수 시점을 앞당긴 것일 뿐이다.

투자로드맵이 필요한 이유

이처럼 로드맵은 고정불변은 아니다. 그렇다고 당초에 투자로드맵이 없으면 향후 해당 종목을 관리하는 원칙이 서지 않는다. 로드맵은 자신이 해당 주식에 투자하고 관리하는 기준점 같은 역할을 하기 때문이다. 그만큼 중요한 작업이다. 로드맵이라는 기준이 있어야 향후 상황을 모니터링하면서 포트폴리오를 관리할 수 있다. 또한 매도의 기준도 생긴다.

한편으로는 해당 종목에 대해 로드맵을 짤 수 있어야 그 종목에 대해 제대로 알고 투자하는 것이 된다. 해당 종목의 특성과 실적 성장에 대한 예상 속도, 기대 수익률 등에 대해 상을 그리려면 그 종목을 제대로 이해해야 한다. 따라서 로드맵을 짜다 보면 부족한 부분이 뭔지를 파악해서 채울 수 있는 기회를 제공하기도 한다. 그런 점에서 투자에 대한 로드맵 없이는 투자하지 말아야 하며, 투자로드맵까지 세웠다면 이미 투자 준비의 90%는 완성됐다고 할 수 있다.

투자 포트폴리오 구성의 3가지 원칙

투자 포트폴리오를 어떻게 구성할 것인지 3가지 원칙을 기준으로 살펴보자.

원칙 1. 5~7종목 정도가 적당하다.

주식 투자를 포함해 모든 투자는 한 곳에만 집중하면 상당히 위험할 수 있다. 따라서 서로 상관도가 낮은 5~7종목 정도를 골라 투자하는 것이 일반적인 개인투자자들 수준에서 리스크를 분산하면서도 꾸준히 모니터링할 수 있는 적절한 숫자라고 판단된다. 이보다 종목수가 적으면 리스크를 분산하기 어렵고, 이보다 많으면 모니터링과 관리가 어렵다. 다만 각 종목별로 동일한 비중으로 구성할 필요는 없으며, 자신 있는 투자 종목일수록 비중을 상대적으로 높여도 된다. 이렇게 해서 투자에 자신이 붙으면, 상대적으로 종목수를 좀 더 줄여서 투자해도 괜찮다. 반면 충분히 관리할 능력이 있다면 종목수를 조금 더 늘리는 것도 좋다. 그러기 위해서는 포트폴리오에 담은 종목들 외에 추가로 매수할 후보를 2~3개 이상 꾸준히 탐색해두는 것도 좋다. 경우에 따라서는 후보 종목들을 소량 매수해 '보초병'을 세워둘 수도 있다. 한편으로는 앞에서 본 것처럼 실적성장형 고배당주라든가, 2차전지와 같은 특정 섹터의 종목들은 5~6종목을 비중이 큰 하나의 종목처럼 가져갈 수도 있다. 그 경우에도 개별 종목들에 대해 잘 알고 있고, 계속 흐름을 모니터할 수 있다는 것을 전제로 한다.

원칙 2. 투자 성향과 상황, 투자 목적에 맞게 포트폴리오를 구성해야 한다.

투자성향이 안정지향적인 사람이 공격적인 투자 종목으로 채우는 것은 바람직하지 않다. 그런 사람은 실적성장형 배당주나 가치주로 채우는 것이 상대적으로 더 낫다. 반대로 상대적으로 좀 더 빠른 시일 안에 수익을 내고 싶은 사람이 2~3년 이상에 걸쳐 투자하는 게 바람직한 종목들로 채우는 것 역시 바람직하지 않다. 자신의 인내심의 한계보다 빨리 수익이 발생하지 않으면 해당 투자에 따르는 수익을 못 누리기 십상이기 때문이다. 역시 노후대비를 위해 안정적이고 꾸준히 수익을 올리고 싶은 사람과 빨리 목돈을 마련하고 싶은 사회초년생의 포트폴리오도 달라야 한다. 1년 후에 쓸 자금을 마련하기 위해 투자하는 사람이 2~3년 이상 투자해야 하는 종목들에 투자하는 것도 바람직하지 않다.

한편 투자를 하다 보면 자신이 잘 이해하는 분야와 그렇지 않은 분야가 있다. 예를 들어, 내 경우에는 게임주나 엔터테인먼트 산업에 투자하는 것이 꺼려진다. 기본적으로 흥행 산업이다 보니 해당 게임이나 콘텐츠가 흥행할지, 어느 정도 흥행할지 등에 대한 판단이 서지 않아 잘 투자하지 않는다. 하지만 그런 분야에 익숙하고 잘 아는 사람이라면 투자를 마다할 이유가 없을 것이다. 투자를 해보면 자신에게 잘 맞는 '투자 메뉴'가 있을 것이다. 초기에는 그런 메뉴들을 중심으로 포트폴리오를 구성하는 게 좋다. 이처럼 포트폴리오 구성에는 일률적인 기준이 있는 것은 아니다. 자신의 투자성향이나 상황, 투자 목적에 맞게 적절하게 조절하면 된다.

원칙 3. 다양한 관점에서 리스크가 분산되는 포트폴리오를 구성해야 한다.

상관도가 낮은 종목으로 포트폴리오를 구성하는 것이 리스크 분산의 전부라고 생각하면 오산이다. 투자 기간과 종목의 회전율 등도 감안한 포트폴리오 구성이 좋다. 예를 들면, 몇 달 또는 몇 분기 안에 수익을 낼 종목과 1~2년, 또는 2~3년 이상 투자할 종목들이 섞여 있는 게 좋다. 투자기간과 연결돼 있기도 하지만, 수익을 빨리 낼 수 있는 종목과 중장기적으로 투자할 종목도 어느 정도 섞여 있는 게 좋다. 그래야 빨리 수익을 낸 종목들에서 수익을 실현해 다른 종목에 재투자할 수 있다. 확실하다면 수익을 빨리 실현할 수 있는 종목들이 좋겠지만, 리스크가 따를 수 있으므로 그런 종목들로만 채우는 것은 바람직하지 않다.

한편 어느 정도 투자 이력이 붙은 다음에는 포트폴리오 안에 사계절이 모두 담기는 게 좋다. 즉, 이미 주가가 충분히 상승해 수익을 실현할 단계에 근접한 종목도 있어야 하고, 한창 실적 성장과 함께 주가가 상승하고 있는 종목도 있어야 하며, 수익을 실현한 자금으로 새로 갓 발굴한 좋은 종목도 담겨야 한다. 농사에 비유하면 이제 씨를 뿌리는 종목도, 한창 자라는 종목도, 추수가 임박한 종목도 있어야 한다는 것이다.

그리고 농한기도 있어야 한다. 농한기는 현금에 비유할 수 있다. 직접 주식 투자에 투입된 자금은 아니어도 비상시에 투자로 전환할 수 있는 현금 여력이 일정한 비율로 포트폴리오 안에 있는 게 좋다. 그래야 예상치 못한 폭락장이나 좋은 매수 기회가 왔을 때 놓치지 않고 좋은 투자 기회를 잡을 수 있다.

효과적인 모니터링과 관리 및 대응

　좋은 종목들을 싸게 사서 투자 포트폴리오를 잘 짜면 주식 투자의 성공 가능성은 매우 높아진다. 하지만 주식 투자를 해보면 당초 생각한 그대로 흘러가는 경우는 거의 없다. 그런 점에서 한 번 사놓고 던져두는 식의 투자를 해서는 안 된다. 일반적으로 많은 사람들이 한 번 주식을 사고서는 주가의 오르내림만 쳐다보는 경우가 숱하다. 또한 해당 종목에 어떤 변화가 생겼는지 제대로 된 모니터링 과정도 없이 수익이나 손실이 발생한 것만 확인하고 덜컥 매도하기도 한다. 그렇게 해서는 2배 수익이 날 수 있는 종목을 20% 수익률에 만족해 매도하기도 하고, 좀 더 긴 호흡으로 기다리면 수익이 날 수 있는데도 성급히 손절하기도 한다.

　따라서 해당 종목에 대해 꾸준한 모니터링은 필수다. 해당 기업의 분기별 실적은 반드시 챙겨야 하며, 그 실적치가 당초 기대에 못 미칠 경우 그런 흐름이 일시적인지 지속될 것인지를 살펴야 한다. 또한 해당 기업의 실적이나 주가에 영향을 미칠 수 있는 수주나 새로운 사업 진출, 증자나 감자, 대주주의 지분 변동, 수급 상황, 전방산업의 업황 변화 등에 대해서도 확인해야 한다. 또한 예상하지 못한 리스크가 생겨나지는 않는지 살펴야 한다. 특히 실적전환주의 경우 기존에 있던 리스크가 다시 불거지지 않는지, 실적 전환 흐름이 지속되고 있는지 좀 더 관심을 가지고 살펴야 한다.

모니터링을 할 때는 해당 기업 및 해당 기업이 속한 산업이나 전방 고객사에 대한 뉴스를 검색하기도 하고, 각종 공시사항을 챙기는 것은 기본이다. 또한 주요한 상황 변화가 생길 경우 주담과 통화하거나 추가로 2차, 3차 기업탐방을 갈 필요도 있다.

모니터링의 주기는 정해진 것이 없다. 다만 전업투자자가 아닌 한 자신의 본업에 지장을 줄 정도로 시간을 많이 들여서 자주 모니터링을 할 필요는 없다. 실제로 좋은 종목을 담고 투자로드맵을 잘 세웠다면, 추후의 모니터링 부담이 많이 줄어들 것이다. 회사에 대한 믿음이 있다면 그만큼 자주 모니터링할 필요는 줄어든다.

다만, 시장 변동성이 강할수록 자주 점검해야 하고, 투자 비중이 높은 종목일수록 더 자주 들여다봐야 하는 것은 당연하다. 예를 들어, 코로나 사태로 인해 주가가 폭락하거나 급반등했던 2020년 3~4월과 같은 시기에는 시장 변동성이 강한 만큼 평소보다 훨씬 자주 점검해야 한다. 평소 몇 주나 몇 개월, 심지어 1년 정도에 걸쳐 나타나는 변동성이 불과 하루이틀 사이에 나타나는 시기였기 때문이다. 따라서 평소에 몇 주나 한두 달 간격으로 점검하던 주기를 이런 시기에는 2~3일

간격으로 줄여야 할 수도 있다.

계속 변화하는 상황에 따라 종목에 대한 판단을 업데이트하면 그때마다 좀 더 적절한 포트폴리오를 갖출 수 있고, 상황 변화에 더 잘 대응할 수 있다. 모니터링 결과 예상보다 저조한 실적 흐름이 이어질 것이라고 판단되거나 실적 성장성에 비해 주가가 지나치게 고평가된 단계에 들어갔다면 해당 주식을 정리하거나 비중을 축소할 수 있다. 반면 실적이 당초 기대에 부응하거나 기대치를 넘는다면 주식 비중을 더욱 확대하는 식으로 조정할 수도 있다.

이 같은 작업이 얼마나 중요한지 실례를 들어보자. 나는 코로나 사태 이후에 어떤 자동화시스템 구축업체의 주담과 통화했다. 통화 과정에서 코로나 사태로 인해 자동화설비 설치 작업이 상당히 지연되고 있다는 이야기를 들었다. 설치 작업이 지연되면 당연히 해당 분기에 매출 인식이 지연돼 실적이 상당히 저조할 가능성이 높았다. 또한 그동안 여러 차례 해당 주담과 통화한 경험에 비춰볼 때 그는 실적이 좋으면 목소리가 밝고, 그렇지 않으면 목소리가 기어들어가는 것이 뚜렷한 사람이었다. 통화를 마친 뒤 나는 아무래도 불안한 마음에 해당 종목의 비중을 크게 줄였다.

아니나 다를까. 해당 업체의 2020년 1분기 실적은 코로나 사태로 인해 당초 예상보다 크게 악화한 것으로 나타났다. 당연히 주가도 단기간에 상당폭 하락했다. 나는 중장기적으로는 여전히 해당 업체의 성장성을 믿었기에 주가가 하락한 시점에 다시 해당 종목을 매수했다. 코로나 사태가 발생한 뒤 그 영향을 면밀하게 따져봤기에 주가 하락에 따른 피해를 줄이면서 염가로 더 많은 주식을 확보할 수 있었던 것이다.

한편 국내 대표적인 스마트팜업체인 그린플러스의 경우 코로나 사태 이후 주담 통화와 2차 탐방을 실시한 결과 코로나 사태에 따른 피해가 거의 없다고 판단됐다. 오히려 정부의 정책 방향에 따라 스마트팜 사업이 점점 본격화하는 한편 해외수주 가능성도 점점 올라가는 것으로 판단됐다. 또한 자회사의 실적도 1차 탐방 때 기대했던 것보다 더 늘어날 것으로 여겨졌다. 나는 해당 종목에 이미 꽤 투자하고 있었지만, 향후 실적 증가 가능성에 비해 해당 종목이 여전히 염가라고 판단해서 투자 비중을 늘렸다. 이후 실제로 그린플러스는 스마트팜 사업의 핵심 수혜주로 주목을 받으면서 주가가 큰 폭으로 뛰었다.

이처럼 투자 종목에 대해 꾸준히 모니터링하면 자연스럽게 해당 종목을 계속 보유할지, 매도할지, 또는 비중을 축소하거나 확대할지 판단할 수 있다. 특히 많은 이들이 매수하는 것보다 언제 매도해야 할지 몰라 어려움을 겪는다고 한다.

언제 매도할지 정확히 알 수 있는 사람은 아무도 없다. 하지만 어떤 상황에서 어떻게 매도할지에 관한 판단기준은 세울 수 있다. 투자 로드맵을 잘 세우고 지속적인 모니터링을 통해 자신의 판단을 계속 업데이트하다 보면 자연스럽게 언제 어떻게 매도할지에 대한 판단이 생길 것이다.

세경하이테크의 경우 2019년 8월에 처음 매수할 시점에는 대략 2년에 걸쳐 3배 가량의 주가 상승을 기대할 수 있겠다는 판단을 했다. 하지만 이후 삼성전자 폴더블폰에 대한 반응이 뜨겁게 일어나면서 이른바 '폴더블폰 테마'에 묶여 세경하이테크 주가는 불과 3개월여 만에 2.7배가량 상승했다.

그런데 당시 상황을 점검해본 결과 폴더블폰용 특수보호필름 매출로 실적이 본격 증가하는 것은 2020년 1분기 이후가 될 것으로 보였다. 설사 매출이 증가한다고 해도 주가가 단기간에 너무 과열된 것으로 판단됐다. 그래서 당초 목표했던 3배에는 못 미쳤지만, 몇 차례에 걸쳐 고점의 약 90% 선에서 대부분의 물량을 매도했다. 이처럼 주식투자와 관련해서 해야 할 기본적인 일들을 열심히 하면 투자포트폴리오 관리는 자연스럽게 이뤄진다.

| 부록 |

① 주요 인터넷 사이트
② 텔레그램봇 및 블로그, 카페
③ 유튜브 채널
④ 추천 도서

주식시장에는 수많은 정보들이 난무한다. 정리되지 않은 너무 많은 정보는 정보가 없는 것보다 못할 수 있다. 정보를 많이 안다고 주식 투자를 잘하게 된다는 보장도 없다. 인터넷에서 뉴스 한 건을 보다가 한참 동안 엉뚱한 데 시간을 쓰게 되는 경우가 종종 있듯이, 너무 많은 정보는 투자의 집중력을 떨어뜨릴 수도 있다. 하지만 많은 정보들 가운데 자신에게 필요한 정보를 잘 걸러내 활용한다면 주식 투자에 상당한 도움이 되기도 한다.

부록에서는 주식 투자에 도움이 될 만한 기본적인 정보 소스들을 '주관적으로' 골랐다. 전문가들이나 참고할 정보나 유료 정보들은 제외하고, 일반적인 개인투자자들에게 도움이 될 만하다고 판단되는 것들로만 정리했다. 이들 정보 소스들을 모두 활용할 수 있어야 투자를 잘하는 것은 아니니 너무 부담 갖지 말고 필요한 만큼 활용하기 바란다.

① 주요 인터넷 사이트

네이버 금융 http://finance.naver.com

가장 기본적으로 확인해야 할 사이트다. 네이버금융에 들어가서 메뉴 버튼들을 하나씩 눌러보면 주식 투자에 필요한 웬만한 정보들을 여기서 대부분 찾아볼 수 있다. 또한 네이버금융에서 종목명을 검색하면 기본적인 종목 관련 정보들을 볼 수 있는데, 그 가운데서도 회사의 기초적인 재무정보와 가치지표들을 쉽게 볼 수 있는 게 장점이다.

전자공시시스템 http://dart.fss.or.kr

이름 그대로 국내 모든 상장기업들의 공시정보가 뜨는 곳이다. 각종 사업보고서를 포함해 수주 공시나 지분변동 공시 등은 반드시 확인해야 한다. 별도의 앱이 있으니 다운받아 관심 가는 종목에 대한 각종 공시정보를 수시로 확인해보는 것도 좋다.

한국거래소 http://www.krx.co.kr

'시장정보' 메뉴에서 '주식'과 '통계' 섹션에 들어가면 투자에 활용할 만한 다양한 정보를 얻을 수 있다. 예를 들어, 통계 → 주식 → 종목 시세 → 전체 종목 등락률로 들어가면 설정한 기간 동안 기업 가치나 실적에 비해 낙폭이 과대한 종목들을 찾을 수 있다. 그리고 KRX시장 → 보도자료로 들어가서 검색하면 상장기업들의 분기별 실적 데이터를 다운받을 수 있다.

한경컨센서스 http://consensus.hankyung.com

경제, 산업, 시황, 기업 분석 관련 증권사 리포트를 종합적으로 볼 수 있는 곳이다. 자신이 관심 있는 산업이나 종목을 검색해보거나 최신순으로 올라온 각 증권사의 보고서들을 살펴볼 수 있는 사이트다.

에프엔가이드 http://www.fnguide.com

본문에서 설명했듯이 분기별로 기업들의 실적 데이터를 비교적 빨리 확인할 수 있으며, 실적 데이터를 엑셀로 다운받을 수 있다. 전문 투자자가 아니라면 유료DB서비스를 이용할 필요는 없다.

컴퍼니가이드 http://comp.fnguide.com

에프엔가이드에서 운영하는 상장기업 분석 사이트다. 기업에 대한 개요와 주요 재무지표 및 기업분석, 그리고 증권사 리포트 요약본 등이 있어서 초보자들이 기초정보를 파악하는 데 도움이 되는 사이트다.

IR 정보 사이트 https://m.irgo.co.kr

기업들의 IR 일정과 자료 등을 취합해서 소개하는 사이트다. IR은 대부분 기관투자자들을 대상으로 진행되지만, 개인투자자들도 회사 주담에게 강력하게 어필하면 참석이 허락되는 경우도 있다. IR에 참석하지 못하더라도 기업의 IR 자료를 보는 것도 큰 도움이 된다. 또한 중소상장사가 오랜만에 IR을 진행할 때는 회사 실적 등이 종종 개선되고 있을 시기이기 때문에 그 자체로 중요한 '투자 시그널'이 되기도 한다.

금융투자협회 http://freesis.kofia.or.kr

'주식' 메뉴에서 증시자금 추이나 신용공여 잔고 추이를 확인할 수 있다. 주식 담보대출 비율이 지나치게 높아질 때는 과열의 조짐이 있으므로, 리스크 관리 측면에서 가끔씩 점검하는 게 좋다.

한국은행 경제통계시스템 http://ecos.bok.or.kr

주식 투자에 직접 도움되는 정보는 아니지만 환율, 금리, 수출입, 물가 등 경제와 산업 등의 흐름에 영향을 주는 각종 경제지표들을 한 곳에서 확인할 수 있다. 원하는 데이터를 직접 다운받아 분석해볼 수도 있다.

인베스팅닷컴 https://kr.investing.com

각종 글로벌 투자 관련 뉴스와 지표들을 확인할 수 있는 투자정보 포털이라고 보면 된다. 특히 미국 증시와의 연동성이 강할 때일수록 미국 주식시장의 선물지수가 국내 주가지수에 시시각각으로 바로 영향을 미치기도 한다. 코로나 사태로 인한 주가 폭락 이후 급반등 시기처럼 주가 변동성이 강할 때는 수시로 흐름을 참고해보는 것이 좋다. 또한 변동성(VIX) 지수 추이를 통해 시장의 변동성 정도를 가늠하고 투자에 임할 수 있다.

야후파이낸스 https://finance.yahoo.com

미국 증시를 중심으로 글로벌 투자 흐름을 참고할 수 있는 사이트다. 미국 주요 증시 지수를 보기 간편하고, 미국뿐만 아니라 삼성전자 등 세계 각국의 주요 개별 종목을 검색해서 주가와 관련 기초 정보들을 확인할 수 있다. 특히 개별 종목별로 장기에 걸친 주가 흐름을 간편하게 그래프로 살펴볼 수 있는 장점이 있다.

② 텔레그램봇 및 블로그, 카페

공시정보알림 텔레그램봇 https://t.me/jh_python_bot

자신이 관심 갖는 종목을 설정해 놓으면 해당 종목에 대한 공시가 뜰 때 실시간으로 확인할 수 있어 유용하다. 수주공시 등이 뜨면 주가가 급변동하는 경우가 많기 때문에 포트폴리오 안에서 조만간 매매할 계획을 갖고 있는 종목은 필수적으로 설정해두는 것이 좋다.

증권사 리포트알림 텔레그램봇 https://t.me/market_report_bot

등록해둔 기업에 관한 리포트나 관심 애널리스트가 최근 발간한 리포트 내용을 자동으로 알려준다. 특정 종목에 대한 증권사 리포트가 발간되면 이 역시 주가에 상당한 영향을 주므로 설정해두면 도움이 된다.

가치투자클럽 텔레그램 https://t.me/corevalue

시황이나 주식 투자에 영향을 미치는 각종 뉴스나 증권가 시황 분석, 종목별 밸류에이션과 관련한 정보들을 제공한다.

포카라의 실전투자 https://blog.naver.com/pokara61

《대한민국 주식투자자를 위한 완벽한 재무제표 읽기》의 저자 이강연 전 유진 투자증권 기업분석팀장이 운영하는 주식 투자 관련 블로그다. 증시에 영향을 미치는 주요 이슈나 증권사 리포트를 자신의 시각으로 되새김질해서 소개하는 내용은 꽤 도움이 된다. 다만 소개하는 종목들이 영업이익률과 ROE가 높은 종목들에만 쏠려 수익을 낼 수 있는 다양한 종목에 대한 소개가 부족하다는 점은 다소 아쉽다.

가치투자연구소 https://cafe.naver.com/vilab

슈퍼개미인 '남산주성' 김태석 대표가 운영하는 카페로 주로 가치투자 관점의 다양한 글들과 종복 분석 및 투자경험담 등이 올라온다. 관심 갖는 종목에 대해 검색하면 예전에 다른 회원들이 분석하거나 언급한 글들을 참고할 수 있다. 다만 다양한 수준의 글이 올라오기 때문에 가려 읽는 안목이 필요하다.

Hodolry의 블로그 https://blog.naver.com/hodolry

대학생가치투자연합동아리 SURI의 창립멤버이자 연세대 전기전자공학과 박사 출신인 우황제 님이 운영하는 블로그로 데이터 분석에 근거한 주식 투자 접근법을 주로 소개하고 있다. 그가 분석한 내용들을 잘 읽어보면 '실적 중심 투자법'이 왜 올바른 접근법인지 이해할 수 있다. 반도체 전공자답게 반도체를 비롯한 IT 관련 종목들에 대한 기업 분석이 상당히 도움된다.

③ 유튜브 채널

삼프로TV_경제의신과함께

유튜브계의 종합적인 경제 및 투자 방송을 지향하는 채널로 증권가의 실력 있는 애널리스트들을 비롯해 관련 전문가들을 게스트로 초청해 방송한다. 세계 경제와 산업 흐름이나 시황 등을 파악하는 데 유용하다. 다만 주식 투자를 넘어선 파생금융상품이나 선물옵션 투자에 대한 내용은 일반인들은 걸러 듣는 것이 좋다.

TV주식의 강해

매일 한두 차례씩 시황 분석과 전망을 하는데, 지금까지 경험으로는 정확도가 상당히 높다. 또한 그 같은 시황 흐름을 바탕으로 언급하는 주요 종목들의 수익률도 꽤 좋은 것으로 생각된다. 다만 증권업계에 있다 보니 대형주 위주의 종목들로 소개하는 한계가 있으며, 유안타 증권의 고객 유치 채널로도 이용된다는 점은 감안해야 한다.

lovefund이성수

아주 인기 있는 유튜버는 아니지만 구체적인 데이터 분석을 바탕으로 주식시장 흐름을 분석하고 투자 전략을 제시하는 데 상당히 설득력이 있고 참고할 만하다.

엔지니어TV

전기차와 2차전지 산업을 중심으로 반도체와 디스플레이 등의 산업과 기업들을 주로 다루는데, 이 분야에 관해서는 가장 높은 전문성을 갖춘 유튜브 채널로 판단된다. 담백한 정보 전달 위주의 유튜브로 약간 지루한 감이 있지만 정보의 질은 확실히 좋다.

④ 추천 도서

주식 투자의 이론이나 투자 대가들의 철학과 접근법 등을 다룬 책들보다는 이 책에서 소개한 내용과 관련해 실용적인 도움이 될 만한 책들을 중심으로 소개한다.

《네이버 증권으로 배우는 주식투자 실전 가이드북》 알렉스 강, 스마트비즈니스, 2020

책 제목 그대로 네이버 금융에 나오는 각종 정보들을 주식 투자에 어떻게 활용할 수 있는지를 정리한 책으로 쉬우면서도 흥미로운 내용이 많다. 초보 입문서 겸 네이버 증권 활용서로 참고할 만하다. 주식 투자자로서 기술적 분석에 관한 내용은 딱 이 책에 나오는 정도만 이해하면 된다고 생각한다.

《2019 상장 기업 업종 지도》(현재 절판), 박찬일, 에프엔미디어, 2019
《NEW 대한민국 주식투자 산업 · 업종 종합 분석》 류종현 · 최순현 · 조기영 공저, 한국주식가치평가원, 2019

산업이나 업종에 대해 이해하면 투자 종목을 발굴하기 쉬울 뿐만 아니라 발굴한 종목의 사업 내용을 이해하는 데도 큰 도움이 된다. 《2019 상장기업 업종지도》는 업종별로 개괄적인 설명을 담고 있을 뿐만 아니라 업종별 밸류체인에 속하는 대다수 기업들을 소개하고 있어서 종목 발굴에 큰 도움이 된다. 그런데 어떤 이유에서인지 절판된 게 아쉽다. 출판사에 문의하거나 중고서점에서라도 구해 참고하기 바란다.

《주식 고수들만 아는 애널리스트 리포트 200% 활용법》 김대욱, 스마트비즈니스, 2019
《주식투자자 관점에서 재무제표 행간을 읽어라》 김대욱, 스마트비즈니스, 2020
《돈 되는 기업탐방, 돈 버는 주식투자》 김대욱, 좋은땅, 2018

미래에셋 국제영업본부장을 역임했고, 300여 개 이상의 기업을 탐방해본 이력이 있는 저자가 쓴 책들이다. 투자업계 현업에서 수십 년간 직접 투자하면서 터득한 실전 경험을 바탕으로 쓰여진 책이라 사례가 구체적이고 실전 투자와 바로 접맥된다는 점에서 다른 책들과 다르다. 특히 재무제표 관련 책은 실전 투자를 위해 필요한 핵심적인 내용들을 정리했는데, 재무제표 분석에 막혀 주식 투자에 좌설하는 이들에게 희망을 줄 것이다. 《돈 되는 기업담방, 돈 버는 주식투자》는 내가 아는 한 국내에서 유일한 관련 책이다.

《워렌 버핏처럼 사업보고서 읽는 법》 김현준, 부크온, 2014
《주식투자, 전자공시로 끝장내기》 윤킴, 아이앤유, 2017
《기업공시 완전정복》 김수헌, 어바웃어북, 2015
3권 모두 사업보고서의 내용과 각종 공시 내용을 이해하고 주식 투자에 활용할 수 있다. 앞의 두 권은 대체로 쉬운 편이며, 세 번째 책은 심화학습을 하고 싶은 분들에게 권한다.

《퀀트로 가치투자하라》 웨슬리 그레이 · 토비아스 칼라일 공저, 에프엔미디어, 2019
《투자 대가들의 가치평가 활용법》 존 프라이스, 부크온, 2019
주로 정량적인 방식으로 투자하기 좋은 기업들을 어떻게 골라낼 수 있는지, 어떻게 가치평가를 할 수 있는지 다루고 있는 책들이다. 일반인들이 읽기에는 내용들이 다소 어려울 수 있지만, 밸류에이션 과정을 잘 살펴보면 좋은 종목을 고르는 안목을 키우는 데 도움이 된다. 다만 미국 주식시장을 중심으로 발전된 방법론이라 한국에도 꼭 들어맞는다는 보장은 없다. 가치평가에 관한 책은 아니지만 주요 재무지표들을 중심으로 국내 주가가 어떻게 움직이는지를 분석한 《문병로 교수의 메트릭 스튜디오》가 한국적 맥락을 보완해줄 수 있을 것이다. 역시 일반 투자자들에게는 다소 어려울 것이다.

《공짜 점심은 없다》 김진선·오은수 공저, 아템포, 2014

리스크와 수익률의 관계를 중심으로 각종 금융상품의 허실을 잘 정리한 책이다. 배경 지식이 없는 사람들에게는 여전히 어려울 수 있겠으나 어려운 내용을 비교적 알기 쉽게 쓴 책이라고 본다.

《모닝스타 성공투자 5원칙》 팻 도시, 이콘, 2006

미국의 유명한 펀드평가사인 모닝스타에서 벤자민 그레이엄의 '안전마진'과 워렌 버핏의 '경제적 해자' 개념을 바탕으로 일반인들이 실천할 수 있는 가치투자의 방법론을 종합 정리한 책이다. 실제 미국 기업들의 사례를 바탕으로 다양한 업종에 가치투자 접근법을 활용하는 방법을 정리한 책으로 실용성이 높다. 다만 약 20년 전 미국 상황을 배경으로 하고 있어서 다소 이질감이 있다.

《바이오사이언스의 이해》 이기형·천승현·장종원·서일·김성민·조정민·이은아 공저, 바이오스펙테이터, 2017

바이오-제약 분야의 최신 뉴스들을 전문으로 다루는 바이오스펙테이터가 펴낸 책으로, 바이오-제약 관련한 종목들에 투자하고 싶다면 이 책 정도는 읽고 시작해야 한다. 바이오-제약 기업들에 대해 투자자 관점에서 어떻게 가치를 평가할 것인지에 관해 잘 정리한 책으로는 역시 바이오스펙테이터가 펴낸 《바이오 인더스트리 밸류에이션》이 있다. 바이오-제약 분야 투자에 진지하게 투자하려고 하는 이들은 참고해볼 만하다. 분량이 적은 반면 책값은 비싸지만 이 분야에 제대로 투자하려는 분들에게는 책값을 할 것이다.

《치과의사 피트 씨의 똑똑한 배당주 투자》 피트 황, 스마트북스, 2016

배당주 투자에 접근하고 싶은 분들께 권하는 책이다.

본문의 그래프에서 출처를 이미 밝힌 경우나 국가통계포털 등 공개 데이터베이스 등에서 확인한 데이터의 출처는 생략하고 논문과 기사, 보고서 등에 대해서만 출처를 밝혔다.

1장

[1] World Economic Outlook Update, June 2020: A Crisis Like No Other, An Uncertain Recovery, 〈IMF〉, 2020.06.24

[2] World Economic Outlook, April 2020: The Great Lockdown, 〈IMF〉, 2020.04.14

[3] 암울한 경제전망… IMF, 세계경제성장률 −3.0% → −4.9% 하향, 〈이데일리〉, 2020.06.24

[4] "한국, 위기는 이제부터" 하버드 경제학자 로고프의 경고, 〈중앙일보〉, 2020.05.06

[5] 미국인의 대중국 인식 15년 만에 최악… '비호감' 응답 66%, 〈경향신문〉, 2020.04.22

[6] IIF "올 상반기 전세계 부채 사상 최대… 연간 255조 달러 넘을 듯", 〈뉴스1〉, 2019.11.17

[7] 韓 기업·가계 빚 증가속도 43國 중 4위… 코로나 맞물려 폭증 우려, 〈매일경제〉, 2020.05.17

[8] 이커머스 공세에… 대형마트 빅3 직원 1년 새 3000명 가까이 줄었다, 〈디지

털타임스〉, 2020.03.17

[9] How the Growth of E-Commerce Is Shifting Retail Jobs, 〈The New York Times〉, 2017.06.06

[10] 독일의 인더스트리 4.0과 노동 4.0, 〈한국노동연구원〉, 문선우, 2016년 9월호 pp 43-53

[11] Global Smartphone Market Share: By Quarter, 〈Counterpoint〉, 2020.05.18

[12] 이재용 다녀간 지 보름 만에⋯ 삼성 "올해 LCD 접고 QD로 사업 전환", 〈조선비즈〉, 2020.03.31

LGD, OLED 올인⋯ 국내 대형 LCD 생산 접는다, 〈한국경제〉, 2020.01.07

[13] 개성공단 경제효과⋯ 매출 자산 이익 증가했다, 〈중기이코노미〉, 2018.07.13

[14] "개성공단 기업 96%⋯ 공단 재개시 재입주", 〈뉴시스〉, 2018.04.29

2장

[1] '언택트 선제투자' 맥도날드 · 스타벅스 · 파리바게뜨⋯ 위기 때 즐거운 비명, 〈한국경제〉, 2020.04.20

[2] 앞의 같은 기사

[3] 82% of consumers do not use telehealth, survey says, 〈MedCity News〉, 2017.12.25

[4] 앞의 같은 기사

[5] Incorporating Telemedicine as Part of COVID-19 Outbreak Response Systems, 〈The American Journal of Managed Care〉, Kimberly Lovett Rockwell and Alexis S. Gilroy, 2020.04

[6] 언택트untact 시대, 달라질 투자 전략, 하나금융투자, 황승택, 2020.05.08. 선대인경제연구소가 2020년 5월 9일 개최한 〈코로나 충격 이후 주요 산업별 투자법〉 특강에서 발표한 자료임.

[7] Johs Hopkins Launches Online Master's Degree in AI, 〈The Wall Street Journal〉, 2020.05.19

[8] How COVID-19 Is Transforming Manufacturing, 〈Project Syndicate〉, Dalia Marin, 2020.04.03. 인용된 구절은 필자가 직접 번역했음.

[9] 코로나19발 일손 부족… "제초·수확·배송 모두 로봇에 맡겨라", 〈중앙일보〉, 2020.05.19

[10] jobs lost, jobs gained: what the future of work will mean for jobs, skills, and wages, 〈mckinsey&company〉, 2017.11.28

[11] The robots are ready as the COVID-19 recession spreads, 〈Brookings〉, 2020.03.24

[12] A coronavirus recession will mean more robots and fewer jobs, 〈vox〉, 2020.03.31

[13] Job Polarization And Jobless Recoveries, 〈NBER〉, Nir Jaimovich and Henry E. Siu, 2018.11월 개정

[14] 법인세율 대폭 내린 미국·일본·유럽… 기업들에 '중국 탈출' 리쇼어링 유혹, 〈중앙선데이〉, 2020.05.09

[15] The economic impact of COVID-19 pandemic③, 〈UNIDO〉, 2020.05.08 에서 재인용함.

[16] Yuval Noah Harari: the world after coronavirus, 〈Financial Times〉, 2020.03.20

[17] 미국 코로나19 피해 흑인에 집중… "시카고 사망자의 72%", 〈머니투데이〉, 2020.04.08

[18] 영국서 코로나19 사망 확률 흑인이 백인의 4배 육박, 〈연합뉴스〉, 2020.05.07

[19] "코로나로 美 부의 불평등 심화", 〈서울경제〉, 2020.04.29

[20] 코로나19 계기로 탄력받는 기본소득 보장…스페인 먼저 시동, 〈뉴스핌〉, 2020.04.16

[21] 국민 10명 중 7명 "긴급재난지원금, 도움 되고 있다", 〈오마이뉴스〉, 2020.05.20

[22] '전 국민 100만 원씩 재난기본소득 주자'… 찬성 40%·반대 58%, 〈뉴스1〉, 2020.03.15

[23] When It's Time to Go Back to the Office, Will It Still Be There?, 〈The Wall Street Journal〉, 2020.05.16

[24] 신동빈 회장도 재택근무… 롯데지주, 주 1회 첫 의무화, 〈YTN〉, 2020.05.23

[25] Even Warren Buffett Wonders If People Will Return to Offices, 〈The Wall Street Journal〉, 2020.05.04

[26] "공유경제, 코로나19 백신 나올 때까진 순익전환 힘들다", 〈뉴스핌〉, 2020.05.08

[27] The Results Are In for the Sharing Economy. They Are Ugly, 〈The New York Times〉, 2020.05.07

[28] Welcome To The Isolation Economy (Goodbye Sharing Economy), 〈Forbes〉, 2020.03.23

[29] 코로나19: 코로나 사태는 환경에 지속적인 영향을 미칠까?, 〈BBC News 코리아〉, 2020.04.26

[30] 앞의 같은 기사

[31] 섹터(2차전지) 업데이트: 이슈-20년 전기차 배터리 수요 전망 변화, 삼성증권, 이경록, 2020.06.04

3장

[1] "1년간 펀드매니저 3~4번 교체하는데… 수익률 좋을 리 있나", 〈한국경제〉, 2019.04.28

[2] 대졸 신입사원 평균연령 30대… 외환위기 때보다 6살 늘었다, 〈한겨레신문〉, 2020.04.22

[3] 90 → 30 → 15년 기업 수명 줄어… 초격차 '유효기간'도 짧아진다, 〈서울경제〉, 2020.01.02

4장

[1] [이종우의 월드마켓워치] 2차 국면으로 들어가는 유동성 장세, 어떻게 될 것인가, 〈선대인경제연구소〉, 2020.06.18

[2] 《퀀트로 가치투자하라》, 웨슬리 그레이, 토미아스 칼라일, 에프엔미디어, 36

쪽에서 재인용

[3] "에너지 규칙 바뀐다··· 승용차용 석유 수요 10년 내 정점", 〈이투데이〉, 2019.12.17

[4] Electric Vehicle Outlook 2020, 〈BloombergNEF〉, 2020.05

[5] 자동차/2차전지-글로벌 친환경차/2차전지 Monthly(2020년 5월), 〈하나금융투자〉, 송선재, 김현수, 2020.06.30

[6] 전기차배터리, 4년 뒤 없어 못 판다, 〈서울경제〉, 2020.05.23

[7] 韓 배터리, 中·日 제치고 '세계 1위' 올라섰다, 〈조선비즈〉, 2020.05.07

[8] 배터리 수주잔고 200조 돌파··· 반도체 바짝 추격, 〈EBN〉, 2020.12.09
"300조 원 수주 맞추려 해외에 공장" 그린 뉴딜이 시급한 까닭, 〈중앙일보〉, 2020.05.07

[9] 포스트 코로나 전기차시장 전망, 〈유진투자증권〉, 한병화, 2020.05.08. 선대인경제연구소가 2020년 5월 9일 개최한 〈코로나 충격 이후 주요 산업별 투자법〉 특강에서 발표한 자료임.

[10] France puts EVs at centre of $13.2bn plan to restart auto industry, 〈THE DRIVEN〉, 2020.05.27

[11] 독일, 모든 주유소에 전기차 충전기 보급··· 보조금도 2배, 〈디지털투데이〉, 2020.06.06

[12] 2020 (Q1) Europe: New Car Sales per EU and EFTA Country, 〈Car Sales Statistics〉, 2020.04.17

[13] 2020 (Q1) Europe: Electric and Plug-In Hybrid Car Sales per EU, UK and EFTA Country 〈Car Sales Statistics〉, 2020.05.12

[14] EV Sales; Europe April 2020, 〈ev-sales.blogspot.com〉, 2020.05.28

[15] How has U.S. spending on healthcare changed over time?, 〈Health System Tracker〉, 2019.12.20

[16] Emerging Opportunities In China's Healthcare Sector, 〈Eastspring Investment〉, 2019.01.17

[17] Clinical Development Success Rates 2006-2015, BIO, Biomedtracker, Amplion 2016.05

WEALTH RESTRUCTURING

부의 재편

1판 1쇄 발행 2020년 8월 3일
1판 3쇄 발행 2020년 8월 20일

지은이 선대인
발행인 오영진 김진갑
발행처 토네이도

책임편집 박수진
기획편집 이다희 박은화 진송이 허재희
디자인팀 안윤민 김현주
마케팅 박시현 신하은 박준서 김예은
경영지원 이혜선

출판등록 2006년 1월 11일 제313-2006-15호
주소 서울시 마포구 월드컵북로5가길 12 서교빌딩 2층
전화 02-332-3310 팩스 02-332-7741
블로그 blog.naver.com/midnightbookstore
페이스북 www.facebook.com/tornadobook

ISBN 979-11-5851-182-1 03320

이 도서의 국립중앙도서관 출판예정도서 목록(CIP)은 서지정보유통지원시스템 홈페이지(http://seoji.nl.go.kr)와
국가자료종합목록 구축시스템(http://kolis-net.nl.go.kr)에서 이용하실 수 있습니다.
(CIP제어번호: CIP2020027522)